全国高等职业院校名师名家精品系列教材·财务会计类

Accounting Basis

会计基础

杨则文 总主编 | 陈勇 主审 | 刘爱松 主编

东北财经大学出版社
Dongbei University of Finance & Economics Press
大连

图书在版编目（CIP）数据

会计基础 / 刘爱松主编. —大连：东北财经大学出版社，2022.11
（全国高等职业院校名师名家精品系列教材·财务会计类）
ISBN 978-7-5654-4577-4

Ⅰ. 会… Ⅱ. 刘… Ⅲ. 会计学-高等职业教育-教材 Ⅳ. F230

中国版本图书馆CIP数据核字（2022）第131163号

东北财经大学出版社出版
（大连市黑石礁尖山街217号 邮政编码 116025）
网 址：http：//www.dufep.cn
读者信箱：dufep@dufe.edu.cn
大连日升彩色印刷有限公司印刷 东北财经大学出版社发行
幅面尺寸：185mm×260mm 字数：344千字 印张：15.75 拉页：3
2022年11月第1版 2022年11月第1次印刷
责任编辑：王天华 刘晓彤 责任校对：王 娟
封面设计：冀贵收 版式设计：原 皓
定价：36.00元

教学支持 售后服务 联系电话：（0411）84710309

如有印装质量问题，请联系营销部：（0411）84710711

全国高等职业院校名师名家精品系列教材·财务会计类
编委会

总　序

根据2018年11月14日中央全面深化改革委员会第五次会议决定，国务院于2019年1月24日正式发布了《国家职业教育改革实施方案》（即“职教20条”）。该方案将教材建设作为促进产教融合校企“双元”育人的重要内容，提出“校企共同研究制订人才培养方案，及时将新技术、新工艺、新规范纳入教学标准和教学内容……遴选认定一大批职业教育在线精品课程，建设一大批校企‘双元’合作开发的国家规划教材，倡导使用新型活页式、工作手册式教材并配套开发信息化资源。每3年修订1次教材，其中专业教材随信息技术发展和产业升级情况及时动态更新”。以国务院文件的形式将职业教育教材建设写进国家级的“改革实施方案”中，是非常少见的，充分体现了党中央、国务院对职业教育教材建设的高度重视。

与此同时，为更好地发挥广东省改革开放前沿地区在职业教育领域的探索引领作用，全面总结国家示范院校建设以来职业教育课程和教学改革成果并将其凝练成系列教材，广东省职业技术教育学会于2018年11月1日向全省重点高职院校发出了《关于协助出版“全国高等职业院校名师名家精品系列教材”的函》，以“推名家，出名师”为抓手，按照新时代职业教育改革要求编写符合新时代高等职业教育发展需要的高质量教材，得到了深圳职业技术学院、广州番禺职业技术学院、广东轻工职业技术学院、顺德职业技术学院、广东农工商职业技术学院、广东职业技术学院、广东机电职业技术学院和广州城建职业学院等院校的积极响应，全省200多位骨干教师申报了选题，涵盖了机械设计制造、机电设备、计算机、汽车制造、经济贸易、市场营销、财务会计等专业类别。

目前已经列入财务会计类教材出版计划的有：《会计基础》《财经法规与会计职业道德》《成本核算与管理》《管理会计实务》《企业财务会计》《纳税实务》《企业财务管理》《企业财务分析》《会计信息系统应用》《企业内部控制》《Excel财务应用》《ERP沙盘模拟训练》《会计英语》《审计基础与实务》《行业会计比较》等。这些教材在选题策划、内容选定、体例结构、版式设计等方面都做出了新的探索，突出的特色如下：

一是充分体现了新时代职业教育发展改革的思想政治要求。“职教20条”明确指出要“加强党对教育事业的全面领导，全面贯彻党的教育方针，落实中央教育工作领导小组各项要求，保证职业教育改革发展正确方向”。本系列教材的编写充分体现了课程思政改革的基本方向，充分考虑了“为谁培养人”、“培养什么样的人”和“怎样培养人”的问题，在政治方向和政治定位上牢牢把握社会主义核心价值观，以“立德树人”作为教育的根本任务，将专业教育与思想政治教育紧密结合起来，实现“知识传授”和“价值引领”的有机统一。

二是充分体现了国家专业教学标准对课程开设和教学内容选定的指导性要求。教育部正式发布的高职专业教学标准对各专业的专业基础课程、专业核心课程和专业拓展课程名称进行了规范，对专业核心课程的教学内容进行了限定。目前财务会计类已经发布的专业教学标准包括财务管理和会计两个专业，即将发布的包括会计信息管理和审计两个专业。本系列教材在选题和内容确定方面充分考虑了国家标准顶层设计的要求，具有较强的普适性和一定的前瞻性。

三是充分体现了新财经背景下财务会计类专业技术技能更新的时代要求。新一代信息技术给财务会计类专业带来了财务云、电子发票、移动支付、数据挖掘、数字签名、电子档案、在线审计、区块链发票、财务专家系统等新的应用，这些应用不仅是工具的更新，更是思维方式的更新，这些更新影响到财务会计职业教育的方方面面。同时，新技术的应用加快了传统财务会计向管理会计转型，本系列教材充分考虑了新技术、新规范、新应用的要求，对教学内容进行了全新的设计，适应了行业发展对财会技术技能人才的新要求。

四是充分体现了职业教育教学模式和教学方法改革的现实要求。当前热点的职业教育教学模式和教学方法改革核心有两个：一是工学结合的一体化教学改革；二是线上线下混合教学改革。前者要求教材体现理论与实践相结合的教学设计，后者要求有可供学生自主学习、泛在学习的配套教学资源。本系列教材的设计采用项目课程形式，借鉴工作过程系统化的课程开发方法，注重动手能力培养，能够满足“教学做一体化”的课堂教学改革要求。同时，本系列教材按照“一体化设计、结构化课程、颗粒化资源”配备了成套数字化教学资源，能够满足翻转课堂等混合教学的需要，为推进适应职业教育改革要求的新的课堂教学模式和不断改进教学方法提供了条件。

我们设计本系列教材的初衷是希望能够体现“职教20条”的全新理念，希望通过教材推进课程和教学改革，然而由于这套教材数量多、要求高、任务重、责任重大，我们的努力与我们的目标可能还有很大的差距，希望业界专家和广大师生批评指正，以便我们在下一步的修订中不断改进。

杨则文

前　言

作为会计专业入门教材，本书将内容确定为会计的账务处理程序，以馨怡香精有限公司2020年11月和12月的经济业务为对象，依据账务处理程序的顺序，依次介绍了编制记账凭证、登记账簿、执行调整程序、结账和编制会计报表等环节。因此，这是一本工作手册式教材，除可作为在校学生的学习资料外，也可供会计实务界人士用作工作中的备查资料。在以账务处理程序为主要内容的同时，本书也对相关的理论知识进行了讲解，便于读者理解这些操作背后的原理。例如，在讲解编制记账凭证时，讲解了会计科目和复式记账等知识，便是为了让读者能够理解编制记账凭证背后涉及的原理。这与我国对职业教育重视技能训练的定位是相一致的。

我国向来重视对学生思想道德素质的培养，本书各项目的各个任务都开设了“思政园地”栏目，从会计的角度阐述职业道德。书中还设置了“法规广角”和“实务世界”栏目，介绍本书涉及的法律法规和会计实务知识。

为了使学生能够完整地练习从编制记账凭证到编制会计报表的账务处理程序的全部环节，本书还编写了两套技能训练资料，包含原始凭证，空白记账凭证、账页与会计报表。其中：第一套资料是教材中使用的案例，可以供学生根据教材进行同步训练；第二套资料的处理步骤与教材中的相同，但资料不同。任课教师可根据情况使用其中一套或两套资料，也可自行再设计练习资料。此外，本书还配套设计了评分表，可供使用本书的任课老师指导学生互相检查完成的练习，评出练习的分数。这既可以减轻教师批改作业的工作量，同时也是同学对复核记账凭证（利用评分表批改记账凭证就是对记账凭证复核的练习）和进行账证核对等会计工作环节的练习。以上资源可登录东北财经大学出版社网站（http：//www.dufep.cn）免费下载。

本书由湖南省工业设备安装有限公司审计监察部副部长陈勇担任主审；广东轻工职业技术学院刘爱松担任主编，负责全书的总体设计，并编写了书中案例账务处理流程各环节的资料；广东轻工职业技术学院刘丽、广东财贸职业学院苏飏、广州市公用事业技师学院邓茂兰担任副主编。具体编写分工如下：项目一由刘丽编写，项目二中的任务一“编制记账凭证”由苏飏编写，项目三中的任务二“结账”由邓茂兰编写，其余部分由刘爱松编写。

本书在出版之前，曾以讲义的形式在刘爱松任教的班级使用，编者对广东轻工职业技术学院2000级和2001级财务管理专业同学发现的讲义中的错误进行了更正，在此对这些同学的帮助表示深深的感谢。

在本书的编写过程中，得到了湖南省工业设备安装有限公司审计监察部副部长陈勇、中国中车集团公司审计风险与法务中心主任陈震晗、广州芬豪香精有限公司财务总监陈金梅，以及广州金不换财务咨询有限公司会计经理陈梓吟的很多帮助，他们的实务知识对本书在保持与实务操作的一致性方面发挥了重要的作用。广东轻工职业技术学院聂瑞芳副教授和翟金花副教授对本书的编写也提供了帮助，聂瑞芳老师为我们提供了查看高度仿真原始凭证的机会，翟金花老师很细致地阅读了最初的书稿并提供了有益的修改建议。广州番禺职业技术学院杨则文教授审阅了本书并进行了评价。借此机会，编者对他们的帮助表示深深的感谢。

东北财经大学出版社王天华编审担任本书的责任编辑，她一丝不苟、耐心细致的工作作风对本书质量的提升发挥了重要的作用，在此向她表示崇高的敬意。

由于编者水平有限，时间仓促，本书难免存在一些疏漏和不足，期望同仁批评和赐教。欢迎使用者通过邮箱（304142060@qq.com）将问题反馈给我们，便于以后进行修订。

编　者

2022年10月

目　录

项目一
初步认知会计

任务一　理解会计的含义

学习目标

1. 理解会计的概念
2. 理解会计提供信息的过程
3. 了解账务处理程序包括的环节和内容

一、什么是会计

2014年12月14日，“财新网”曾这样报道京东集团（以下简称京东）的创始人刘强东：“1998年，刘强东白手起家，在中关村开设了一个小柜台，代理销售光磁产品，这是京东的前身。2014年5月，京东成功登陆纳斯达克。16年间，刘强东的个人财富由最初的2万元飙升至530亿元。”①

从上述报道我们可以看到，京东创始人刘强东身价百亿，那么京东赚不赚钱呢？要回答这个问题，只要在纳斯达克网站上查询公司的财务信息就可以了。因为京东在纳斯达克上市，纳斯达克网站提供了京东的财务信息。表1-1是从纳斯达克网站上获取的京东2014—2019年共6年间的净利润信息②。在这6年中，除2019年外的5年都是亏损的，最高亏损额发生在2015年，超过了14亿美元，2019年开始盈利，净利润超过了17亿美元。

表1-1　京东2014—2019年净利润　单位：千美元

项　目	2014年	2015年	2016年	2017年	2018年	2019年
净利润	-805 345	-1 404 076	-491 219	-1 799	-407 905	1 706 949

当然，除了利润表，纳斯达克网站还提供了京东的资产负债表和现金流量表。这种通过会计报表向信息使用者提供财务信息的系统就是会计。

二、会计的作用

会计是一个向信息使用者提供财务信息的系统，财务信息是使用者进行决策的重要依据。例如，企业管理者会使用包括财务信息在内的信息做出企业管理决策，处于企业外部的使用者如银行进行信贷决策时也离不开财务信息。企业通过会计向使用者提供财务信息，因而会计被称为“商业语言”（language of business）。

对企业而言，信息使用者按其是否处于企业内部，可以分为内部使用者（如总经理）和外部使用者（如提供贷款的银行）。内部信息使用者指的是企业的管理者和员

① 胡舒立. 率性刘强东［EB/OL］.［2021-10-14］. http：//video.caixin.com/2014-12-14/100762902.html.（有改动）
② Nasdaq. JD Financials［EB/OL］.［2020-08-11］. https：//www.nasdaq.com/market-activity/stocks/jd/financials.（有改动）

工，他们直接进行企业的管理和运营，为这些内部使用者提供信息的会计领域称为管理会计（managerial accounting或management accounting）。管理会计涉及的信息通常比较敏感（如涉及客户、产品价格和企业扩张计划的信息），是不对外公布的。管理会计提供的信息应便于内部使用者做出企业管理决策。外部信息使用者包括客户、贷款人、中小股东和政府等，他们不直接参与企业的经营和管理，为外部使用者提供信息的会计领域称为财务会计（financial accounting）。

会计向使用者提供财务信息的过程如下：

（1）识别使用者；

（2）评估使用者的信息需求；

（3）根据使用者的需求设计会计信息系统；

（4）对企业（或其他组织）经济事项的数据进行记录；

（5）向使用者提供财务报告。

上述过程的流程图，如图1-1所示。

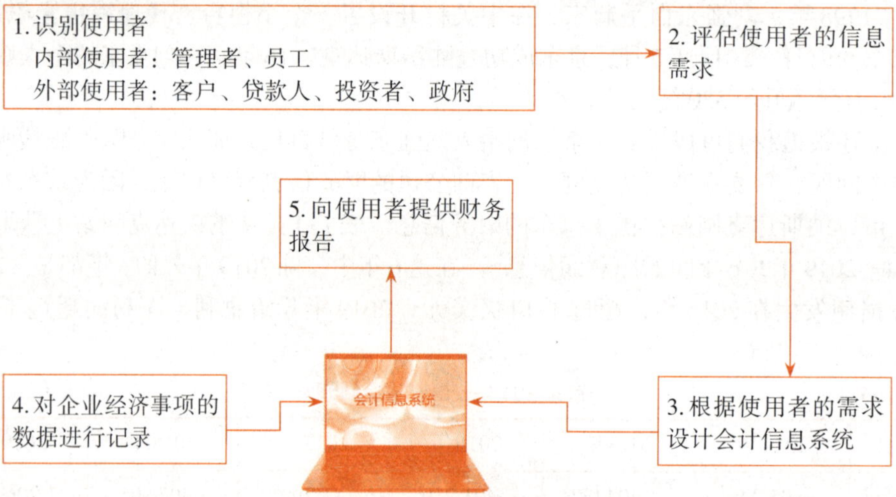

图1-1　会计信息系统

【思政园地】梁经国：靠诚信赢得十三行入场券

1757年，清朝乾隆皇帝关闭上海、浙江和福建的三个对外通商口岸，仅保留广州的黄埔港作为唯一的对外贸易港口。在黄埔港从事对外贸易的专营机构称作广州十三行（因为康熙年间，广东的粤海关官府招募了十三家较有实力的商行，代理海外贸易业务，后来行商便不论数量多少，仍沿用“十三行”的称谓），其是经过清政府的粤海关认可的专营机构。1808年，由梁经国创办的天宝行也成为“十三行”中的一家。清政府规定，要成为行商，必须长期拥有雄厚的经济实力（即“身家殷实，赀财素裕”）。梁经国却出身贫寒，显然并不满足这样的条件。他是怎么成为行商的呢？

梁经国的家世并不算好，他的父亲是个私塾先生，靠着教几十个学生为生，收入不高，生活非常艰难。更不幸的是，他七岁时，父亲便去世了。他被迫承担起生活的重担，白天去广州城做小贩，晚上回到家，帮着母亲织布。17岁时，梁经国经人介绍进入冯氏开办的洋行做伙计。他聪明、勤快、忠厚，得到冯行主的赏识。后来，冯行主去国外做生意，将洋行委托给梁经国经营。冯行主这一去便是十几年，在此期间，梁经国兢兢业业，尽心尽力，把洋行的生意越做越大，为冯行主创造了大量财富。当冯行主从国外返回广州后，梁经国将账目和财物如实向他交代，冯行主非常感激，便对梁经国进行悉心栽培。1808年，在冯行主的支持下，47岁的梁经国创办了天宝行。此时，经商的环境并不是特别有利，十三行已有行商倒闭。靠着诚信经营，逆势而上的梁经国仍把天宝行经营得有声有色。

从这个故事不难看出，梁经国之所以能够进入门槛很高的十三行，离不开冯行主的帮助。而冯行主愿意帮助他，在于他的诚信行为获得了冯行主的信任。因为诚信，梁经国在替冯行主打理生意期间没有任何不道德的行为，而且他能够把会计账目做得真实可信，这就为他赢得了职业生涯开端时最重要的助力。归根结底，他是靠着诚信获得了十三行的入场券。

资料来源：百度百科．梁经国［EB/OL］．［2022-06-11］．https：//baike.baidu.com/item/%E6%A2%81%E7%BB%8F%E5%9B%BD/16798967?fr=aladdin.（有改动）

三、如何做会计：会计循环

会计是向信息使用者提供会计信息的系统，它以原始凭证为依据，运用一套固定的程序将其加工成会计信息，以会计报表的形式提供给信息使用者，这一套程序被称为会计处理程序（也称账务处理程序）。这套程序在一个会计期间结束后，下一个会计期间又重新开始，在企业整个营业期间周而复始地循环，因而又被称为会计循环。会计循环的具体步骤，如图1-2所示。

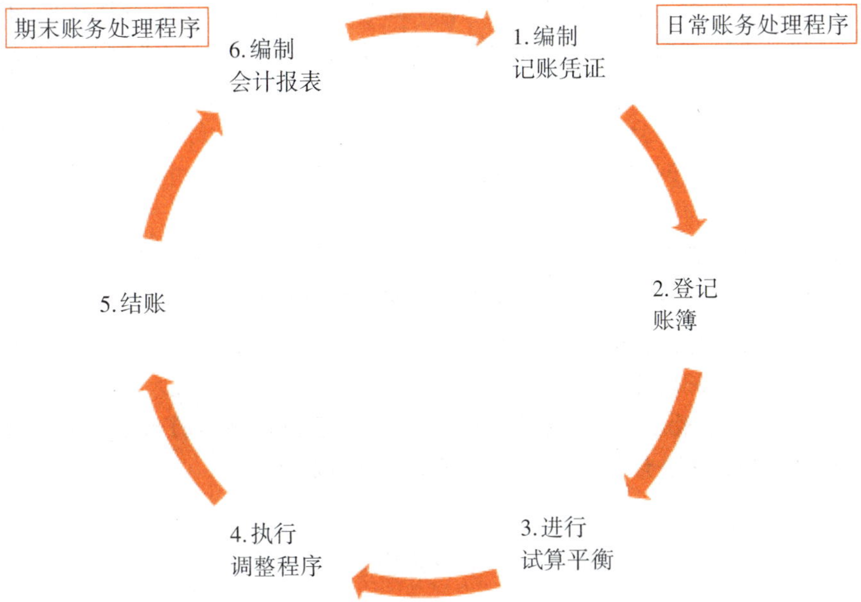

图1-2　会计循环

从图1-2可以看出，会计循环共有六个步骤。其中：前三个步骤，即编制记账凭证、登记账簿和编制试算平衡表是平时需要处理的工作，称为日常账务处理程序；后三个步骤，即执行调整程序、结账和编制会计报表是会计期末才进行的会计处理，称为期末账务处理程序。这些步骤的具体内容，如图1-3所示。

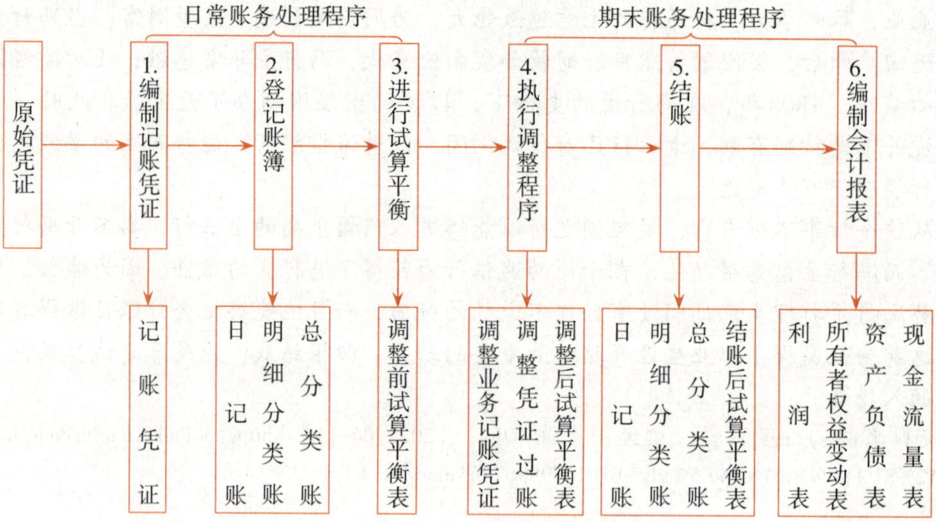

图1-3 会计循环的具体内容

图1-3中列示的会计循环各个步骤具体包括以下内容：

（1）编制记账凭证。以原始凭证为依据，运用复式记账原理对原始凭证反映的经济业务进行分析，编制记账凭证。

（2）登记账簿。根据记账凭证登记账簿，包括日记账、明细分类账和总分类账，这个步骤也称为过账。

（3）进行试算平衡。根据账簿记录中各个账户的余额进行计算，检验会计主体所有会计科目之间是否维持相等关系。由于该试算平衡是在调整程序前进行的，通常被称为调整前试算平衡。

（4）执行调整程序。会计期末，为了准确反映企业的经营成果，需要根据权责发生制对一些会计事项进行调整，包括编制调整业务记账凭证、过账并进行试算平衡。这里的试算平衡是在调整后进行的，通常被称为调整后试算平衡。

（5）结账。调整后，需要将所有账户结出期末余额，包括日记账、明细分类账和总分类账的结账，并需要进行试算平衡（称为结账后试算平衡）。

（6）编制会计报表。根据结账后各个账户的余额和发生额编制利润表、所有者权益变动表、资产负债表和现金流量表。

【注意】图1-3中最左边的“原始凭证”并不属于会计循环的六个步骤，但它是编制记账凭证的依据，是会计循环各个步骤得以展开的基础。

课后练习

一、单项选择题

1.下列各项属于某学校内部会计信息使用者的是（　　）。

A.该学校的校长　　B.学生家长

C.该学校的开户银行　　D.该学校的债权人

2.为企业内部使用者提供信息的会计领域是（　　）。

A.成本会计　　B.预算会计　　C.财务会计　　D.管理会计

二、多项选择题

1.日常账务处理程序包括的步骤有（　　）。

A.填制原始凭证　　B.编制记账凭证

C.登记账簿　　D.编制试算平衡表

2.期末账务处理程序的步骤包括（　　）。

A.登记账簿　　B.执行调整程序　　C.结账　　D.编制会计报表

3.会计向使用者提供财务信息的步骤包括（　　）。

A.识别使用者

B.评估使用者的信息需求

C.根据使用者的需求设计会计信息系统

D.向使用者提供财务报告

三、判断题

1.会计是一个通过会计报表向使用者提供财务信息的系统。（　　）

2.财务信息是信息使用者进行决策的重要依据。（　　）

3.财务会计信息生产过程有其固定流程且周而复始地进行，称之为会计循环。（　　）

4.填制原始凭证不属于会计循环的组成步骤，但它是会计循环各个步骤的最初依据。（　　）

任务二　认识原始凭证

学习目标

1.理解原始凭证的概念、要素和书写要求

2.理解典型商业企业的业务活动

3.理解商业企业各业务循环涉及的原始凭证

一、原始凭证简介

原始凭证又称作单据，是在经济活动发生过程中产生的，用于记录经济业务发生或完成情况的书面证明。

（一）原始凭证的要素

《会计基础工作规范》第四十八条对原始凭证做出了基本要求：

（1）原始凭证的内容必须具备：凭证的名称；填制凭证的日期；填制凭证单位名称或者填制人姓名；经办人员的签名或者盖章；接受凭证单位名称；经济业务内容；数量、单价和金额。

（2）从外单位取得的原始凭证，必须盖有填制单位的公章；从个人取得的原始凭证，必须有填制人员的签名或者盖章。自制原始凭证必须有经办单位领导人或者其指定人员的签名或者盖章。对外开出的原始凭证，必须加盖本单位公章。

（3）凡填有大写和小写金额的原始凭证，大写与小写金额必须相符。购买实物的原始凭证，必须有验收证明。支付款项的原始凭证，必须有收款单位和收款人的收款证明。

（4）一式几联的原始凭证，应当注明各联的用途，只能以一联作为报销凭证。一式几联的发票和收据，必须用双面复写纸（发票和收据本身具备复写纸功能的除外）套写，并连续编号。作废时，应当加盖“作废”戳记，连同存根一起保存，不得撕毁。

（5）发生销货退回的，除填制退货发票外，还必须有退货验收证明；退款时，必须取得对方的收款收据或者银行的汇款凭证，不得以退货发票代替收据。

（6）职工公出借款凭据，必须附在记账凭证之后。收回借款时，应当另开收据或者退还借据副本，不得退还原借款收据。

（7）经上级有关部门批准的经济业务，应当将批准文件作为原始凭证附件。如果批准文件需要单独归档的，应当在凭证上注明批准机关名称、日期和文件字号。

原始凭证的填制并不难，因为原始凭证基本上已事先印制，如支票等支付结算凭证是银行事先印制好的，对需要填写的栏目实际上已经有了提示和说明，而且往往还提供了样本，只需参照样本进行填制即可。

（二）原始凭证的数字书写

《会计基础工作规范》第三章第五十二条对会计凭证的书写规范做出了规定：

（1）阿拉伯数字应当一个一个地写，不得连笔写。阿拉伯金额数字前面应当书写货币币种符号或者货币名称简写和币种符号。币种符号与阿拉伯金额数字之间不得留有空白。凡阿拉伯数字前写有币种符号的，数字后面不再写货币单位。

（2）所有以“元”为单位（其他货币种类为货币基本单位，下同）的阿拉伯数字，除表示单价等情况外，一律填写到角分；无角分的，角位和分位可写“00”，或者符号“--”；有角无分的，分位应当写“0”，不得用符号“--”代替。

（3）汉字大写数字金额如零、壹、贰、叁、肆、伍、陆、柒、捌、玖、拾、佰、仟、万、亿等，一律用正楷或者行书体书写，不得用0、一、二、三、四、五、六、七、八、九、十等简化字代替，不得任意自造简化字。大写金额数字到元或者角为止的，在“元”或者“角”字之后应当写“整”或者“正”字；大写金额数字有分的，分字后面不写“整”或者“正”字。

（4）大写金额数字前未印有货币名称的，应当加填货币名称，货币名称与金额数字之间不得留有空白。

（5）阿拉伯金额数字中间有“0”时，汉字大写金额要写“零”字；阿拉伯数字金额中间连续有几个“0”时，汉字大写金额中可以只写一个“零”字；阿拉伯金额数字元位是“0”，或者数字中间连续有几个“0”、元位也是“0”但角位不是“0”时，汉字大写金额可以只写一个“零”字，也可以不写“零”字。

此外，书写阿拉伯数字时还要遵循如下要求（如图1-4所示）：

（1）数字要紧贴底线，上端不能顶格，一般应占格距的二分之一；

（2）数字略微向右倾斜。

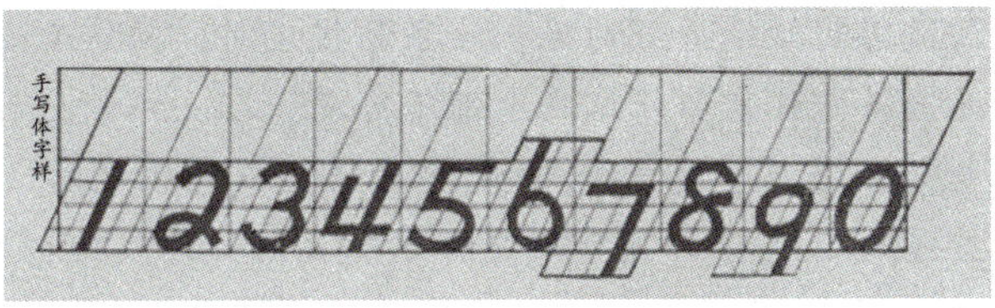

图1-4　阿拉伯数字书写范例

（三）虚假或错误原始凭证的处理

《中华人民共和国会计法》第十四条第二、三款规定：

会计机构、会计人员必须按照国家统一的会计制度的规定对原始凭证进行审核，对不真实、不合法的原始凭证有权不予接受，并向单位负责人报告；对记载不准确、不完整的原始凭证予以退回，并要求按照国家统一的会计制度的规定更正、补充。

原始凭证记载的各项内容均不得涂改；原始凭证有错误的，应当由出具单位重开或者更正，更正处应当加盖出具单位印章。原始凭证金额有错误的，应当由出具单位重开，不得在原始凭证上更正。

会计循环的各个环节是以原始凭证为依据的，它是会计信息的基础。只有原始凭证真实可靠，会计信息才具有可信性，才能为使用者的决策提供有益的帮助。

【思政园地】玻璃大王曹德旺：把账做清楚，摆平反倾销

曹德旺是福耀玻璃工业集团股份有限公司（以下简称“福耀玻璃”）的创始人和董事长，人称“玻璃大王”。福耀集团是全球第二大汽车玻璃生产商，在中国16个省市和美国、德国、俄罗斯、日本等11个国家设有生产基地，其产品以品质优良和价格实惠畅销全球70个国家和地区，占据了全球汽车玻璃行业25%的市场份额。

1991年，福耀玻璃首次将汽车玻璃销往加拿大，开始了进入北美市场的征途。1994年，福耀玻璃在美国成立美国绿榕玻璃工业有限公司，负责在北美销售汽车玻璃。到2002年，福耀玻璃已在北美汽车玻璃市场拥有了10%的市场份额。福耀玻璃的北美扩张之路并非一帆风顺，2001年9月，美国PPG公司向美国、加拿大贸易法庭起诉包括福耀玻璃在内的4家中国企业，称它们的产品在北美市场存在倾销行为。同年12月，加拿大海关和税务总署与加拿大贸易法庭发布公告，对来自中国的汽车玻璃产品进行反倾销调查。2002年7月，加拿大海关和税务总署做出裁决，对福耀玻璃征收24.09%的反倾销税。福耀玻璃积极应对，案例发生之时就成立了专门的反倾销应诉办公室。经过艰苦的应诉，2002年8月，加拿大贸易法庭做出裁决，认定福耀玻璃在加拿大市场上没有倾销行为，其产品将可以继续以零关税进入加拿大市场。在美国的反倾销应诉过程更为艰难。2002年4月，美国商务部裁定福耀玻璃在美国的倾销幅度为11.8%，并按此比例

对其征收反倾销税。2003年4月，福耀玻璃在美国国际贸易法院对美国商务部提起诉讼，对其裁决提出质疑。2004年1月，美国国际贸易法院做出裁决，认定其行政裁决不合理，要求进行行政复审。2004年10月，美国商务部公布了行政复审的最终结果，将福耀玻璃2001年9月至2003年3月期间出口至美国的汽车玻璃的倾销率确定为0.13%，从而不构成倾销行为。依照该裁决，福耀玻璃此前缴纳的反倾销税也将予以退还。

福耀玻璃是怎么赢得反倾销诉讼的呢？除了积极应对，聘请专业律师团队外，福耀玻璃健全的会计制度提供的可靠会计信息也功不可没。在反倾销应诉过程中，原材料成本等数据是关键证据。福耀玻璃从1994年起便开始了信息化之路，把这些原始资料保存得非常完好，这些资料在反倾销应诉中发挥了重要的作用。曹德旺年轻时学过会计，认识到会计的重要性，早在1987年创办福耀玻璃时，即重视会计制度的建设，在企业此后的发展过程中，坚持不懈地持续完善会计制度。因为会计账目清楚，美国反倾销调查工作组来公司调查时，公司敢于把所有会计资料提供给工作组检查。曹德旺自己总结了会计在反倾销案胜诉中的作用："只要把账做清楚，自身干净，你没有东西检，就这样渡过了难关，摆平了反倾销。"

资料来源：搜狐网．曹德旺央视开讲：玻璃大王的人生经历分享［EB/OL］.［2021-06-11］. https：//m.sohu.com/a/282558744_99951118/?pvid = 000115_3w_a&from = timeline.（有改动）

二、商业企业的业务循环与案例背景

（一）商业企业的业务循环

会计是一个提供财务信息的系统，这些信息以所反映的企业、学校、政府部门，以及慈善机构等组织的经济活动为对象，以这些经济活动产生的原始凭证为依据，运用一套严谨的手段和方法，将其加工成财务信息提供给使用者，会计是对这些经济活动的反映。本书选择的案例是企业，但其原理同样适用于其他非营利组织。

企业是以盈利为目的的经济组织，它的全部活动就是利用所占有的资源来获得最大的经济回报。企业的会计工作反映企业的经营活动，要理解会计将企业经济活动加工成财务信息的过程，就需要理解其经济活动及其主要的原始凭证，因为这些原始凭证是会计处理程序的起点。

设想有一个商业企业，它的经济活动包括哪些方面呢？为了达到获取利润的目的，该企业先要获得所需的资本，为此，其向股东发行股票，向债权人举借债务。在取得了所需的资本后，企业会利用这些资本租用或建造办公场所，购置办公设备，以及向供应商采购商品，在采购中需要支付现金，或者形成应付账款，在以后用现金偿还，这个过程周而复始，不断重复，构成了一个循环，我们可以称之为采购与付款循环。企业还要雇用员工，为此需要向员工支付工资，员工继续为企业服务，企业则继续支付其薪酬，这也形成了一个周而复始的循环，可以称之为人力资源循环。

企业从供应商购入产品后，要想方设法以更高的价格将产品卖出去，以获得盈利。企业卖出产品会立即收到现金，或者形成应收账款，在以后以现金的形式收回，这也是一个不断循环的过程，可以称之为销售与收款循环。

在企业将产品卖出并收回货款实现盈利后，它就有能力向债务人偿还债务并支付利息，也有能力向股东支付股利。当企业想扩张而需要更多的资金时，它就有可能募集到这些资金，这也构成了一个循环，称为筹资循环。

商业企业的全部经济活动实际上就是这几个循环的不断重复，共同构成一个大循环。企业在这个过程中，当获得的收入超过其投入要素的成本时，企业就能盈利，而当投入要素的成本超过收入，并长期不能扭转时，则企业就会亏损直至无法维持下去，只能退出市场，甚至倒闭。

微课

商业企业的经营活动

以上描述的商业企业的经营活动，可以用图 1-5 进行描述。

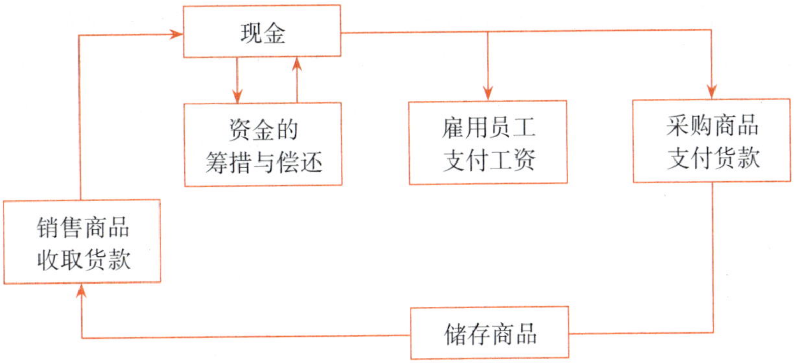

图 1-5　商业企业的经营活动

（二）案例背景

企业在经营过程中，如采购、销售等活动会产生相应的单据，以促使这些活动的顺利进行。例如，采购活动会产生发票，以便清楚所采购商品的数量、单价和总价款，便于买卖双方结算货款。而买方支付货款往往要通过银行，银行在此过程中会出具支付款项的证明，这些单据称为原始凭证。会计是对企业经营活动进行反映的信息系统，要对这些经营活动进行反映，需要以这些单据，即原始凭证为依据。

下面将以广东馨怡香精有限公司为例，介绍商业企业经营活动中主要的原始凭证。需要说明的是，除这里介绍的原始凭证基于该案例外，本书全部的账务处理过程演示均以该案例为资料。

该案例的基本情况如下：

2020 年 11 月 1 日，张得飞和李长宇联合成立的广东馨怡香精有限公司通过了市场监督管理局的审批，领取了营业执照。公司注册地和办公地均为广东省广州市长湖路 121 号。张得飞和李长宇持公司营业执照，在中国工商银行长湖支行为公司开立了银行账户，账号是 538653800152。鉴于公司只有两名股东，张得飞和李长宇决定不设董事会，由张得飞任执行董事，由李长宇任总经理。

公司被主管税务机关认定为增值税一般纳税人，按月申报增值税和附加税费，申报期限为次月 15 日前，按季申报预缴企业所得税，申报期限为季度结束后次月 15 日前。

公司存货采用全月一次加权平均法核算发出成本，采用科目汇总表账务处理程序处理会计事务。

【法规广角】企业注册的流程

如果要开办公司，需要按照以下流程进行注册：

核准名称→公司登记，领取营业执照→开设银行账户→进行税务登记。

根据《中华人民共和国公司登记管理条例》的规定，设立公司应当申请名称预先核准，即需要给公司确定一个名称。如果设立有限责任公司，则应由全体股东指定的代表或共同委托的代理人，持全体股东签署的公司名称预先核准申请书和全体股东指定代表或者共同委托代理人的证明到市场监督管理机构进行办理。核准名称（简称“核名”）的目的之一是防止公司名称与已注册的公司发生重名。

核名通过后，全体股东指定的代表或共同委托的代理人应持企业名称预先核准通知书、公司章程、设立登记申请书和公司住所证明等文件到市场监督管理部门申请设立登记。市场监督管理部门审查通过后，颁发营业执照正本和副本。领取营业执照后，企业凭营业执照可到公安局指定的刻章点刻制各种印章，如公司公章、财务专用章、合同专用章、发票专用章和法人代表章等。

经办人凭营业执照可到银行开设账户，再凭营业执照和银行账户到税务局办理税务登记。

公司包括有限责任公司和股份有限公司。按照《中华人民共和国公司法》的规定，有限责任公司应设立董事会，如果股东人数较少或者规模较小，可以设一名执行董事，不设董事会。广东馨怡香精有限公司只有两名股东，因此没有设立董事会。

三、商业企业各业务循环涉及的原始凭证

（一）筹资循环涉及的原始凭证

2020年11月1日，张得飞与李长宇注册成立了广东馨怡香精有限公司（以下简称“馨怡公司”），二人各自向馨怡公司的开户银行账户转入25万元投资款，相应原始凭证如下（如图1-6和图1-7所示，见表1-2和表1-3）：

中国工商银行　进账单　1

2020年11月1日　　第06251号

出票人	全称	张得飞	收款人	全称	广东馨怡香精有限公司
	账号	129056211184		账号	538653800152
	开户银行	中国建设银行广东江门市分行		开户银行	中国工商银行长湖支行

金额	人民币（大写）	千	百	十	万	千	百	十	元	角	分
	贰拾伍万元整		¥	2	5	0	0	0	0	0	0

票据种类		中国工商银行长湖支行 2020.11.01
票据张数		
单位主管　会计　复核　记账		收款人开户银行签章

图1-6　银行进账单（1）

中国工商银行　进账单　1

2020年11月1日　　　　第06252号

出票人			收款人		
出票人	全　称	李长宇	收款人	全　称	广东馨怡香精有限公司
	账　号	214765993987		账　号	538653800152
	开户银行	中国建设银行广东江门市分行		开户银行	中国工商银行长湖支行

金额	人民币（大写）	千	百	十	万	千	百	十	元	角	分
	贰拾伍万元整		¥	2	5	0	0	0	0	0	0

票据种类		中国工商银行长湖支行 2020.11.01 收款人开户银行签章
票据张数		
单位主管　会计　复核　记账		

图1-7　银行进账单（2）

表1-2

收 款 收 据（1）　　　　054151

2020年11月1日

今收到　张得飞					
人民币（大写）贰拾伍万元整　　¥250 000.00					
事由：缴纳投资款					
收款单位	广东馨怡香精有限公司	财务主管	李繁琳	收款人	陈凤飞

③会计记账

表1-3

收 款 收 据（2）　　　　054152

2020年11月1日

今收到　李长宇					
人民币（大写）贰拾伍万元整　　¥250 000.00					
事由：缴纳投资款					
收款单位	广东馨怡香精有限公司	财务主管	李繁琳	收款人	陈凤飞

③会计记账

上面的股东缴纳出资款业务共有四张原始凭证。其中，图1-6和图1-7是银行进账单，是由馨怡公司的开户银行中国工商银行长湖支行出具的，证明张得飞和李长宇分别向馨怡公司在该银行的账户转入了25万元；表1-2和表1-3是收据，从其左下方的财务专用章可以看出是由馨怡公司出具的，证明公司收到了张得飞和李长宇两位股东的投资款。

股东愿意投资开办公司是为了获利，公司获利后应当向股东支付股利，这也会形成原始凭证，应付股利计算表就是这样的凭证。表1-4说明馨怡公司于2020年12月31日决定向张得飞和李长宇各分配13 693.74元的股利。

表 1-4

应付股利计算表

2020 年 12 月 31 日

单位：元

项　目	净利润	提取比例	提取金额
应付股利——张得飞	273 874.71	5%	13 693.74
应付股利——李长宇	273 874.71	5%	13 693.74

除了股东投入的资金，借款也是企业资金的重要来源。图 1-8 是馨怡公司 2020 年 12 月 1 日从中国工商银行长湖支行借入 50 万元资金的原始凭证。

ICBC 中国工商银行

贷款凭证（收账通知）

2020 年 12 月 01 日

单位名称	广东馨怡香精有限公司		种类	短期资金贷款	贷款户账号	540680
金额（大写）	人民币伍拾万元整				十亿千百十万千百十元角分	¥50000000
用　途	生产经营	单位申请期限	自 2020 年 12 月 01 日起至 2021 年 06 月 30 日止		利率	0.5%
		银行核定期限	自 2020 年 12 月 01 日起至 2021 年 06 月 30 日止			
以上贷款已核准发放 已转收你单位 792164331453 账号 银行签章						

（印章：中国工商银行长湖支行 2020.12.09 业务章）

图 1-8　借款凭证

银行同意把钱借给债务人是为了获利，获利的方式是收取利息。在收取利息时，银行同样需要给债务人出具原始凭证。

（二）采购与付款循环涉及的原始凭证

图 1-9 所示的是增值税专用发票的发票联（右边竖排文字标明是发票联），说明馨怡公司 2020 年 11 月 5 日从东森香精制造股份公司购入 300 千克香精，单价 420 元，价款 126 000 元，还需按价款的 13% 支付增值税 16 380 元，价款和税款合计数为 142 380 元。

图 1-10 说明为了把从东森公司采购的香精运回馨怡公司所在的广州市，公司使用了杭州快达物流有限公司的物流服务，为此需要向该公司支付运输费 3 000 元，并按运输费的 9% 支付增值税 270 元，价税合计金额为 3 270 元。这笔运费已由东森公司垫付，馨怡公司需要把这笔款项支付给东森公司。

馨怡公司把图 1-9 和图 1-10 两张增值税专用发票所反映的香精采购款、运输费以及增值税共计 145 650 元通过网络银行支付的方式支付给东森公司后，收到银行回单（如图 1-11 所示），证明这笔钱已经支付。

3300204130　**浙江增值税专用发票**　№ 35425757　3300204130 35425757

发　票　联

开票日期：2020年11月5日

购买方	名　　称：广东馨怡香精有限公司 纳税人识别号：79383674877254900K 地 址 、电 话：广东省广州市长湖路121号 020-79143388 开户行及账号：中国工商银行长湖路支行 792164331453	密码区	5989653*&^*(&% 45*&^) (*&*(% (6^#% #@#$@342vkh%43223216+5456132415?> <$#@$#+I28$+I51#@$@$+I77@+I103+ I129#@Q $! #R#564816#r3w4165151@# 553# $% $5 + I28&^# $&^3515618651*^% 651651&$

货物或应税劳务、服务名称	规格型号	单位	数量	单价	金额	税率	税额
*香精*梦幻巴黎		千克	300	420.00	126 000.00	13%	16 380.00
合　计					¥126 000.00		¥16 380.00
价税合计（大写）	⊗壹拾肆万贰仟叁佰捌拾元整						（小写）¥142 380.00

销售方	名　　称：东森香精制造股份公司 纳税人识别号：56452157993164174M 地 址 、电 话：浙江省杭州市永丰路132号 0571-31773943 开户行及账号：中国建设银行永丰路支行 512767867741	备注	

收款人：张其丽　复核：李福　开票人：王军山　销售方：（章）

第三联：发票联　购买方记账凭证

增值税发票联，销售方交给购买方作记账凭证

图1-9　增值税专用发票的发票联（1）

3300194130　**浙江增值税专用发票**　№ 42850778　3300194130 42850778

发　票　联

开票日期：2020年11月5日

购买方	名　　称：广东馨怡香精有限公司 纳税人识别号：79383674877254900K 地 址 、电 话：广东省广州市长湖路121号 020-79143388 开户行及账号：中国工商银行长湖路支行 792164331453	密码区	5989653*&^*(&% 45*&^) (*&*(% (6^#% #@#$@342vkh%43223216+5456132415?> <$#@$#+I28$+I51#@$@$+I77@+I103+ I129#@Q $! #R#564816#r3w4165151@# 553# $% $5 + I28&^# $&^3515618651*^% 651651&$

货物或应税劳务、服务名称	规格型号	单位	数量	单价	金额	税率	税额
*物流辅助服务*运输费		次	1	3 000.00	3 000.00	9%	270.00
合　计					¥3 000.00		¥270.00
价税合计（大写）	⊗叁仟贰佰柒拾元整						（小写）¥3 270.00

销售方	名　　称：杭州快达物流有限公司 纳税人识别号：16743197282345100L 地 址 、电 话：浙江省杭州市永泰路526号 0571-52497450 开户行及账号：中国工商银行永丰路支行 791433883083	备注	货物名称：香精 起运地、到达地：杭州市、广州市 车牌号：浙A-K4326

收款人：李俊烨　复核：李宿　开票人：官春红　销售方：（章）

第三联：发票联　购买方记账凭证

图1-10　增值税专用发票的发票联（2）

中国工商银行 电子银行回单

电子回单号码：1996 3056 2393 4358

回单类型		境内汇款	指令序号		516949570557965105468613448
付款人	户 名	广东馨怡香精有限公司	收款人	户 名	东森香精制造股份公司
	卡（账）号	792164331453		卡（账）号	512767867741
	银 行	中国工商银行长湖路支行		银 行	中国建设银行永丰路支行
币种		人民币	钞汇标志		钞
金额		145 650.00元	手续费		0.00元
合计		人民币（大写）：壹拾肆万伍仟陆佰伍拾元整 ¥145 650.00元			
交易时间		2020年11月5日9时12分	时间戳		2020-11-5 21.11.38506
用途		支付货款			
中国工商银行 电子回单 专用章		附言：			
		验证码：			

图 1-11 电子银行付款回单

表1-5所示的入库通知单说明2020年11月5日从东森公司购入的300千克“梦幻巴黎”香精已经运到公司并验收入库，入库日期是2020年11月7日。需要注意的是，发票不能证明采购的商品已经收到，入库通知单才具有这样的功能。

表 1-5 入库通知单

供货单位：东森香精制造股份公司　　2020年11月7日　　第1号

物品名称	规格	单位	送验数量	实收数量	单价	金额										备注
						千	百	十	万	千	百	十	元	角	分	
梦幻巴黎		千克	300	300	430			1	2	9	0	0	0	0	0	

第三联 会计记账

会计：李繁琳　　仓库主管：周四全　　保管：李键　　经手人：孔尊

（三）人力资源循环涉及的原始凭证

企业向客户提供商品或服务，必须要雇用员工，员工为企业提供服务后，企业需要定期向其支付劳务报酬，这就是工资。工资往往是由企业人事部门按照员工的出勤情况和工资标准进行计算的，经过批准后，财务部门即可根据工资单向员工支付工资。

馨怡公司2020年11月的工资表见表1-6，该表具体列示了员工的部门、工资的具体构成和金额，以及应扣除的社保、公积金等款项。表1-7是根据员工所在部门进行的工资汇总，该表计算了各部门的工资总额，便于会计部门进行账务处理，也便于分析各部门的员工工资。

表 1-6 2020 年 11 月广东馨怡香精有限公司员工工资表

序号	姓名	部门	应发工资				应扣/代扣工资			实发工资	签名
			基本工资	岗位补贴	加班工资	合计	社保	公积金	个税		
1	张得飞	行政部	3 500.00	1 133.00	300.00	4 933.00	0	0	0	4 933.00	
2	李长宇	行政部	3 500.00	1 229.00	210.00	4 939.00	0	0	0	4 939.00	
3	李大忠	销售部	3 300.00	1 070.00	345.00	4 715.00	0	0	0	4 715.00	
4	孔尊	销售部	3 300.00	1 111.00	427.00	4 838.00	0	0	0	4 838.00	
5	姜春明	人事部	3 200.00	1 144.00	396.00	4 740.00	0	0	0	4 740.00	
6	李繁琳	财务部	3 300.00	1 183.00	326.00	4 809.00	0	0	0	4 809.00	
7	陈凤飞	财务部	3 300.00	1 226.00	387.00	4 913.00	0	0	0	4 913.00	
8	柯语云	采购部	3 500.00	1 014.00	396.00	4 910.00	0	0	0	4 910.00	
9	周四全	仓管部	3 300.00	1 112.00	475.00	4 887.00	0	0	0	4 887.00	
10	李键	仓管部	3 300.00	1 244.00	450.00	4 994.00	0	0	0	4 994.00	
合计			33 500.00	11 466.00	3 712.00	48 678.00	0	0	0	48 678.00	

复核：李繁琳　　出纳：陈凤飞　　制表：姜春明

表 1-7 2020 年 11 月广东馨怡香精有限公司工资结算汇总表

部门	应发工资				应扣/代扣工资			实发工资
	基本工资	岗位补贴	加班工资	合计	社保	公积金	个税	
行政部	7 000.00	2 362.00	510.00	9 872.00	0	0	0	9 872.00
销售部	6 600.00	2 181.00	772.00	9 553.00	0	0	0	9 553.00
人事部	3 200.00	1 144.00	396.00	4 740.00	0	0	0	4 740.00
财务部	6 600.00	2 409.00	713.00	9 722.00	0	0	0	9 722.00
采购部	3 500.00	1 014.00	396.00	4 910.00	0	0	0	4 910.00
仓管部	6 600.00	2 356.00	925.00	9 881.00	0	0	0	9 881.00
合计	33 500.00	11 466.00	3 712.00	48 678.00	0	0	0	48 678.00

复核：李繁琳　　出纳：陈凤飞　　制表：姜春明

人事部门计算出员工的工资后，企业就可以根据工资表发放工资了。企业可以用现金发放工资，也可以通过银行代发工资。表 1-8 是通过现金发放工资后的工资表，员工在工资表上签字，承认已领取工资。出纳在支付现金后，往往在单据上加盖“现金付讫”章，表示该单据已经支付完毕，避免重复付款。

表 1-8　　2020 年 11 月广东馨怡香精有限公司员工工资表

序号	姓名	部门	应发工资				应扣/代扣工资			实发工资	签名
			基本工资	岗位补贴	加班工资	合计	社保	公积金	个税		
1	张得飞	行政部	3 500.00	1 133.00	300.00	4 933.00	0	0	0	4 933.00	张得飞
2	李长宇	行政部	3 500.00	1 229.00	210.00	4 939.00	0	0	0	4 939.00	李长宇
3	李大忠	销售部	3 300.00	1 070.00	345.00	4 715.00	0	0	0	4 715.00	李大忠
4	孔尊	销售部	3 300.00	1 111.00	427.00	4 838.00	0	0	0	4 838.00	孔尊
5	姜春明	人事部	3 200.00	1 144.00	396.00	4 740.00	0	0	0	4 740.00	姜春明
6	李繁琳	财务部	3 300.00	1 183.00	326.00	4 809.00	0	0	0	4 809.00	李繁琳
7	陈凤飞	财务部	3 300.00	1 226.00	387.00	4 913.00	0	0	0	4 913.00	陈凤飞
8	柯语云	采购部	3 500.00	1 014.00	396.00	4 910.00	0	0	0	4 910.00	柯语云
9	周四全	仓管部	3 300.00	1 112.00	475.00	4 887.00	0	0	0	4 887.00	周四全
10	李键	仓管部	3 300.00	1 244.00	450.00	4 994.00	0	0	0	4 994.00	李键
合计			33 500.00	11 466.00	3 712.00	48 678.00	0	0	0	48 678.00	

现金付讫

复核：李繁琳　　　　出纳：陈凤飞　　　　制表：姜春明

（四）销售与收款循环涉及的原始凭证

企业向客户销售商品时，需要开具增值税专用发票，并将其发票联交给客户，作为客户单位记账的依据。同时，还要将抵扣联交给客户，作为客户抵扣增值税销项税额的依据。销售方将第一联保留下来，作为自己记录销售业务的原始凭证，这一联称为记账联。记账联不需要加盖企业公章，但交给客户的发票联和抵扣联需要加盖企业公章（发票专用章）才有法律效力，否则客户不能用作记账的依据和抵扣税款的依据。图 1-12 列示的是馨怡公司作为记录销售业务依据的增值税专用发票的记账联。

4400204140　　**广东增值税专用发票**　　№ 10001251　　4400204140 10001251

（全国统一发票监制章 广东 国家税务总局）

此联不作报销、抵扣凭证使用　　开票日期：2020 年 11 月 15 日

购买方	名　　称：洁柔日用品有限公司 纳税人识别号：31450817716084700K 地 址 、电 话：广州省潮州市白沙路 107 号 0768-78929335 开户行及账号：中国工商银行白沙路支行 714105150861	密码区	5989653*&^*(&% 45*&^) (*&*(% (6^#%#@#$@342vkh%43223216+5456132415?><$#@$#+I28$+I51#@$@$+I77@+I103+I129#@Q $! #R#564816#r3w4165151@#553# $% $5 + I28&^# $&^3515618651*^%651651&$

货物或应税劳务、服务名称	规格型号	单位	数量	单价	金额	税率	税额
*香精*梦幻巴黎		千克	260.00	570.00	148 200.00	13%	19 266.00
合　　计					¥148 200.00		¥19 266.00
价税合计（大写）	⊗壹拾陆万柒仟肆佰陆拾陆元整						（小写）¥167 466.00

销售方	名　　称：广东馨怡香精有限公司 纳税人识别号：79383674877254900K 地 址 、电 话：广东省广州市长湖路 121 号 020-79143388 开户行及账号：中国工商银行长湖路支行 792164331453	备注	

第一联：记账联　销售方记账凭证

收款人：陈凤飞　　复核：李繁琳　　开票人：周四全　　销售方：（章）

图 1-12　增值税专用发票的记账联

表1-9所示的送货单是货物送达后由收货单位签收并返回给销货方的，证明对方已收到货物，也作为销售方已发送货物的依据。

表1-9　　广东馨怡香精有限公司送货单

客户名称：洁柔日用品有限公司　　2020年11月15日　　送货单号：202001

送货地址：广东省潮州市白沙路107号　　业务员：李大忠

物品名称	规格	单位	数量	单价	金额	备注
梦幻巴黎		千克	260	570	148 200.00	
合计			260		148 200.00	

收货单位：洁柔日用品有限公司　　核对：周四全　　送货单位：韵达快递有限公司

销售业务发生后，向客户发货的环节还需要开具出库通知单（见表1-10），这一单据在会计上用作记录所销售商品成本的单据。

表1-10　　出库通知单

收货单位：洁柔日用品有限公司　　2020年11月15日　　第 3 号

物品名称	规格	单位	应发数量	实收数量	单价	金额										备注
						千	百	十	万	千	百	十	元	角	分	
梦幻巴黎		千克	260	260												

第三联　会计记账

会计：李繁琳　　仓库主管：周四全　　保管：李键　　经手人：孔尊

向客户销售商品，可以通过现金结算，即一手交钱，一手交货。在商业往来中，往往也存在着先将商品交给客户，过一段时间再收款的情况。图1-13是洁柔日用品有限公司向馨怡公司支付货款后，馨怡公司开户银行提供的收款回单，证明货款已经收到。

中国工商银行　电子银行回单

电子回单号码：1937 1975 3114 5338

回单类型		境内汇款	指令序号		87762120279839949774277220 2
付款人	户　名	洁柔日用品有限公司	收款人	户　名	广东馨怡香精有限公司
	卡（账）号	714105150861		卡（账）号	792164331453
	银　行	中国工商银行白沙路支行		银　行	中国工商银行长湖路支行
币种		人民币	钞汇标志		钞
金额		167 466.00 元	手续费		0.00 元
合计		人民币（大写）：壹拾陆万柒仟肆佰陆拾陆元整　¥167 466.00 元			
交易时间		2020 年 12 月 3 日 9 时 25 分	时间戳		2020-12-3　15.26.90471
用途		收到货款			
中国工商银行 电子回单专用章		附言：			
		验证码：			

图 1-13　电子银行收款回单

【实务世界】增值税纳税人类型与增值税发票种类

增值税纳税人可以分为一般纳税人和小规模纳税人两种。根据财政部和国家税务总局2018年颁布的《关于统一增值税小规模纳税人标准的通知》的规定，年应征增值税销售额500万元及以下的增值税纳税人为小规模纳税人，该标准以上的为增值税一般纳税人。

增值税一般纳税人购入商品或劳务时缴纳的增值税（称为“进项税额”）可以抵扣，其前提是取得增值税专用发票的抵扣联。小规模纳税人实行简易征收，不抵扣进项税额，也就不需要增值税专用发票，只需要增值税普通发票即可。

如果从增值税纳税人身份类型的角度来看待交易，存在如下四种可能（见表1-11）：

表 1-11　交易双方纳税人类型与增值税发票种类

销售方纳税人类型	购买方纳税人类型	增值税发票种类
一般纳税人	一般纳税人	增值税专用发票
一般纳税人	小规模纳税人	增值税普通发票
小规模纳税人	一般纳税人	增值税专用发票
小规模纳税人	小规模纳税人	增值税普通发票

从中可以看出，只要购买方是增值税一般纳税人，为了抵扣进项税额，应取得增值税专用发票。而如果购买方是增值税小规模纳税人，因为不能抵扣进项税额，应使用增值税普通发票。

国家税务总局颁布的《增值税专用发票使用规定》第四条规定，增值税专用发票的基本联次有三联：发票联、抵扣联和记账联。其中，发票联作为购买方核算采购成本和增值税进项税额的记账凭证；抵扣联用作购买方报送主管税务机关认证和留存备查的凭证；记账联则是销售方核算销售收入和增值税销项税额的记账凭证。

增值税普通发票因为不需要抵扣进项税额，与增值税专用发票相比，其基本联次没有抵扣联，只有发票联和记账联两联。其中，第一联为记账联，第二联为发票联，其功能与增值税专用发票的相应联次完全相同，这是国家税务总局颁布的《关于启用增值税普通发票有关问题的通知》中明确规定的。

（五）支付结算过程及其涉及的原始凭证

1. 支付结算的含义与分类

从图1-5的企业经营活动流程图可以看出，无论是筹资、采购，还是人力资源和销售，都涉及“现金”，当然，这里的现金应作广义理解，包括库存现金和银行存款。这是因为，筹资、采购和销售等最终都要涉及现金的流动，而现金的流动就涉及支付结算。

支付结算可以从广义和狭义两个角度进行定义。广义的支付结算是指单位、个人在社会经济活动中使用现金、票据、银行卡和结算凭证进行货币给付及其资金清算的行为。其主要功能是完成资金从一方当事人向另一方当事人的转移，在结算形式上，包括现金结算和银行转账结算两种形式。

狭义的支付结算则仅指银行转账结算，即中国人民银行1997年9月颁布的《支付结算方法》第三条所称的“支付结算”，是指单位、个人在社会经济活动中使用票据、信用卡和汇兑、托收承付、委托收款、电子支付等结算方式进行货币给付及其资金清算的行为。会计上的支付结算是狭义的。

支付结算涉及的基本当事人，包括收款人、收款人开户银行、付款人和付款人开户银行，如图1-14所示。结算可以由收款人发起，也可以由付款人发起。由收款人发起的典型的结算方式为委托收款，其流程是收款人向其开户银行提出申请，委托其向付款人收款；收款人开户银行受理申请后，通知付款人开户银行；付款人开户银行通知付款人，付款人需要决定是否付款，如果拒绝付款，需要给出理由，如果同意付款，付款人开户银行便从付款人的账户中将款项转移给收款人开户银行；收款人开户银行收到款项后，将向收款人出具收款凭证，告知收款人款项已收到。

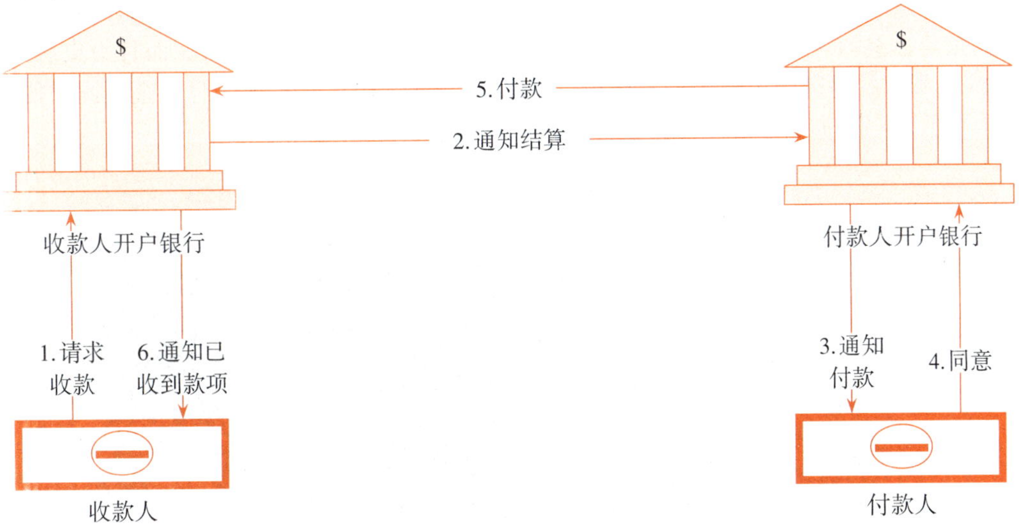

图1-14　委托收款结算方式的流程图

按照是否使用票据作为结算工具，支付结算可以分为票据结算和非票据结算。根据

《中华人民共和国票据法》的定义，票据结算是指采用支票、银行本票和汇票（包括银行汇票和商业汇票）等工具来结清资金的结算方式。非票据结算是指除票据结算方式之外的结算方式，一般包括汇兑、委托收款、异地托收承付、信用卡、信用证、电子支付方式等。

2. 票据结算方式

（1）支票

支票是出票人签发的，委托办理支票存款业务的银行在见票时无条件支付确定的金额给收款人或者持票人的票据。支票包括现金支票、转账支票和普通支票。支票上印有现金字样的为现金支票，现金支票只能用于支取现金。支票上印有转账字样的为转账支票，转账支票只能用于转账。无论哪种支票，都有支票联和存根联。转账支票，如图1-15所示。

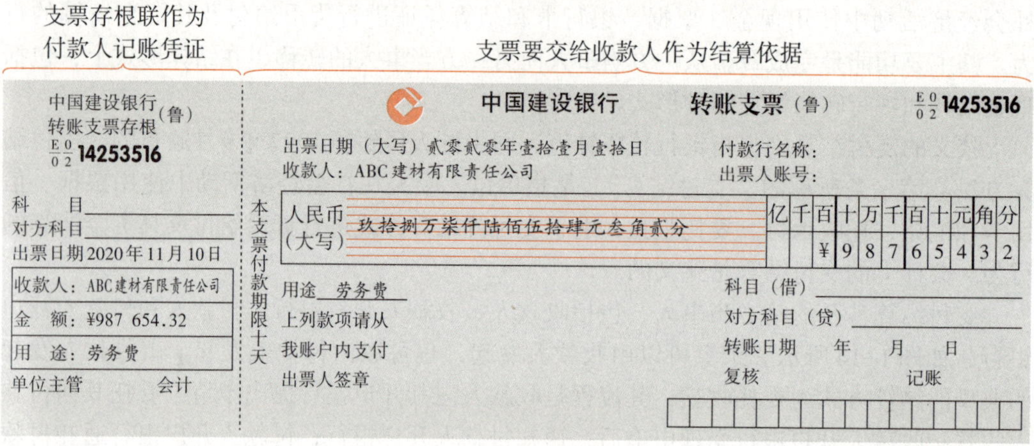

图1-15 转账支票

转账支票的右边是支票联，需要交给收款人，收款人将其交给自己的开户银行，通过银行间的清算系统才能收到款项；左边是存根联，由付款人留作记账依据。可以看到，支票联的日期用的是大写，金额同时用阿拉伯数字和大写汉字进行书写，这样做的目的是防止篡改，保护资金的安全。这一做法在其他国家也得到应用，而且历史悠久。图1-16所示的是英国威斯敏斯特银行的支票，日期是1956年8月14日，金额同时使用了阿拉伯数字和英文单词书写，而且二者金额一致。

图1-16 1956年开具的英国威斯敏斯特银行支票

现金支票，如图1-17所示。

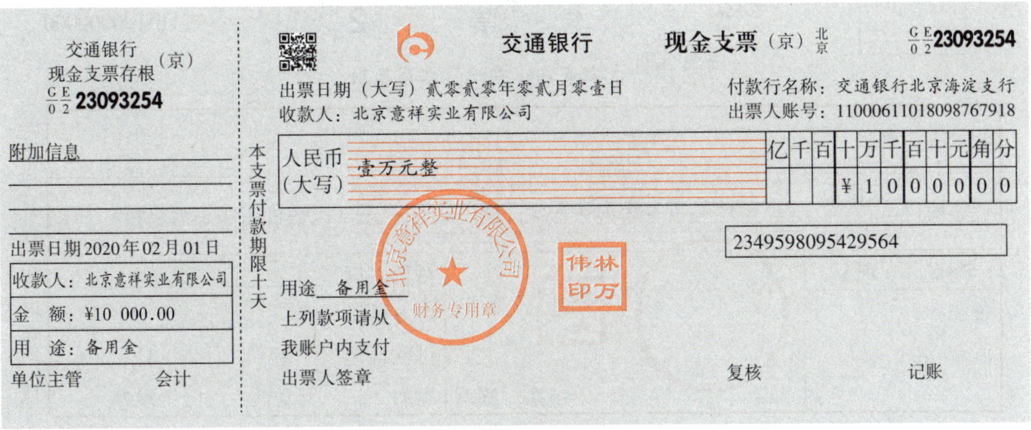
交通银行
现金支票存根（京）
GE 02 23093254
附加信息
出票日期2020年02月01日
收款人：北京意祥实业有限公司
金　额：¥10 000.00
用　途：备用金
单位主管　　会计

交通银行　现金支票（京）北京　GE 02 23093254
出票日期（大写）贰零贰零年零贰月零壹日　付款行名称：交通银行北京海淀支行
收款人：北京意祥实业有限公司　出票人账号：1100061101809876791 8
本支票付款期限十天
人民币（大写）壹万元整
亿 千 百 十 万 千 百 十 元 角 分
¥ 1 0 0 0 0 0 0
2349598095429564
用途　备用金
上列款项请从
我账户内支付
出票人签章
北京意祥实业有限公司 财务专用章
伟林印万
复核　　记账

图1-17　现金支票

除了现金支票和转账支票，还有普通支票。《支付结算办法》第一百一十五条规定：“普通支票可以用于支取现金，也可以用于转账。在普通支票左上角划两条平行线的，为划线支票，划线支票只能用于转账，不得支取现金。”图1-18是一张中国工商银行的划线支票，其功能相当于转账支票。

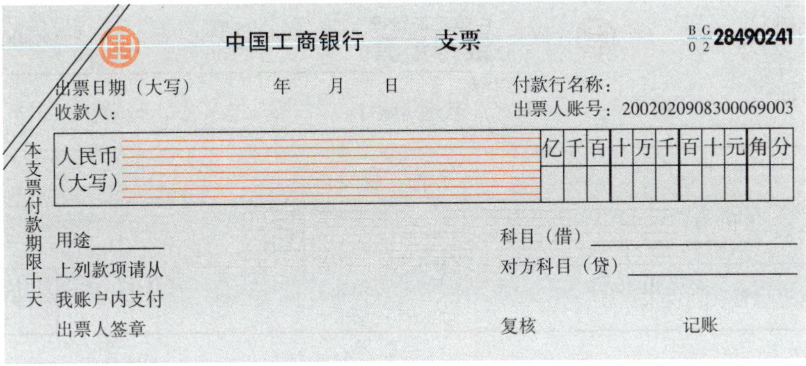
中国工商银行　支票　BG 02 28490241
出票日期（大写）　年　月　日　付款行名称：
收款人：　出票人账号：2002020908300069003
本支票付款期限十天
人民币（大写）
亿 千 百 十 万 千 百 十 元 角 分
用途
上列款项请从
我账户内支付
出票人签章
科目（借）
对方科目（贷）
复核　　记账

图1-18　划线支票

（2）银行本票

银行本票是银行签发的，承诺自己在见票时无条件支付确定的金额给收款人或者持票人的票据。单位和个人在同一票据交换区域需要支付各种款项时，均可使用银行本票。银行本票可以用于转账，注明现金字样的银行本票可以用于支取现金。单位之间使用银行本票进行结算的，只能使用转账本票。银行本票分为不定额本票和定额本票两种。定额银行本票面额为1千元、5千元、1万元和5万元。不是所有银行都可以出具本票，根据《支付结算办法》的规定，只有经中国人民银行当地分支行批准办理银行本票业务的银行机构才可以出具本票。银行本票的提示付款期限自出票日起最长不得超过2个月。持票人超过付款期限提示付款的，代理付款人不予受理。

申请人使用银行本票，应向银行填写银行本票申请书，由银行签发本票。银行本票的票样，如图1-19所示。

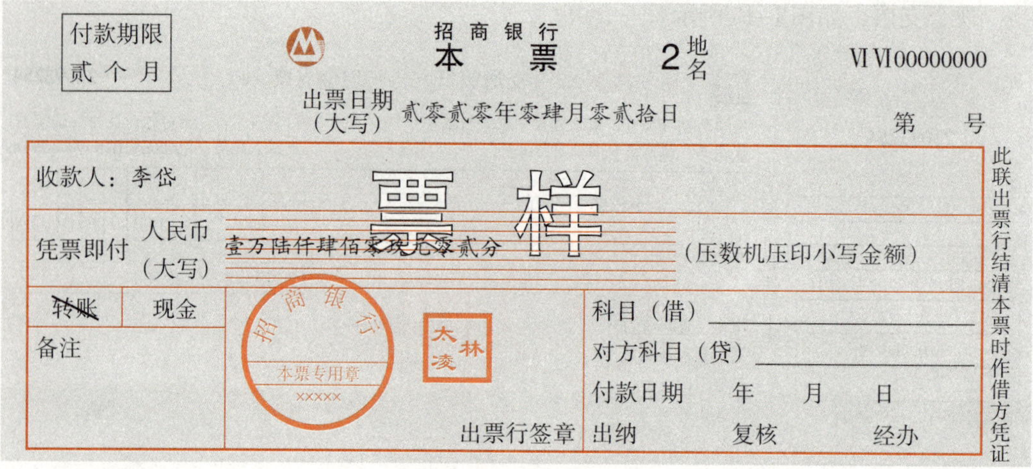
付款期限 贰 个 月

招 商 银 行

本　　票　　2 地名

VI VI00000000

出票日期（大写）贰零贰零年零肆月零贰拾日

第　　号

收款人：李岱

凭票即付　人民币（大写）壹万陆仟肆佰零玖元零贰分　（压数机压印小写金额）

转账　现金

备注

科目（借）

对方科目（贷）

付款日期　年　月　日

出票行签章　出纳　复核　经办

此联出票行结清本票时作借方凭证

图 1-19　银行本票

（3）银行汇票

银行汇票是出票银行签发的，由其在见票时按照实际结算金额无条件支付给收款人或者持票人的票据。申请人使用银行汇票，应向出票银行填写银行汇票申请书，再由银行签发银行汇票。银行汇票的票样，如图 1-20 所示。

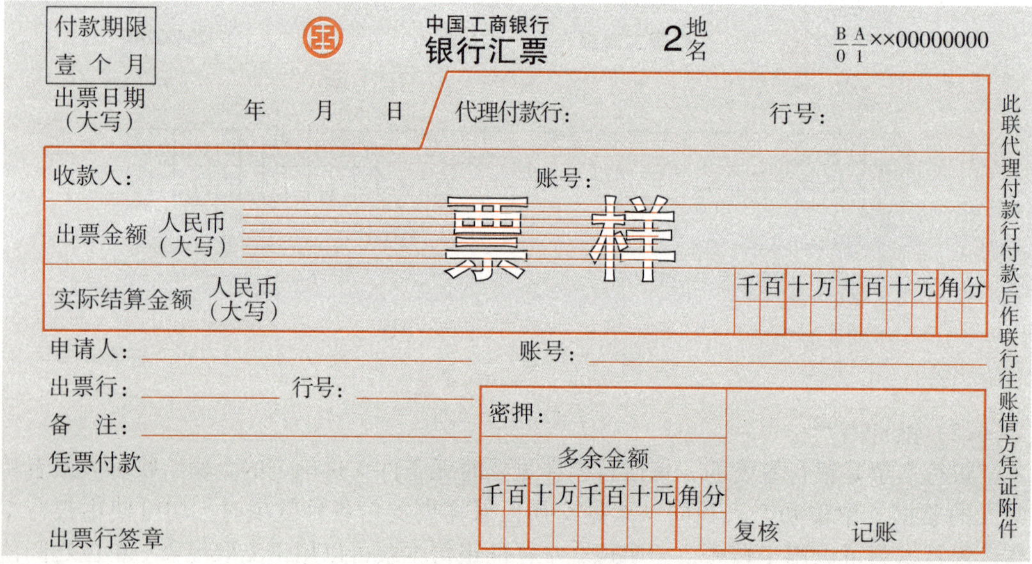
付款期限 壹 个 月

中国工商银行

银行汇票　　2 地名

B A ××00000000
0 1

出票日期（大写）　年　月　日　代理付款行：　行号：

收款人：　账号：

出票金额　人民币（大写）

实际结算金额　人民币（大写）　千 百 十 万 千 百 十 元 角 分

申请人：　账号：

出票行：　行号：

备　注：

凭票付款

出票行签章

密押：

多余金额　千 百 十 万 千 百 十 元 角 分

复核　记账

此联代理付款行付款后作联行往账借方凭证附件

图 1-20　银行汇票

银行汇票包括现金银行汇票和转账银行汇票。申请人和收款人必须均为个人时才可使用现金银行汇票，否则只能使用转账银行汇票。银行汇票一式四联，其第二联为解讫通知，申请人应将银行汇票和解讫通知一并交付给汇票上记明的收款人。银行汇票的提示付款期限自出票日起1个月。持票人超过付款期限提示付款的，代理付款人不予受理。

（4）商业汇票

商业汇票是出票人签发的，委托付款人在指定日期无条件支付确定的金额给收款人或者持票人的票据。按照承兑人的不同，商业汇票可分为商业承兑汇票和银行承兑汇票。由银行作为商业汇票承兑人的是银行承兑汇票；由银行以外的付款人承兑的是商业承兑汇票。银行承兑汇票和商业承兑汇票的样式，分别如图1-21和图1-22所示。

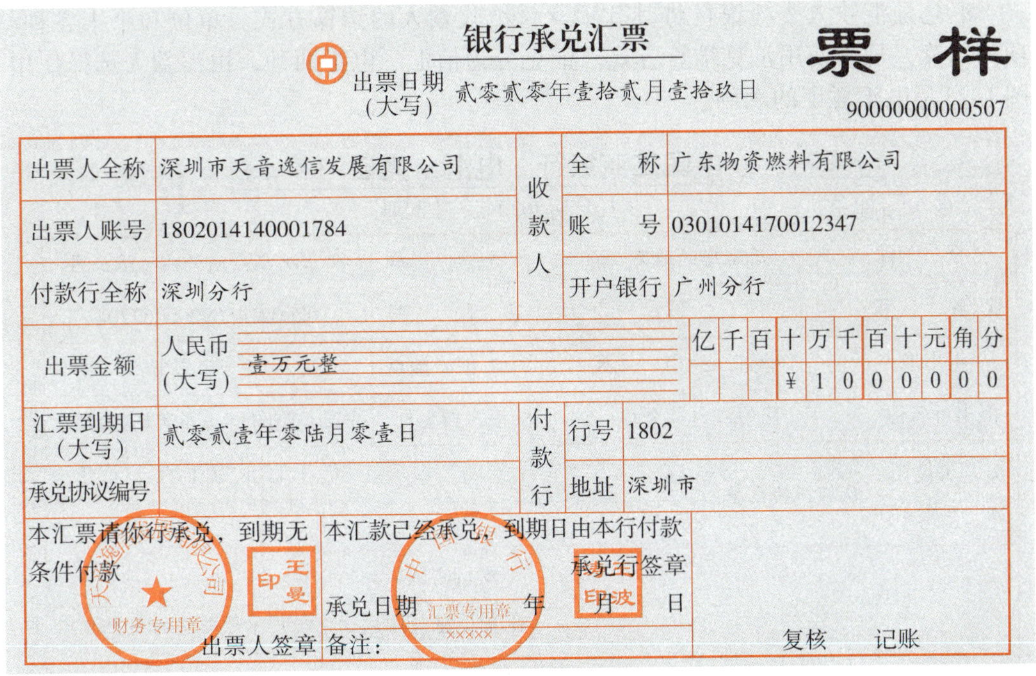

银行承兑汇票　　票　样

出票日期（大写）　贰零贰零年壹拾贰月壹拾玖日　　90000000000507

出票人全称	深圳市天音逸信发展有限公司	收款人	全　称	广东物资燃料有限公司
出票人账号	1802014140001784		账　号	0301014170012347
付款行全称	深圳分行		开户银行	广州分行
出票金额	人民币（大写）壹万元整		亿千百十万千百十元角分	¥1000000
汇票到期日（大写）	贰零贰壹年零陆月零壹日	付款行	行号	1802
承兑协议编号			地址	深圳市

本汇票请你行承兑，到期无条件付款　出票人签章

本汇款已经承兑，到期日由本行付款　承兑行签章　承兑日期　年　月　日

备注：　　复核　　记账

图1-21　银行承兑汇票

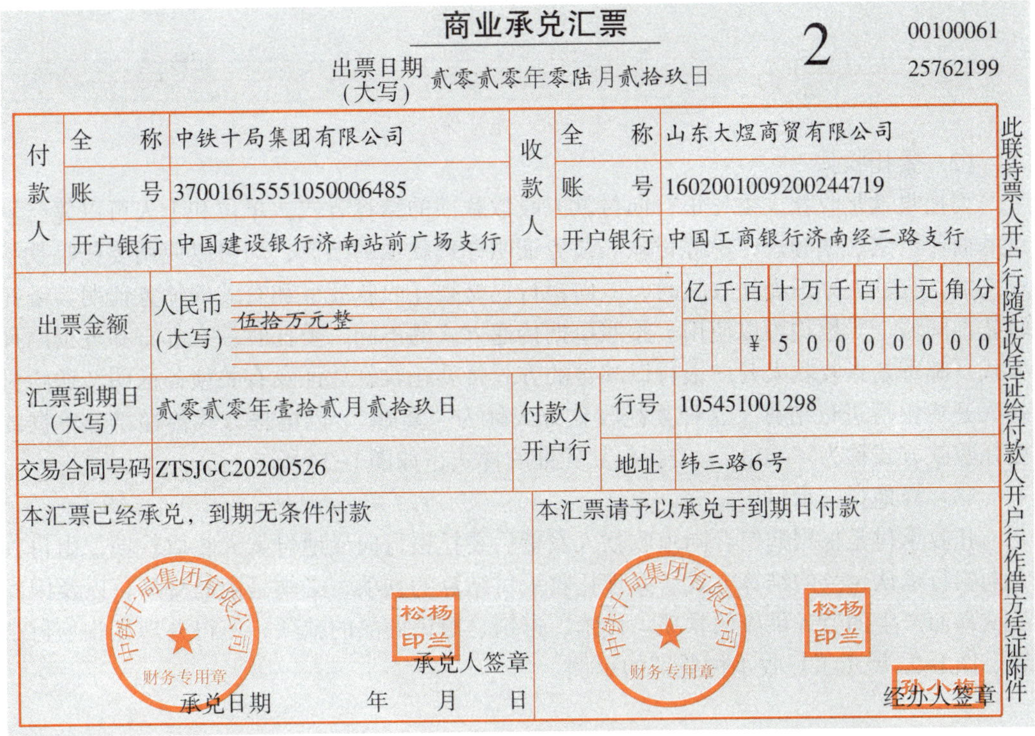

商业承兑汇票　　2　　00100061　25762199

出票日期（大写）　贰零贰零年零陆月贰拾玖日

付款人	全　称	中铁十局集团有限公司	收款人	全　称	山东大煜商贸有限公司
	账　号	37001615551050006485		账　号	1602001009200244719
	开户银行	中国建设银行济南站前广场支行		开户银行	中国工商银行济南经二路支行
出票金额	人民币（大写）	伍拾万元整		亿千百十万千百十元角分	¥50000000
汇票到期日（大写）		贰零贰零年壹拾贰月贰拾玖日	付款人开户行	行号	105451001298
交易合同号码		ZTSJGC20200526		地址	纬三路6号

本汇票已经承兑，到期无条件付款　承兑人签章　承兑日期　年　月　日

本汇票请予以承兑于到期日付款　经办人签章

此联持票人开户行随托收凭证给付款人开户行作借方凭证附件

图1-22　商业承兑汇票

3. 非票据结算方式

（1）汇兑

汇兑是汇款人委托银行将其款项支付给收款人的结算方式。单位和个人各种款项的结算，均可使用汇兑结算方式。汇兑分为信汇、电汇两种，由汇款人选择使用。图1-23是电汇凭证的示例。

中国工商银行 电汇 凭证（回 单） 1

☑普通 □加急 委托日期2020年5月29日

汇款人	全称	填写您的姓名	收款人	全称	北京鸿睿益诚科技有限公司
	账号			账号	0200214509200067204
	汇出地点	××省 ××市 县		汇入地点	省 北京市 县
汇出行名称		您的汇出行全称	汇入行名称		中国工商银行北京华润大厦分理处
金额	人民币（大写）	玖佰捌拾元整	亿千百十万千百十元角分		¥98000
			支付密码		
			附加信息及用途：您的订单号与您的用户名		
汇出行签章			复核：		记账：

此联汇出行给汇款人的回单

图1-23 电汇凭证

（2）委托收款

委托收款是收款人委托银行向付款人收取款项的结算方式。单位和个人可以凭已承兑的商业汇票、债券、存单等付款人债务证明办理款项的结算，均可以使用委托收款结算方式。收款人办理委托收款时，应向银行提交委托收款凭证和有关的债务证明。委托收款在同城、异地均可以使用。按照单据传递方式的不同，委托收款有邮寄和电报两种方式。邮寄是指收款人开户银行以邮寄的方式将委托收款凭证及有关债务证明转送给付款人开户银行进行结算，这种委托收款方式称为“委邮”。以电报方式传递结算单据的委托收款方式称为“委电”。委托收款凭证的样式，如图1-24所示。

（3）异地托收承付

托收承付是根据购销合同由收款人发货后委托银行向异地付款人收取款项，由付款人向银行承认付款的结算方式。办理托收承付结算的款项，必须是商品交易，以及因商品交易而产生的劳务供应的款项。代销、寄销、赊销商品的款项，不得办理托收承付结算。图1-25展示了托收承付凭证的示例。

委邮

委托收款凭证（回单）　1

第　　号

委托日期　　年　　月　　日　　委托号码：

付款人	全　称		收款人	全　称	
	账号或地址			账号或地址	
	开户银行			开户银行	

委收金额	人民币（大写）	千	百	十	万	千	百	十	元	角	分

款项内容		委托收款凭据名称		附寄单证张数	

备注： 电划	款项收妥日期 年　月　日	收款人开户银行盖章 年　月　日

此联是收款人开户银行给收款人的回单

图 1-24　委托收款凭证

第 3 号

托收号码：1758

邮

托收承付结算凭证（收账通知）　4

委托日期 2020 年 12 月 3 日

承付期限
到期 2020 年 12 月 15 日

付款人	全　称	珠海东方机电公司	收款人	全　称	广东立竣机床股份有限公司		
	账号或地址	8350010012332		账　户	8350000100101		
	开户银行	交行待道口办		开户银行	中行海珠支行	行号	2508

托收金额	人民币（大写）壹佰捌拾伍万伍仟陆佰陆拾捌元整	千	百	十	万	千	百	十	元	角	分
		¥	1	8	5	5	6	6	8	0	0

附　件		商品发运情况	合同名称号码
附寄单证张数或册数	2	已发运　NO.：011009	01-1264

备注： 验单付款	本托收款项已由付款人开户行全额划回并收入你账户内 （中国银行广州市 海珠支行 2020.12.15 转讫） 收款人开户银行盖章　年　月　日	科目 对方科目 转账　年　月　日 单位主管　会计 复核　记账

付款人开户银行收到日期 2020 年 12 月 4 日　支付日期 2020 年 12 月 14 日

此联是收款人开户银行在款项收妥后给收款人的收账通知

图 1-25　托收承付凭证

微课

支付结算方式

目前，《支付结算方法》中规定的各种支付结算方式虽然仍存在，但由于信息技术的发展，现实中使用最多的结算方式是网银支付结算，它具有速度快、操作方便和安全性好的特点，因而得到普遍使用。此外，支付宝和微信也成为重要的结算方式。

【实务世界】网上银行、支付宝与微信结算方式

网上银行简称网银，是企业可以用来完成支付结算的便捷渠道。企业要进行网上支付，首先要向银行申请开通网上支付业务。通过网银支付时，由出纳录入基本信息，包括收款人名称、开户银行、账号和支付金额，根据银行提供的USB Key输入密码，或连接安全令牌进行操作以保证支付安全。出纳完成处理后，由复核人员（如会计主管）进行复核。对于大额支出，企业还可能规定需要进行第二次复核（如总经理复核）。通过复核后，即可将款项付出。复核环节同样需要使用USB Key或安全令牌，以保证资金安全。

支付宝付款需要开通企业支付宝账户。付款人购买商品时可以通过支付宝进行付款，即先将款项支付给支付宝，确认收货后再由支付宝支付给收款人。这样，如果付款人遇到购入商品不符合要求的情况时，可以申请支付宝将款项退回，保障自身权益。这种支付方式，称为担保交易方式。另外，也可以直接将款项支付到对方账户，这样将无法申请退款。这种支付方式，称为即时到账交易方式。

企业也可以使用微信进行支付结算，这需要先在企业微信平台注册微信账号，并提供营业执照、企业银行账号、法人身份证明等资料完成企业微信接入支付的认证手续，此后即可通过微信进行收款和付款业务的处理。

（六）其他经济活动涉及的原始凭证

企业除了采购、销售等经济活动外，还会发生其他一些活动，如员工因为开展业务的需要而出差，出差之前可能会向公司预借差旅费，出差结束后需要报销差旅费，这也会形成原始凭证。例如，馨怡公司2020年11月发生了一笔差旅费支出，差旅费报销单见表1-12。

表1-12 差旅费报销单

报销部门：销售部　　　　报销日期：2020年11月20日

姓名		李大忠			职务	销售员		出差事由		业务洽谈		附单据 6 张			
出差起止日期：															
出发			到达			出差补助			机票费	车船费	市内交通费	住宿费	餐费	其他	小计
月	日	地点	月	日	地点	天数	标准	全部							
11	17	广州	11	17	珠海	2	100	200		70	15	300	280		865
11	19	珠海	11	19	广州					70	13				83
										现金付讫					
合计								200		140	28	300	280		¥948.00
总计人民币（大写）：玖佰肆拾捌元整									预支　元		补付948元		退还　元		

负责人：张得飞　　会计：李繁琳　　出纳：陈凤飞　　部门主管：孔尊　　报销人：李大忠

需要注意的是，上述差旅费报销单中除出差补助没有原始凭证，是根据公司的政策确定的外，其余费用都是有原始凭证支持的，这些原始凭证如图1-26至图1-30所示。

4404205140　**广东增值税专用发票**　№ 32753403　4404205140
32753403

发　票　联

开票日期：2020年11月19日

购买方	名　　　称：广东馨怡香精有限公司 纳税人识别号：79383674877254900K 地 址 、电 话：广东省广州市长湖路121号 020-79143388 开户行及账号：中国工商银行长湖路支行 792164331453	密码区	5989653*&^*(&% 45*&^) (*&*(% (6^#% #@#$@342vkh%43223216+5456132415?> <$#@$#+I28$+I51#@$@$+I77@+I103+ I129#@Q $! #R#564816#r3w4165151@# 553# $% $5 + I28&^# $&^3515618651*^% 651651&$

货物或应税劳务、服务名称	规格型号	单位	数量	单价	金额	税率	税额
住宿费		天	2	141.51	283.02	6%	16.98
合　　计					¥283.02		¥16.98
价税合计（大写）	⊗叁佰元整						（小写）¥300.00

销售方	名　　　称：珠海舒通快捷酒店有限公司 纳税人识别号：78276145067338000K 地 址 、电 话：广东省珠海市渔女路56号 0756-39496851 开户行及账号：中国农业银行渔女路支行 604303945935	备注	珠海舒通快捷酒店有限公司 78276145067338000K 发票专用章

收款人：任大卫　　复核：路中天　　开票人：张俊　　销售方：（章）

第三联：发票联　购买方记账凭证

图1-26　住宿费发票

144042025140　**广东增值税普通发票**　№ 62315513　144042025140
62315513

发　票　联

开票日期：2020年11月19日

购买方	名　　　称：广东馨怡香精有限公司 纳税人识别号：79383674877254900K 地 址 、电 话：广东省广州市长湖路121号 020-79143388 开户行及账号：中国工商银行长湖路支行 792164331453	密码区	5989653*&^*(&% 45*&^) (*&*(% (6^#% #@#$@342vkh%43223216+5456132415?> <$#@$#+I28$+I51#@$@$+I77@+I103+ I129#@Q $! #R#564816#r3w4165151@# 553# $% $5 + I28&^# $&^3515618651*^% 651651&$

货物或应税劳务、服务名称	规格型号	单位	数量	单价	金额	税率	税额
餐饮费			1	271.84	271.84	3%	8.16
合　　计					¥271.84		¥8.16
价税合计（大写）	⊗贰佰捌拾元整						（小写）¥280.00

销售方	名　　　称：珠海市香满园餐饮有限公司 纳税人识别号：84316403877336100L 地 址 、电 话：广东省珠海市渔女路213号天翼大厦5楼 0756-39497938 开户行及账号：中国工商银行渔女路支行 982155881119	备注	珠海市香满园餐饮有限公司 84316403877336100L 发票专用章

收款人：王思齐　　复核：李丹心　　开票人：古伊山　　销售方：（章）

第二联：发票联　购买方记账凭证

图1-27　餐饮费发票

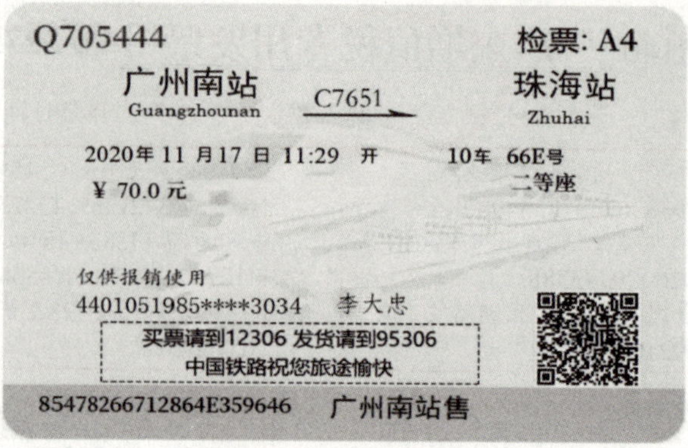

Q705444 检票: A4

广州南站 Guangzhounan C7651 珠海站 Zhuhai

2020年 11 月17 日 11:29 开 10车 66E号

¥ 70.0 元 二等座

仅供报销使用

4401051985****3034 李大忠

买票请到12306 发货请到95306

中国铁路祝您旅途愉快

85478266712864E359646 广州南站售

图 1-28 去程火车票

Q152870 检票: A3

珠海站 Zhuhai C7652 广州南站 Guangzhounan

2020年 11 月 19 日18:25 开 16车 65E号

¥ 70.0元 二等座

仅供报销使用

4401051985****3034 李大忠

买票请到12306 发货请到95306

中国铁路祝您旅途愉快

78740048152808C797556 珠海站售

图 1-29 返程火车票

广东国家税务局
出租车专用发票
发票联
144001812243
42761589
查询网址：www.tax.gov.cn
手 写 无 效
单位 058
电话 61230596
车号 奥 A93251
证号
日期 2020-11-17
上车 10：45
下车 11：03
单价 2.60元
里程 5.77km
等候 00：02：03
金额 15.00元
卡号

广东国家税务局
出租车专用发票
发票联
144001896719
16337177
查询网址：www.tax.gov.cn
手 写 无 效
单位 242
电话 82887153
车号 奥 A4275K
证号
日期 2020-11-19
上车 20：25
下车 20：43
单价 2.60元
里程 5.02km
等候 00：01：12
金额 13.00元
卡号

图 1-30 出租车票

出差之前预借差旅费的原始凭证见表1-13。

表1-13　　借款审批单

2020年12月07日

部　门	采购部	借款人	柯语云
借款事由	出差		
借款金额	人民币（大写）：贰仟元整		
预计还款报销日期	现金付讫		¥2 000.00
审批意见	同意 张得飞	借款人签收	柯语云 2020年12月7日

会计主管：李繁琳　　出纳：陈凤飞

此外，公司还会发生业务招待费，报销时需要填制费用报销单，使用银行的服务需要支付手续费，银行会出具手续费扣款单，这些单据就不再一一列举了。

课后练习

一、单项选择题

1. 支票上实际书写了两次的项目是（　　）。
   A. 日期　　B. 金额
   C. 填制支票者的姓名　　D. 收款单位名称

2. 出纳王春开具一张10 000元（币种：人民币）的支票，则大写金额栏应为（　　）。
   A. 人民币一〇〇〇〇元　　B. 人民币壹万元整
   C. 人民币10 000元　　D. 人民币一万元

3. 馨怡公司的会计人员在进行账务处理时发现刚入库商品的增值税专用发票发票联金额写错了，则他应该（　　）。
   A. 自行更正并在更正处签字　　B. 退回销货单位重开
   C. 作废　　D. 拒绝受理并向总经理汇报

4. 下列各项属于筹资业务涉及的原始凭证是（　　）。
   A. 入库通知单　　B. 出库通知单
   C. 银行进账单　　D. 增值税专用发票记账联

二、多项选择题

1. 采购与付款循环涉及的原始凭证可能包括（　　）。
   A. 增值税专用发票发票联　　B. 入库通知单
   C. 银行付款回单　　D. 银行进账单

2. 销售与收款循环涉及的原始凭证可能包括（　　）。
   A. 增值税专用发票记账联　　B. 送货单
   C. 银行付款回单　　D. 银行进账单

3. 下列各项属于原始凭证的有（　　）。

A. 火车票　　B. 入库通知单

C. 增值税专用发票记账联　　D. 出库通知单

三、判断题

1. 增值税专用发票记账联是销货方留给自己的记账凭证，不需要加盖本单位公章。（　　）

2. 原始凭证记载的各项内容均不得涂改；原始凭证有错误的，应当由出具单位重开或者更正，更正处应当加盖出具单位印章。（　　）

3. 会计机构、会计人员必须按照国家统一的会计制度的规定对原始凭证进行审核，对不真实、不合法的原始凭证有权不予接受，并向单位负责人报告。（　　）

任务三　理解公认会计原则与会计等式

学习目标

1. 理解公认会计原则的概念，理解会计主体假设和历史成本原则
2. 理解会计等式以及交易对会计等式的影响

一、公认会计原则

（一）公认会计原则简介

财务会计为外部信息使用者服务，管理会计为内部信息使用者服务。显然，内部信息使用者（特别是其中的高级管理人员）身处企业内部，有获取信息的便利，而外部信息使用者的信息供应就相对难以得到保障。为了维护外部信息使用者的利益，各国家的做法是通过立法规定企业提供信息的义务，并对财务会计应提供的会计信息的格式、内容和加工过程做出具体规定，这些规定被称为公认会计原则（Generally Accepted Accounting Principles，GAAP）。公认会计原则实现了不同企业的财务会计信息的标准化，便于不同企业之间财务信息的比较。

公认会计原则的内容来自研究、会计实务中形成的共识和监管机构颁布的规则。

美国的财务会计准则委员会（Financial Accounting Standards Board，FASB）对公认会计原则的制定负首要责任，它的工作成果体现为会计准则和会计准则解释。

此外，美国证券交易委员会拥有对上市公司的财务信息披露的管辖权，但它并不自己制定会计准则，而是采纳财务会计准则委员会制定的会计准则。对于财务会计准则委员会未解决的事项，证券交易委员会通过发布会计通告（Accounting Bulletin）进行规范。

国际会计准则委员会（International Accounting Standards Board，IASB）制定了《国际财务报告准则》，为世界上许多国家所采纳。

我国的《会计法》规定，财政部主管全国的会计工作，会计准则由其颁布。财政部会计司具体负责会计准则的制定。

财政部于1992年颁布了《企业会计准则》，这份准则后来被称为基本准则。随后，财政部又颁布了具体会计准则。2006年，财政部对《企业会计准则》进行了全面修订，包括一项基本准则和多项具体准则。迄今为止，财政部已颁布了42项具体会计准则。此外，财政部颁布的《小企业会计准则》《科学事业单位会计制度》《高等学校会计制度》《彩票机构会计制度》等种类繁多的会计制度，也应归于广义的公认会计原则。

（二）具体的公认会计原则

1. 会计主体假设

会计主体假设将会计系统应包括的信息限定为某个企业（或单位）的信息。换言之，被核算的企业视为与其所有者、贷款人和其他企业相区别的实体。

以馨怡公司为例，按照会计主体假设，该企业是一个独立的主体，与公司的两位股东张得飞和李长宇是不同的独立主体。馨怡公司的会计人员只负责核算公司的业务活动，而不核算两位股东的活动。馨怡公司与其他企业发生交易行为时，会计人员只核算馨怡公司的业务，而不会去核算对方企业的业务，因为对方企业有其自己的会计人员，将其作为一个会计主体进行各项会计工作。

前面讲到会计的概念时，都是从企业的角度来说的，似乎只有企业才需要会计。实际上，凡是有经济活动的组织都需要会计，例如，政府部门、事业单位、慈善机构、宗教组织等都需要会计，它们都可以成为会计主体。另外，组织的组成部分（如一个公司的子公司）可以独立组织自身的会计工作，也可以成为会计主体。

2. 历史成本原则

依据历史成本原则的概念，经济业务在最初计量时均按其成本或买价进行反映。例如，三信公司于2020年购入一处房产，其有关价格信息见表1-14。

表1-14　三信公司所涉房产的价格信息　单位：元

日 期	事 项	价 格
2020-11-1	房地产中介报价	160 000
2020-11-30	三信公司报价	140 000
2020-12-20	成交价格	150 000
2021-1-31	估计市场价格	220 000

会计人员该如何记录该房产的金额呢？会计人员应以成交价格150 000元记录该房产的成本。假如2021年1月31日，三信公司以220 000元的价格将该房产卖给宝强公司，则宝强公司的入账成本应该是220 000元。

成本是以货币反映的，和会计主体假设一样，货币计量是会计的一个重要前提，被称为货币计量假设，即会计采用货币为计量单位，记录和反映会计主体的经济活动。

三信公司2020年12月购入的房产成交价格是150 000元，它是三信公司与房地产中介公司讨价还价的结果，是双方都认为对自己有利的价格，是一个有客观证据的记录。因此，会计以成本对经济业务（又称为交易）进行记录，具有客观性，是可靠的。另外，可以看到，三信公司2020年12月购入该项房产后，只要其持续经营，则该项房产的价格就以成交时的价格进行反映。假如十年后，三信公司仍然在经营，该项房产仍然在使用，则其账面价值仍然是150 000元（而那时的市价很可能不再是150 000元）。因此，这种成本被称作历史成本。

如果三信公司在可预期的将来（未来一年）有无法继续经营的迹象，则再以2020年12月20日的成交价格（150 000元）反映该项房产就不合适了，因为当企业准备结束经营时，需要将其持有的资产进行处置，以变成现金或抵偿债务，或分配给股东。这时，当前的市场价格是最合适的。因此，作为会计工作基本原则之一的历史成本原则是有前提条件的，它假定会计核算的对象（即会计主体）在可以预见的将来还会继续经营下去，不会终止经营，这一假设被称为持续经营假设。离开持续经营假设，历史成本原则就失去了应用前提。

【思政园地】会计造假与会计职业道德

会计的基本职能是向使用者提供及时、相关的会计信息，为此，会计人员在加工会计信息的过程中必须遵循职业道德，其提供的会计信息才值得信任，对信息使用者的决策才有作用。不幸的是，不时暴出的会计造假案，损害了会计信息的可信性。表1-15列出的三起受到广泛关注的会计造假案，造假公司被监管机构处罚，涉事企业高层管理者也受到警告、罚款之类的处罚，甚至被追究刑事责任。

表1-15 几起会计造假案简要信息

造假企业	时 间	造假情况	处罚情况
银广夏	2002年	1998年至2001年期间，累计虚构销售收入10.4亿元，虚增利润7.7亿元	对银广夏处以60万元罚款，并责令其改正，有关责任人移送司法机关追究刑事责任
科龙电器	2006年	2002年至2004年，通过虚构销售业务虚增主营业务收入12.2亿元，虚增利润3.3亿元	对科龙电器处以60万元罚款，对时任董事长给予警告，并处以30万元罚款
康美药业	2020年	2016年至2018年，累计虚增营业收入275.15亿元，虚增营业利润39.36亿元，虚增货币资金886亿元	对公司责令改正并罚款60万元，对公司董事长和副董事长给予警告并各罚款90万元

表1-15列出的会计造假案都是虚增收入和利润的，为什么不是减少收入和利润的呢？这是因为，这些进行会计造假的公司都是上市公司。我国证券监管机构规定，上市公司如果连续两年发生亏损，将被实行特别处理，为了避免出现这种情况，有些上市公司会进行会计造假，此时造假的目的当然是增加利润。公司应当通过改进经营管理来赢得利润，而不能通过会计造假来“制造”利润。

会计人员在工作过程中，应恪守会计准则，如实反映公司的经营情况，这是会计人员应尽的职业道德义务。会计人员在企业的法人代表等高层管理者的领导下从事会计工作，当高层管理者诚实守信时，会计人员没有造假的压力，而当高层管理者存在着不诚信的动机，并要求会计人员进行会计造假时，会计人员确实会处于困境当中——一方面，会计人员要对高层管理者负责，如果不听从其指令甚至会面临被解聘的风险，而另一方面，会计信息会影响投资者、债权人和其他外部使用者的利益，会计造假会损害这些人的利益，直接背离了职业道德的要求。会计人员如何在这种困境中做出决策，确实考验其对会计职业道德的坚守。

需要指出的是，遵守会计准则不仅是直接从事会计信息生产的会计人员应承担的责任，也是企业法定代表人、会计负责人等高层管理者要承担的责任。作为这一责任的直接体现，他们需要在其对外披露的会计报表上签字。表1-15中列举的几起会计造假案发生后，涉事公司的董事长都受到了监管机构的处罚，也体现了他们有遵守会计准则的法律责任。

资料来源：中国经济金融研究数据库（CSMAR）.

二、会计等式

在讲述会计等式之前，首先要明确以下三个基本概念：

资产（assets），就是一个企业拥有的资源。存在保险柜里的现金和银行的存款，以及办公大楼、机器设备等都属于资产。

债权人和所有者拥有对企业资产的索取权。债权人对资产的索取权称为负债（liabilities），所有者对资产的索取权称为所有者权益（owner's equity）。股份制公司的所有者称为股东，他们对公司资产的索取权称为股东权益。

资产、负债与所有者权益三者之间的关系可以用下列等式表示：

资产 = 负债 + 所有者权益

这个等式称为会计等式。上述等式说明，债权人和所有者（在股份制公司中是股东）拥有对企业资产的索取权，债权人的索取权优先于所有者，所以在会计等式中，将负债放在所有者权益之前。当一个企业决定终止经营并进行清算时，所有者只能对清偿全部债务后的剩余部分进行分配，因此，股东的索取权也被称为剩余索取权（residual claim）。

根据会计等式，只要知道资产、负债和所有者权益当中的两个项目的金额，就能计算出第三个项目的金额。例如，如果某企业的资产总额为100 000元，负债总额为30 000元，则所有者权益金额为70 000元，具体计算如下：

资产 − 负债 = 所有者权益

100 000 − 30 000 = 70 000（元）

三、交易对会计等式的影响

交易（transactions）是指导致企业财务状况或经营成果发生改变的经济事项或状况，也称为经济业务。没有这种影响的就不是交易。例如，购买一处房产导致企业的房产增加，这便是交易。但如果一个企业的信用等级发生变化，则不属于交易。因此，交易也常常被称为经济业务。

所有的交易都会导致会计等式要素发生变化。会计只对影响会计要素的事项即交易进行记录。

下面以广东馨怡香精有限公司2020年11月发生的交易即经济业务来说明交易对会计等式的影响。会计上，交易是以原始凭证来进行反映的，扫描以下各笔业务的二维码可以查看相应的原始凭证。

业务1-1

原始凭证

【业务1-1】2020年11月1日，张得飞和李长宇各自将250 000元转入馨怡公司的银行账户，并收到公司开具的收据。

【分析】这笔交易导致馨怡公司的银行存款这一资产增加500 000元，同时，张得飞和李长宇对公司资产的索取权也各自增加250 000元（具体是所有者权益中的“实收资本”）。这一业务对馨怡公司会计等式的影响，如图1-31所示。

	资产	=	所有者权益		
	银行存款——工商银行		实收资本——张得飞	+	实收资本——李长宇
（1）	500 000		250 000		250 000
	500 000	=	500 000		

图1-31 业务1-1对会计等式的影响

这个会计等式是从馨怡公司的角度来看待其资产、负债（暂时没有）和所有者权益的，张得飞和李长宇作为公司股东缴纳的出资款，记入“实收资本”项目，他们个人的房产、存款等资产和负债与馨怡公司没有关系，因而并未出现在等式中，这体现的正是会计主体假设。

业务1-2

原始凭证

【业务1-2】2020年11月3日，馨怡公司出纳开具现金支票一张，从银行提取现金55 000元。

【分析】这笔业务的发生使馨怡公司的银行存款减少55 000元，同时使库存现金增加55 000元。库存现金和银行存款都属于资产项目，这一交易并没有导致公司资产总额的变化，但资产的内部组成发生了改变。这一业务对会计等式的影响，如图1-32所示。

	资产			=	所有者权益		
	库存现金	+	银行存款——工商银行		实收资本——张得飞	+	实收资本——李长宇
余额			500 000		250 000		250 000
（2）	+55 000		−55 000				
余额	55 000		445 000		250 000		250 000
	500 000			=	500 000		

图1-32 业务1-2对会计等式的影响

业务1-3

原始凭证

【业务1-3】2020年11月5日，从东森香精制造股份公司购入300千克“梦幻巴黎”香精，单价420元，价款126 000元，增值税16 380元，价税合计142 380元。同时，收到该笔货物的运输发票，运费3 000元，增值税270元，东森香精制造股份公司代垫了该项运费。货物的采购和运输款项145 650元已通过网上银行支付。

【分析】这笔业务发生后，处于运输途中的香精增加129 000元（买价126 000元＋运费3 000元，这属于“在途物资”），另外，由于增值税一般纳税人的增值税计算公式为：销项税额−进项税额，购入货物缴纳的增值税属于进项税额，在计算应交增值税时可以进行抵扣，因而使应交增值税减少16 650元（货物增值税16 380元＋运费增值税270元），通过银行存款支付货款和运费，则银行存款减少145 650元。这笔业务导致的会计等式各要素的变化，如图1−33所示。

	资产			= 负债	+ 所有者权益	
	库存现金	+ 银行存款——工商银行	+ 在途物资——香精	应交税费——应交增值税（进项税额）	实收资本——张得飞	+ 实收资本——李长宇
余额	55 000	445 000			250 000	250 000
（3）		−145 650	+129 000	−16 650		
余额	55 000	299 350	129 000	−16 650	250 000	250 000
	483 350			=	483 350	

图1−33　业务1−3对会计等式的影响

【业务1−4】2020年11月7日，收到2020年11月5日采购的香精，验收入库，入库数量300千克，单价430元，总金额为129 000元。

业务1−4
原始凭证

【分析】验收入库，意味着采购的商品（这里是香精）符合购买方的要求，购买方愿意接受，清点这些商品的数量后把它们存放到仓库，以备销售或耗用。这就使处于运输途中的香精即“在途物资”减少，而仓库中的商品（用“库存商品”表示）增加129 000元。这笔业务带来的影响展示在图1−34所示的会计等式中。从图中可以看到，这笔业务没有导致资产总额的变化，但资产内部的构成发生了变化。

	资产				= 负债	+ 所有者权益	
	库存现金	+ 银行存款——工商银行	+ 在途物资——香精	+ 库存商品——香精	应交税费——应交增值税（进项税额）	实收资本——张得飞	+ 实收资本——李长宇
余额	55 000	299 350	129 000		−16 650	250 000	250 000
（4）			−129 000	+129 000			
余额	55 000	299 350	0	129 000	−16 650	250 000	250 000
	483 350				=	483 350	

图1−34　业务1−4对会计等式的影响

【业务1−5】2020年11月10日，购入戴尔灵越3670电脑3台，单价4 800元，价款合计14 400元，按13%的税率缴纳增值税1 872元，价税合计16 272元，已通过网上银行支付。

业务1−5
原始凭证

【分析】公司要经营，就需要置备必要的资产，电脑是馨怡公司办公必不可少的一项设备。通过这笔交易，馨怡公司的固定资产增加14 400元，同时，因购入这些设备发生的增值税1 872元可以抵减应向政府缴纳的增值税，而支付货款和税款则使得馨怡公司的银行存款减少16 272元。这些影响展示在图1−35所示的会计等式中。

	资产					= 负债	+ 所有者权益	
	库存现金	+ 银行存款——工商银行	+ 在途物资——香精	+ 库存商品——香精	+ 固定资产——电脑	应交税费——应交增值税（进项税额）	实收资本——张得飞	+ 实收资本——李长宇
余额	55 000	299 350	0	129 000		−16 650	250 000	250 000
（5）		−16 272			+14 400	−1 872		
余额	55 000	283 078	0	129 000	14 400	−18 522	250 000	250 000
	481 478					= 481 478		

图1–35　业务1–5对会计等式的影响

【业务1–6】2020年11月15日，向洁柔日用品有限公司出售香精260千克，单价570元，售价总金额为148 200元，按13%的税率代收增值税19 266元，价税合计167 466元，款项尚未收到。

业务1–6

原始凭证

【分析】在正常的商业活动中，往往存在着卖方将货物移交给买方而暂不收取货款，过一段时间再收取的情况，这是商业信用的一种体现。卖方由此获得向买方收取款项的权利，这种因销售商品而形成的向客户收取一定款项的权利称为应收账款。这笔业务使得馨怡公司的应收账款增加167 466元。销售是企业创造收入的主要手段，其增加了股东的所有者权益，所以，在下面的会计等式中，我们将收入列示在所有者权益下。馨怡公司通过这一销售业务创造的收入为148 200元。企业创造收入的方式因其从事业务的不同而不同，制造业企业和商业企业通过销售商品创造收入，服务业企业通过提供服务创造收入，同一家企业还可能存在着多种创造收入的方式，企业会根据其所占收入比重的不同而将其区分为主营业务收入和其他业务收入，并进一步按具体的业务进行更细致的区分，如商业企业可以按所销售的商品种类统计其收入。另外，销售业务是需要缴纳增值税的，根据前面的讲述，销售增加了企业的增值税纳税义务，用“应交税费——应交增值税（销项税额）”来表示，馨怡公司因为这笔销售业务应当缴纳的增值税为19 266元。这一业务给会计等式带来的影响，如图1–36所示。

【业务1–7】2020年11月20日，销售员李大忠报销差旅费948元，出纳以现金支付，其中可抵扣的增值税进项税额为28.54元。

业务1–7

原始凭证

【分析】企业在创造收入的过程中，需要消耗资产，如使用现金或银行存款支付费用。销售收入不是凭空得来的，是企业销售人员努力的结果，为了创造销售收入，销售人员需要发现潜在客户并通过与这些客户的接触将其发展为企业的真实客户，从而创造收入，这种为了创造收入而发生的付出称为费用。费用有很多种类，销售人员因出差而发生的费用称为销售费用。销售费用包括很多具体的项目，如广告费、差旅费和人工费，这里销售员李大忠因出差而发生的费用就属于差旅费。

费用使所有者权益减少，所以列在主营业务收入的右边，前面带了负号。其中的进项税额可以抵扣应交税费，因而使应交税费减少。最后，这些费用是用现金支付的，因而库存现金减少948元。这些影响展示在图1–37所示的会计等式中。

	资产						= 负债		+ 所有者权益		
	库存现金	+ 银行存款——工商银行	+ 应收账款——洁柔公司	+ 在途物资——香精	+ 库存商品——香精	+ 固定资产——电脑	应交税费——应交增值税（进项税额）	+ 应交税费——应交增值税（销项税额）	实收资本——张得飞	+ 实收资本——李长宇	+ 主营业务收入——香精
余额	55 000	283 078		0	129 000	14 400	−18 522		250 000	250 000	
（6）			+167 466					+19 266			+148 200
余额	55 000	283 078	167 466	0	129 000	14 400	−18 522	19 266	250 000	250 000	148 200
	648 944						= 648 944				

图1-36　业务1-6对会计等式的影响

	资产						= 负债		+ 所有者权益			
	库存现金	+ 银行存款——工商银行	+ 应收账款——洁柔公司	+ 在途物资——香精	+ 库存商品——香精	+ 固定资产——电脑	应交税费——应交增值税（进项税额）	+ 应交税费——应交增值税（销项税额）	实收资本——张得飞	+ 实收资本——李长宇	+ 主营业务收入——香精	− 销售费用——差旅费
余额	55 000	283 078	167 466	0	129 000	14 400	−18 522	19 266	250 000	250 000	148 200	
（7）	−948						−28.54					−919.46
余额	54 052	283 078	167 466	0	129 000	14 400	−18 550.54	19 266	250 000	250 000	148 200	−919.46
	647 996						= 647 996					

图1-37　业务1-7对会计等式的影响

【业务1-8】2020年11月30日，计提本月工资，应付工资总额为48 678元，其中，行政部9 872元，销售部9 553元，人事部4 740元，财务部9 722元，采购部和仓储部分别是4 910元和9 881元。

业务1-8

原始凭证

【分析】企业要创造收入，必须要雇用员工，企业就是利用各种资源，包括人力资源将投入转化为产出，并以产出换取收入的组织。企业雇用员工，必须给员工支付工资，这就构成企业很重要的一项费用。销售部门的员工工资属于销售费用的重要内容，行政、人事、财务、采购和仓储等部门员工的工资是管理费用的重要组成部分。该笔业务中，这些部门员工11月份的工资合计数为39 125元（9 872 + 4 740 + 9 722 + 4 910 + 9 881），而这些工资还没有支付给员工，成为企业的一项负债，因而称为“应付职工薪酬”。这笔业务的影响用会计等式表示，如图1-38所示。

【业务1-9】2020年11月30日，结转本月销售成本111 800元。

业务1-9

原始凭证

【分析】作为商业企业，销售商品是馨怡公司创造收入的主要手段。为了创造收入，馨怡公司需要把商品移交给客户，这就造成库存商品的减少，同时增加企业的费用（称为“主营业务成本”），主营业务成本导致所有者权益的减少，因此，将其列示为“所有者权益”项目。这笔交易对会计等式的影响，如图1-39所示。

【业务1-10】2020年11月30日，通过网上银行缴纳本月增值税715.46元。

业务1-10

原始凭证

【分析】馨怡公司的主要业务是销售香精，根据《中华人民共和国增值税暂行条例》的规定，这是需要向政府缴纳增值税的。缴纳增值税后，对政府的债务就减少了，同时，银行存款也减少了715.46元。这一业务对会计等式的影响，如图1-40所示。

【业务1-11】2020年11月30日，计提本月城市维护建设税、教育费附加和地方教育费附加，金额分别为50.08元、24.46元和14.31元。

业务1-11

原始凭证

【分析】企业除了应缴纳增值税外，还要根据应缴纳的增值税和消费税的一定比例缴纳城市维护建设税、教育费附加和地方教育费附加。馨怡公司不需要缴纳消费税，11月份应缴纳的增值税为715.46元，按照税法规定，应根据该金额的7%、3%和2%分别计算应缴纳的城市维护建设税50.08元（715.46 × 7%），教育费附加21.46元（715.46 × 3%）和地方教育费附加14.31元（715.46 × 2%）。这些税费是以增值税为基础缴纳的，称为附加税费，因为如果没有增值税应税行为，就不会发生这些税费。这三种税费构成企业的费用，记入“税金及附加”项目，其也会导致所有者权益的减少，下面的等式中将其列示在所有者权益下。这笔业务对会计等式的影响，如图1-41所示。

馨怡公司11月份的全部业务对会计等式的影响，如图1-42所示。业务序号标注在等式的最左边，每一笔业务之后计算出相应的余额。

	资产						=	负债		
	库存现金	+ 银行存款——工商银行	+ 应收账款——洁柔公司	+ 在途物资——香精	+ 库存商品——香精	+ 固定资产——电脑		应交税费——应交增值税（进项税额）	+ 应交税费——应交增值税（销项税额）	+ 应交税费——应交增值税（已交税金）	+ 应交税费——应交城市维护建设税
(1)		+500 000								
(2)	+55 000	−55 000								
余额	55 000	445 000								
(3)		−145 650		+129 000			−16 650			
余额	55 000	299 350		129 000			−16 650			
(4)				−129 000	+129 000					
余额	55 000	299 350		0	129 000		−16 650			
(5)		−16 272				+14 400	−1 872			
余额	55 000	283 078		0	129 000	14 400	−18 522			
(6)			+167 466					+19 266		
余额	55 000	283 078	167 466	0	129 000	14 400	−18 522	19 266		
(7)	−948						−28.54			
余额	54 052	283 078	167 466	0	129 000	14 400	−18 550.54	19 266		
(8)										
余额	54 052	283 078	167 466	0	129 000	14 400	−18 550.54	19 266		
(9)					−111 800					
余额	54 052	283 078	167 466	0	17 200	14 400	−18 550.54	19 266		
(10)		−715.46							−715.46	
余额	54 052	282 362.54	167 466	0	17 200	14 400	−18 550.54	19 266	−715.46	
(11)										+50.08
余额	54 052	282 362.54	167 466	0	17 200	14 400	−18 550.54	19 266	−715.46	50.08

535 480.54 =

图1-42 馨怡公司2020

	应付职工薪酬——工资、奖金、津贴和补贴	实收资本——张得飞	实收资本——李长宇	主营业务收入——香精	销售费用——差旅费	销售费用——工资	管理费用——工资
		+ 所有者权益					
		250 000	250 000	148 200	-919.46		
	+48 678					-9 553	-39 125
	48 678	250 000	250 000	148 200	-919.46	-9 553	-39 125
			647 996				

等式的影响

付职工薪酬—工资、奖金、贴和补贴	实收资本——张得飞	实收资本——李长宇	主营业务收入——香精	主营业务成本——香精	销售费用——差旅费	销售费用——工资	管理费用——工资
	+ 所有者权益						
48 678	250 000	250 000	148 200		-919.46	-9 553	-39 125
				-111 800			
48 678	250 000	250 000	148 200	-111 800	-919.46	-9 553	-39 125
		536 196					

等式的影响

应付职工薪酬——工资、奖金、津贴和补贴	实收资本——张得飞	实收资本——李长宇	主营业务收入——香精	主营业务成本——香精	销售费用——差旅费	销售费用——工资	管理费用——工资
	+ 所有者权益						
48 678	250 000	250 000	148 200	-111 800	-919.46	-9 553	-39 125
48 678	250 000	250 000	148 200	-111 800	-919.46	-9 553	-39 125
		535 480.54					

等式的影响

应交税费——应交地方教育费附加	应付职工薪酬——工资、奖金、津贴和补贴	实收资本——张得飞	实收资本——李长宇	主营业务收入——香精	主营业务成本——香精	税金及附加	销售费用——差旅费	销售费用——工资	管理费用——工资
		+ 所有者权益							
	48 678	250 000	250 000	148 200	-111 800		-919.46	-9 553	-39 125
+14.31						-85.85			
14.31	48 678	250 000	250 000	148 200	-111 800	-85.85	-919.46	-9 553	-39 125
		535 480.54							

等式的影响

	资产						=	负债	
	库存现金	+ 银行存款——工商银行	+ 应收账款——洁柔公司	+ 在途物资——香精	+ 库存商品——香精	+ 固定资产——电脑		应交税费——应交增值税（进项税额）	+ 应交税费——应交增值（销项税
余额	54 052	283 078	167 466	0	129 000	14 400		−18 550.54	19 2
（8）									
余额	54 052	283 078	167 466	0	129 000	14 400		−18 550.54	19 2
	647 996						=		

图1-38　业务1-8对会

	资产						=	负债		
	库存现金	+ 银行存款——工商银行	+ 应收账款——洁柔公司	+ 在途物资——香精	+ 库存商品——香精	+ 固定资产——电脑		应交税费——应交增值税（进项税额）	+ 应交税费——应交增值税（销项税额）	+
余额	54 052	283 078	167 466	0	129 000	14 400		−18 550.54	19 266	
（9）					−111 800					
余额	54 052	283 078	167 466	0	17 200	14 400		−18 550.54	19 266	
	536 196						=			

图1-39　业务1-9对会

	资产						=	负债		
	库存现金	+ 银行存款——工商银行	+ 应收账款——洁柔公司	+ 在途物资——香精	+ 库存商品——香精	+ 固定资产——电脑		应交税费——应交增值税（进项税额）	+ 应交税费——应交增值税（销项税额）	+ 应交税费——应交增值（已交税
余额	54 052	283 078	167 466	0	17 200	14 400		−18 550.54	19 266	
（10）		−715.46								−715
余额	54 052	282 362.54	167 466	0	17 200	14 400		−18 550.54	19 266	−715
	535 480.54						=			

图1-40　业务1-10对会

	资产						=	负债				
	库存现金	+ 银行存款——工商银行	+ 应收账款——洁柔公司	+ 在途物资——香精	+ 库存商品——香精	+ 固定资产——电脑		应交税费——应交增值税（进项税额）	+ 应交税费——应交增值税（销项税额）	+ 应交税费——应交增值税（已交税金）	+ 应交税费——应交城市维护建设税	+ 应交税费——应交教育费附加
余额	54 052	282 362.54	167 466	0	17 200	14 400		−18 550.54	19 266	−715.46		
（11）											+50.08	+21.46
余额	54 052	282 362.54	167 466	0	17 200	14 400		−18 550.54	19 266	−715.46	50.08	21.46
	535 480.54						=					

图1-41　业务1-11对会

			+ 所有者权益							
应交税费——应交教育费附加	+ 应交税费——应交地方教育费附加	+ 应付职工薪酬——工资、奖金、津贴和补贴	实收资本——张得飞	+ 实收资本——李长宇	+ 主营业务收入——香精	− 主营业务成本——香精	− 税金及附加	− 销售费用——差旅费	− 销售费用——工资	− 管理费用——工资
			+250 000	+250 000						
			250 000	250 000						
			250 000	250 000						
			250 000	250 000						
			250 000	250 000						
					+148 200					
			250 000	250 000	148 200					
								−919.46		
			250 000	250 000	148 200			−919.46		
		+48 678							−9 553	−39 125
		48 678	250 000	250 000	148 200			−919.46	−9 553	−39 125
						−111 800				
		48 678	250 000	250 000	148 200	−111 800		−919.46	−9 553	−39 125
		48 678	250 000	250 000	148 200	−111 800		−919.46	−9 553	−39 125
+21.46	+14.31						−85.85			
21.46	14.31	48 678	250 000	250 000	148 200	−111 800	−85.85	−919.46	−9 553	−39 125

535 480.54

11月份全部业务对会计等式的影响

从图1-42中不难得出如下结论：

（1）每一笔交易都会导致至少一个会计等式要素的增减变化；

（2）会计等式的左右两边始终保持相等；

（3）收入导致所有者权益增加，费用导致所有者权益减少。

课后练习

一、单项选择题

1.李某是一家独资企业的所有者，他聘请张一均为会计。有一次，李某的太太在超市消费，花了5万元，但张一均并没有将这一项开销列入会计处理范围，这依据的是（　　）。

A.会计主体假设　　B.持续经营假设

C.会计分期假设　　D.货币计量假设

2.肇兴公司十年前以100 000元购入一台机床，现在仍然以该价格记录在“固定资产——机床”账户中，这依据的是（　　）。

A.权责发生制原则　　B.历史成本原则

C.配比原则　　D.货币计量假设

3.2021年12月25日，某企业的资产总额为84 675 832.64元，负债总额为7 318 078.39元，则其所有者权益总额应为（　　）元。

A.21 206 120　　B.66 188 315　　C.84 675 832.64　　D.77 357 754.25

二、多项选择题

1.公认会计原则的内容来源包括（　　）。

A.研究　　B.会计实务中形成的共识

C.会计人员的专业判断　　D.监管机构颁布的规则

2.公认会计原则的作用包括（　　）。

A.实现财务信息的标准化　　B.便于不同企业的财务信息的比较

C.维护内部信息使用者的利益　　D.保障外部信息使用者的权利

3.下列各项属于交易的有（　　）。

A.信用等级被银行调低　　B.购入原材料

C.支付欠商业伙伴的货款　　D.董事长因病入院

三、判断题

1.交易是指导致企业财务状况或经营成果发生改变的经济事项或状况。（　　）

2.所有的交易都会导致会计等式要素发生变化。（　　）

3.会计只对影响会计要素的事项即交易进行记录。（　　）

4.交易不会改变会计等式的平衡关系。（　　）

项目二

日常账务处理程序

任务一　编制记账凭证

账务处理程序概览（编制记账凭证），如图2-1所示。

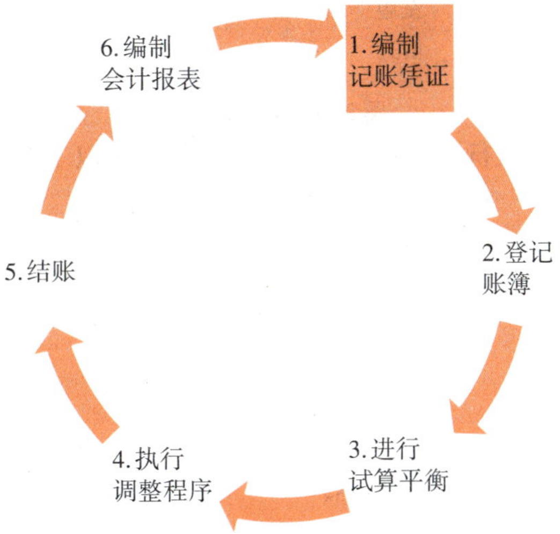

图2-1　账务处理程序概览

学习目标

1.理解会计科目的分类与设置
2.理解复式记账的含义
3.掌握借贷记账规则
4.能够区分通用记账凭证与专用记账凭证
5.能够根据原始凭证编制记账凭证

一、账户记录经济业务

在项目一中，我们以会计等式的方式展示了馨怡公司2020年11月份的经济业务（如图2-2所示）。

该案例中，只记录了11笔业务，概览就已经拥挤不堪了，而现实中，企业经济业务的数量远远不止这些，对于那些业务量庞大的企业，用这样的方式来反映其经济业务既没有效率，也很不现实。实务中，人们将每一个具体的会计等式要素设置为一个单独的账户，使用账户来对交易造成的会计等式要素的增减变动进行记录。

最简单的账户形式应当包括以下三个部分：

（1）账户名称，就是记录在账户中的会计等式要素的具体名称，这个名称也称作会计科目；

（2）用于记录该会计等式要素金额增加的地方；

（3）用于记录该会计等式要素金额减少的地方。

图2-3所示的账户便是这种最简单的账户形式，因其形状很像汉字中的“丁”字而被称为丁字账户。该账户的左边被称为借方，右边被称为贷方。

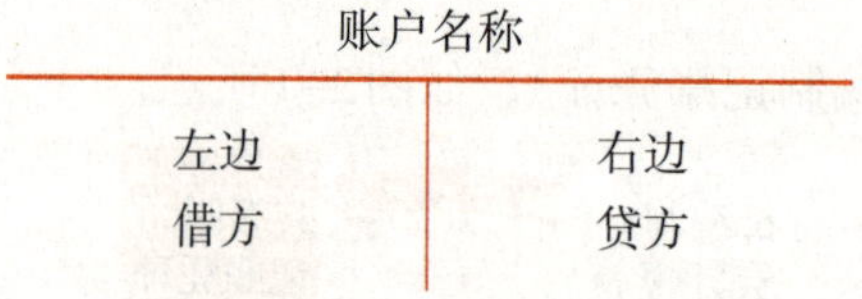

图2-3 丁字账户

如果将图2-2中的“银行存款——工商银行”的业务以丁字账户的形式进行记录，则其形式如图2-4所示。

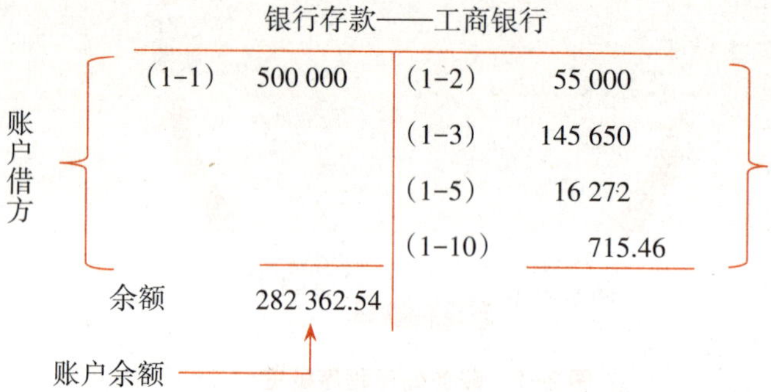

图2-4 “银行存款——工商银行”的丁字账户记录

在账户中记录经济业务应当遵循一定的原则，例如，资产的增加应记录在账户的借方即其左边，资产的减少则记录在账户的贷方即其右边。某一资产账户的借方超过其贷方的金额就是该资产账户的余额。以图2-4中的“银行存款——工商银行”为例，业务1-1中银行存款增加了500 000元，记录在账户的借方，与此相对应，业务1-2中银行存款减少了，所以记录在该账户的贷方，与借方的方向相反。图2-4中除了记录业务的金额，也记录了业务的序号，这样，如果发现有问题，便于追查到业务的原始凭证。

图2-4中显示“银行存款——工商银行”的余额是282 362.54元，这是2020年11月30日馨怡公司的银行存款金额，其计算过程如下：

借方金额	¥500 000
减：贷方金额（¥55 000 + ¥145 650 + ¥16 272 + ¥715.46）	¥217 637.46
2020年11月30日余额	¥282 362.54

图2-4中“银行存款——工商银行”的余额记在其丁字账户的借方，称为借方余额，表示2020年11月30日馨怡公司在中国工商银行长湖支行的户头上还有282 362.54元的存款。

图2-2中的每一个会计等式要素都可以列示为图2-4所示的账户形式，其涉及两个问题：第一，账户名称如何确定？这就是会计科目。第二，经济业务发生时，该如何确定应记入借方还是贷方？这就是借贷记账规则。下文将分别对其进行讲述。

费——…育费…加	+ 应交税费——应交地方教育费附加	+ 应付职工薪酬——工资、奖金、津贴和补贴	+ 所有者权益 实收资本——张得飞	+ 实收资本——李长宇	+ 主营业务收入——香精	− 主营业务成本——香精	− 税金及附加	− 销售费用——差旅费	− 销售费用——工资	− 管理费用——工资
			+250 000	+250 000						
			250 000	250 000						
			250 000	250 000						
			250 000	250 000						
			250 000	250 000						
					+148 200					
			250 000	250 000	148 200					
								−919.46		
			250 000	250 000	148 200			−919.46		
		+48 678							−9 553	−39 125
		48 678	250 000	250 000	148 200			−919.46	−9 553	−39 125
						−111 800				
		48 678	250 000	250 000	148 200	−111 800		−919.46	−9 553	−39 125
		48 678	250 000	250 000	148 200	−111 800		−919.46	−9 553	−39 125
46	+14.31						−85.85			
46	14.31	48 678	250 000	250 000	148 200	−111 800	−85.85	−919.46	−9 553	−39 125

535 480.54

11月份业务概览

	资产						=	负债			
	库存现金	+ 银行存款——工商银行	+ 应收账款——洁柔公司	+ 在途物资——香精	+ 库存商品——香精	+ 固定资产——电脑		应交税费——应交增值税（进项税额）	+ 应交税费——应交增值税（销项税额）	+ 应交税费——应交增值税（已交税金）	+ 应交税费——应交城市维护建设税
（1）		+500 000									
（2）	+55 000	−55 000									
余额	55 000	445 000									
（3）		−145 650		+129 000				−16 650			
余额	55 000	299 350		129 000				−16 650			
（4）				−129 000	+129 000						
余额	55 000	299 350		0	129 000			−16 650			
（5）		−16 272				+14 400		−1 872			
余额	55 000	283 078		0	129 000	14 400		−18 522			
（6）			+167 466						+19 266		
余额	55 000	283 078	167 466	0	129 000	14 400		−18 522	19 266		
（7）	−948							−28.54			
余额	54 052	283 078	167 466	0	129 000	14 400		−18 550.54	19 266		
（8）											
余额	54 052	283 078	167 466	0	129 000	14 400		−18 550.54	19 266		
（9）					−111 800						
余额	54 052	283 078	167 466	0	17 200	14 400		−18 550.54	19 266		
（10）		−715.46								−715.46	
余额	54 052	282 362.54	167 466	0	17 200	14 400		−18 550.54	19 266	−715.46	
（11）											+50.08
余额	54 052	282 362.54	167 466	0	17 200	14 400		−18 550.54	19 266	−715.46	50.08
	535 480.54						=				

图2-2 馨怡公

二、会计科目

（一）通用会计科目

会计实务中，人们使用账簿来对经济业务进行记录。账簿中的每一页，称为账页。在空白账页填上账户名称即会计科目后，该账页便成为该科目的账户。将一个企业全部账簿中的所有科目列成一个表，就构成了会计科目表。在我国，《会计法》规定财政部主管全国的会计工作，财政部于2006年发布的《企业会计准则——应用指南》的附录《会计科目和主要账务处理》中对会计科目进行了规定，并给出了会计科目表。该科目表可以满足工业企业、商业企业、金融企业等各类企业的会计科目设置的需要，可以称为通用会计科目表。表2-1是《会计科目和主要账务处理》中所附的会计科目表的部分内容。

表2-1　　通用会计科目表（部分）

序号	编码	会计科目名称	核算内容
一、资产类			
1	1001	库存现金	企业的库存现金
2	1002	银行存款	企业存入银行或其他金融机构的各种款项
3	1003	存放中央银行款项	企业（银行）存放于中国人民银行的各种款项
4	1011	存放同业	企业（银行）存放于境内、境外银行和非银行金融机构的款项
5	1012	其他货币资金	企业的银行汇票存款、银行本票存款、信用卡存款、信用证保证金存款、存出投资款、外埠存款等其他货币资金
6	1021	结算备付金	企业（证券）为证券交易的资金清算与交收而存入指定清算代理机构的款项
7	1031	存出保证金	企业（金融）因办理业务需要存出或交纳的各种保证金款项
8	1101	交易性金融资产	企业为交易目的所持有的债券投资、股票投资、基金投资等交易性金融资产的公允价值
9	1121	应收票据	企业因销售商品、提供劳务等而收到的商业汇票，包括银行承兑汇票和商业承兑汇票
10	1122	应收账款	企业因销售商品、提供劳务等经营活动应收取的款项，应按照债务人开设明细科目
11	1123	预付账款	企业按照合同规定预付的款项。预付款项情况不多的，也可以不设置本科目，将预付的款项直接记入“应付账款”科目
12	1131	应收股利	企业应收取的现金股利和应收取其他单位分配的利润
13	1132	应收利息	企业交易性金融资产、持有至到期投资、可供出售金融资产、发放贷款、存放中央银行款项、拆出资金、买入返售金融资产等应收取的利息

续表

序号	编码	会计科目名称	核算内容
14	1221	其他应收款	企业除存出保证金、买入返售金融资产、应收票据、应收账款、预付账款、应收股利、应收利息、应收代位追偿款、应收分保账款、应收分保合同准备金、长期应收款等以外的其他各种应收及暂付款项
15	1402	在途物资	企业采用实际成本（或进价）进行材料、商品等物资的日常核算以及货款已付尚未验收入库的在途物资的采购成本
16	1403	原材料	企业库存的各种材料
17	1405	库存商品	企业库存的各种商品的实际成本（或进价）或计划成本（或售价）
18	1411	周转材料	企业的包装物或低值易耗品的实际成本
19	1601	固定资产	企业持有的固定资产原价
20	1602	累计折旧	企业固定资产的累计折旧
21	1604	在建工程	企业基建、更新改造等在建工程发生的支出
22	1701	无形资产	企业持有的无形资产成本，包括专利权、非专利技术、商标权、著作权、土地使用权等
二、负债类			
23	2001	短期借款	企业向银行或其他金融机构等借入的期限在1年以下（含1年）的各种借款
24	2201	应付票据	企业购买材料、商品和接受劳务供应等开出、承兑的商业汇票，包括银行承兑汇票和商业承兑汇票
25	2202	应付账款	企业因购买材料、商品和接受劳务等经营活动应支付的款项
26	2203	预收账款	企业按照合同规定预收的款项
27	2211	应付职工薪酬	企业根据有关规定应付给职工的各种薪酬。本科目可按“工资、奖金、津贴和补贴”“职工福利费”“非货币性福利”“社会保险费”“住房公积金”“工会经费和职工教育经费”“带薪缺勤”“利润分享计划”“设定提存计划”“设定受益计划义务”“辞退福利”等进行明细核算
28	2221	应交税费	企业按照税法等规定计算应缴纳的各种税费
29	2231	应付股利	企业分配的现金股利或利润
30	2232	应付利息	企业按照合同约定应支付的利息
31	2241	其他应付款	企业除应付票据、应付账款、预收账款、应付职工薪酬、应付利息、应付股利、应交税费、长期应付款等以外的其他各项应付、暂收的款项
32	2501	长期借款	企业向银行或其他金融机构借入的期限在1年以上（不含1年）的各项借款

续表

序号	编码	会计科目名称	核算内容
三、共同类			
33	3001	清算资金往来	企业（银行）间业务往来的资金清算款项
34	3002	外汇买卖	企业（金融）采用分账制核算外币交易所产生的不同币种之间的兑换
35	3101	衍生工具	企业衍生工具的公允价值及其变动形成的衍生资产或衍生负债
36	3201	套期工具	企业开展套期保值业务（包括公允价值套期、现金流量套期和境外经营净投资套期）套期工具公允价值变动形成的资产或负债
37	3202	被套期项目	企业开展套期保值业务被套期项目公允价值变动形成的资产或负债
四、所有者权益类			
38	4001	实收资本	企业接受投资者投入的实收资本。股份有限公司应将本科目改为“4001 股本”科目
39	4002	资本公积	企业收到投资者出资额超出其在注册资本或股本中所占份额的部分
40	4101	盈余公积	企业从净利润中提取的盈余公积
41	4103	本年利润	企业当期实现的净利润（或发生的净亏损）
42	4104	利润分配	企业利润的分配（或亏损的弥补）和历年分配（或弥补）后的余额
五、成本类			
43	5001	生产成本	企业进行工业性生产发生的各项生产成本
44	5101	制造费用	企业生产车间（部门）为生产产品和提供劳务而发生的各项间接费用
45	5201	劳务成本	企业对外提供劳务发生的成本
六、损益类			
46	6001	主营业务收入	企业确认的销售商品、提供劳务等主营业务的收入
47	6051	其他业务收入	企业确认的除主营业务活动以外的其他经营活动实现的收入
48	6111	投资收益	企业确认的投资收益或投资损失
49	6301	营业外收入	企业发生的各项营业外收入
50	6401	主营业务成本	企业确认销售商品、提供劳务等主营业务收入时应结转的成本
51	6402	其他业务成本	企业确认的除主营业务活动以外的其他经营活动所发生的支出

续表

序号	编码	会计科目名称	核算内容
52	6403	税金及附加	企业经营活动发生的消费税、城市维护建设税、资源税和教育费附加等相关税费
53	6601	销售费用	企业销售商品和材料、提供劳务的过程中发生的各种费用
54	6602	管理费用	企业为组织和管理企业生产经营所发生的管理费用
55	6603	财务费用	企业为筹集生产经营所需资金等而发生的筹资费用，包括利息支出（减利息收入）、汇兑损益及相关的手续费，以及企业发生的现金折扣或收到的现金折扣等
56	6711	营业外支出	企业发生的各项营业外支出
57	6801	所得税费用	企业确认的应从当期利润总额中扣除的所得税费用

表2-1中的会计科目，按反映的内容可分为资产类、负债类、共同类、所有者权益类、成本类和损益类六类，这也是它们在财务报表中出现的顺序。在资产负债表中，依次出现的是资产类、负债类和所有者权益类科目对应的报表项目，而在利润表中，则列出与收入和费用类科目相对应的项目，这将在编制会计报表部分进行进一步说明。

1. 资产类科目

资产是企业拥有的全部资源。资产既包括有形资产，如库存现金以及房屋建筑物等固定资产，也包括商标、特许权、专利和版权等无形资产，还包括应收账款和预付账款，如预付的房屋租金、报刊征订费用等。“应收账款”科目可以按照债务人开设明细科目，以明确区分这些款项该向谁收取。

2. 负债类科目

负债是会计主体所欠的债务。带有“应付”二字的会计科目都是负债类科目，如“应付账款”“应付票据”“应付利息”“应付职工薪酬”“其他应付款”科目都属于负债。“应付账款”“其他应付款”科目都应按照债权人开设明细科目，以明确这些债务该向谁支付。

3. 共同类科目

共同类科目是可能具有资产性质，也可能具有负债性质的会计科目，其性质取决于科目核算的结果，当核算结果出现借方余额时，作为资产类科目，而当核算结果出现贷方余额时，则作为负债类科目。因此，共同类科目最终要么是资产类科目，要么是负债类科目，其本身并不是一个单独类别的科目。

4. 所有者权益类科目

所有者权益是在偿还企业所有负债后所有者享有的剩余权益。对有限责任公司而言，所有者自身投入的资金称为“实收资本”，而如果是股份有限公司，则用“股本”这一科目来表示。

5. 成本类科目

成本类科目是用于核算成本的发生和归集情况，提供成本相关会计信息的会计科目，如“生产成本”“制造费用”科目。成本类科目其实不能单独视作一个类别，因为其代表处于生产过程中的产品，是存货的一种，而存货属于资产类科目。从会计报表的角度也能证实这一点：成本类科目的金额被列入资产负债表中的“存货”项目进行报告。

6.损益类科目

收入和费用合称为损益。收入增加所有者权益，增加就是“益”。费用减少所有者权益，减少就是“损”。收入和费用类科目由此合称为损益类科目。收入是因向客户销售商品或提供服务而导致的资产增加，同时引起所有者权益的增加。企业创造收入的业务可能有多种，可以按照其在企业收入中所占的份额区分为主营业务收入和其他业务收入。

费用是企业为创造收入而耗用的资产或服务。对商业企业而言，销售商品可以创造收入，为此需要移交给客户的商品就是费用。为了向客户提供服务，企业需要聘请员工，这些员工的工资也属于费用。

（二）会计科目的设置

会计的目标是为信息使用者提供会计报表，会计科目的设置应服务于这一目标，即科目的设置应满足报表使用者的要求，便于编制符合要求的会计报表。会计科目是对会计等式要素的明细区分，它们本身可以根据需要做进一步的详细分类。以“银行存款”科目为例，某公司可能在不同的银行开设账户；而且，在同一家银行可能同时开设两个账户，如某公司从事进出口业务，频繁使用美元进行结算，则可能同时开设美元户和人民币户。在这种情况下，“银行存款”科目就可以根据开户银行和存款币种设置下级科目。假如A公司在中国建设银行开设了美元户和人民币户，则可以使用“银行存款——建设银行（美元户）”和“银行存款——建设银行（人民币户）”科目来代表这两个不同的银行账户。因此，“银行存款”科目被称为一级科目，也称为总账科目，而“建设银行”被称为二级明细科目，“美元户”和“人民币户”被称为三级明细科目，一级以下的科目统称为明细账科目。表2-1是财政部规定的一级科目，它是为所有行业的企业规定的，比如，“存放中央银行存款”和“存放同业”这两个科目仅适用于银行，对于馨怡公司这样的商业企业是不需要使用的。另外，馨怡公司也不需要使用成本类科目，那是生产类企业使用的会计科目。

《会计科目和主要账务处理》规定：“企业在不违反会计准则中确认、计量和报告规定的前提下，可以根据本单位的实际情况自行增设、分拆、合并会计科目。企业不存在的交易或者事项，可不设置相关会计科目。对于明细科目，企业可以比照本附录中的规定自行设置。”因此，企业需要根据自身的经济业务情况从《会计科目和主要账务处理》规定的通用会计科目表中选择所需要的总账会计科目，并设置必要的明细会计科目，以满足会计核算的需要。表2-2是馨怡公司的会计科目表，它是以财政部《会计科目和主要账务处理》中的通用会计科目表为基础，结合馨怡公司的实际情况确定的。

表2-2 广东馨怡香精有限公司会计科目表

资产负债表科目				利润表科目		
编码	一级科目	二级科目	三级科目	编码	一级科目	二级科目
资产类				损益类		
1001	库存现金			6001	主营业务收入	香精
1002	银行存款	工商银行		6401	主营业务成本	香精
1122	应收账款			6403	税金及附加	
		洁柔公司		6601	销售费用	
		华瑞日化				人工费
		声蜚日化				差旅费
1123	预付账款					广告费
		日照房产				折旧费
		瑞风汽车		6602	管理费用	
1221	其他应收款	柯语云				人工费
1402	在途物资	香精				办公费
1405	库存商品	香精				差旅费
1601	固定资产	电脑				折旧费
1602	累计折旧	电脑		6603	财务费用	
负债类						手续费
2001	短期借款	工商银行				利息费用
2202	应付账款	东森公司		6801	所得税费用	
2211	应付职工薪酬	工资、奖金、津贴和补贴				
2221	应交税费					
		应交增值税				
			进项税额			
			销项税额			
			已交税金			
		应交所得税				
2231	应付股利					
2232	应付利息					
所有者权益类						
4001	实收资本					
		张得飞				
		李长宇				
4101	盈余公积					
4103	本年利润					

会计科目表还应具有可扩充性，而且这种扩充不会影响现有科目的使用。表2-2中的“销售费用”和“管理费用”都有多个明细科目，如果还有新的费用，可以进一步扩充其明细科目。而对于“应收账款”这样按客户设置明细科目的总账科目，随着新的客户的出现，自然需要增加新的明细科目。

馨怡公司会计科目表的左边依次列出了该公司使用的资产类、负债类和所有者权益类科目，除了一级科目外，还列出了二级明细科目和少数三级明细科目。这些科目是用于编制资产负债表的依据，所以也被称为资产负债表科目。该表的右边列示了收入和费用类科目，二者合称损益类科目，其账户是编制利润表的依据，因此也称作利润表账户。

【实务世界】奇怪的会计科目

会计科目的设置应符合企业的需求，能够恰当反映企业业务的性质。有时，企业的业务会导致奇怪的会计科目的出现。

1972年11月10日，美国南方航空公司（Southern Airways）的一架飞机从孟菲斯飞往迈阿密，在亚拉巴马州的伯明翰停留时，被3个歹徒劫持。歹徒用手枪和手榴弹胁迫4名机组人员和27位乘客经过了9个美国城市和加拿大的多伦多，最终抵达古巴首都哈瓦那。歹徒以人质安全为威胁，要求与时任美国总统尼克松通电话，并索要1 000万美元赎金。而美国南方航空公司只能拿出200万美元。在查塔努加（Chattanooga）停靠加油时，飞行员最终说服歹徒将赎金降低到200万美元，即美国南方航空公司能够提供的现金金额。飞机在哈瓦那机场着陆后，古巴政府逮捕了歹徒。不久，古巴政府将飞机、机组人员和乘客运送回美国，而3个歹徒和200万美元仍留在了古巴。

这件事情发生后，对美国南方航空公司的会计人员而言，有一个现实的问题需要处理：公司支付的200万美元赎金该记入哪些会计科目呢？首先，这起事件导致公司的银行存款减少了200万美元，因此需要用到“银行存款”科目，在后面的学习中，我们将知道需要贷记“银行存款”科目。会计使用复式记账原理，根据该原理，有借必有贷，那么借方应该使用什么科目呢？美国南方航空公司将其记入“其他应收款——劫匪”科目。“其他应收款”是一项资产类科目，为什么记入这个科目呢？公司认为，由于古巴政府正寻求与美国政府改善关系，一定会把钱还给公司，以向美国政府展现善意。后来，公司真的从古巴政府收到了这笔钱。

资料来源：WARREN C S，REEVE J M，DUCHAC J E. Accounting［M］. 27th ed. Boston：Cengage Learning，2018：61.（有改动）

三、复式记账

会计采用复式记账方法（double-entry accounting system）进行账务处理。所谓复式记账，是以会计等式为依据，要求每一笔交易记录在至少一个会计科目的借方和至少一个会计科目的贷方，并且要求借方合计金额与贷方合计金额相等的一种记账方法。简言之，复式记账的规则就是“有借必有贷，借贷必相等”。

复式记账中的“借”和“贷”仅仅是记账符号，分别表示账户的左边和右边，并不表示账户的增加或减少。当借记某账户时，意味着在该账户的左边进行记录；而当贷记某账户时，则表示在其右边进行记录。将一个账户的借方合计数与贷方合计数进行比较，如果借方合计数大于贷方合计数，该账户具有借方余额；而如果其贷方合计数大于借方合计数，则其具有贷方余额。用借方和贷方分别表示账户的左边和右边，仅仅是一种约定俗成的习惯，如果将其颠倒过来，即用借方表示账户的右边，用贷方表示账户的左边，也能达到同样的效果。就好像世界上很多国家规定开车要靠右行驶，而在英联邦国家则要求靠左行驶，也照样能运转良好一样。这种表示只是约定俗成，人们已经接受了“借”和“贷”的现有含义，不再进行改变而已。

图2-2所示的资产类、负债类、所有者权益类以及收入和费用类会计科目的增减变化该如何用借、贷进行表示呢？这就需要掌握复式记账的借贷规则。

（一）各类科目的借贷规则

1. 资产负债表科目的借贷规则

资产负债表账户的借贷规则，如图2-5所示。

左边：借方 增加在借方，减少在贷方			右边：贷方 增加在贷方，减少在借方				
资产负债表账户							
资产 资产类科目		=	负债 负债类科目		+	所有者权益 所有者权益类科目	
借方增加 （+）	贷方减少 （-）		借方减少 （-）	贷方增加 （+）		借方减少 （-）	贷方增加 （+）

图2-5　资产负债表账户的借贷规则

图2-5将“资产=负债+所有者权益”这一会计等式与资产类、负债类和所有者权益类账户一起列示，如果以会计等式中的等号为界，根据左边是借方，右边是贷方的规则，则资产类科目在等式的左边，即借方，意味着其增加在借方，减少在相反方向，就是贷方；而负债类和所有者权益类科目在等式的右边，即贷方，则其增加在贷方，减少在相反方向，就是借方。

2. 利润表科目的借贷规则

利润表科目的借贷方向是根据它们和所有者权益的关系来确定的。收入导致所有者权益的增加，而所有者权益的增加记在贷方，减少记在借方，因此，收入的增加也应记入贷方，减少记入借方。费用导致所有者权益的减少，而所有者权益的减少记在借方，因此，费用的增加应记入借方，减少应记入贷方。利润表账户的借贷规则，如图2-6所示。

利润表账户			
收入类科目		费用类科目	
借方减少 （-）	贷方增加 （+）	借方增加 （+）	贷方减少 （-）

图2-6　利润表账户的借贷规则

3. 扩展的会计等式与各类科目的借贷规则

基本的会计等式是“资产=负债+所有者权益”，如果把收入和费用包括进来，则等式变成“资产=负债+所有者权益+收入-费用”，这一等式称为扩展会计等式，也称为动态会计等式。将扩展会计等式移项，变成“资产+费用=负债+所有者权益+收入”，借助这一等式，可以帮助人们更好地理解各类科目的借贷规则。扩展会计等式与借贷规则，如图2-7所示。

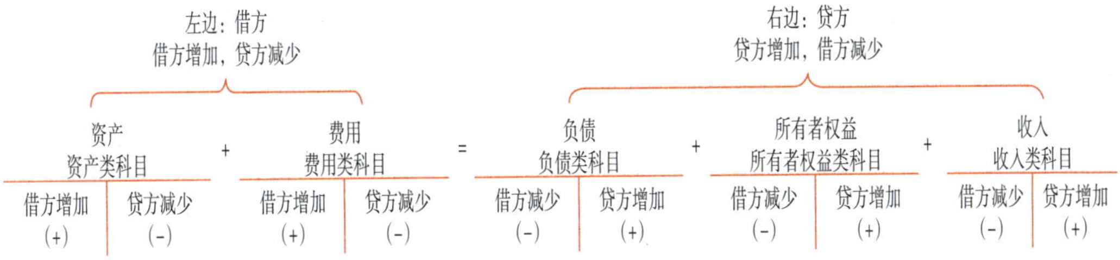

图2-7　扩展会计等式与借贷规则

在图2-7中，经过移项后的扩展会计等式，左边是资产和费用，其增加应记在相应丁字账户的左边，即借方，所以资产类和费用类科目的增加记在借方，其减少记在相反方向，即贷方。负债、所有者权益和收入在该等式的右边，其增加应记在相应丁字账户的右边，即贷方，其减少记在相反方向，即借方。

微课

借贷记账规则

（二）账户的正常余额方向

一个账户的增加额通常大于等于其减少额，因而其正常余额也应该在增加方向。对资产类和费用类科目而言，由于其增加在借方，其余额通常也应该在借方，称为借方余额。而负债类、所有者权益类以及收入类科目的增加在贷方，其余额通常也应该在贷方，称为贷方余额。图2-8将各类科目的借贷规则和正常余额方向进行了总结。

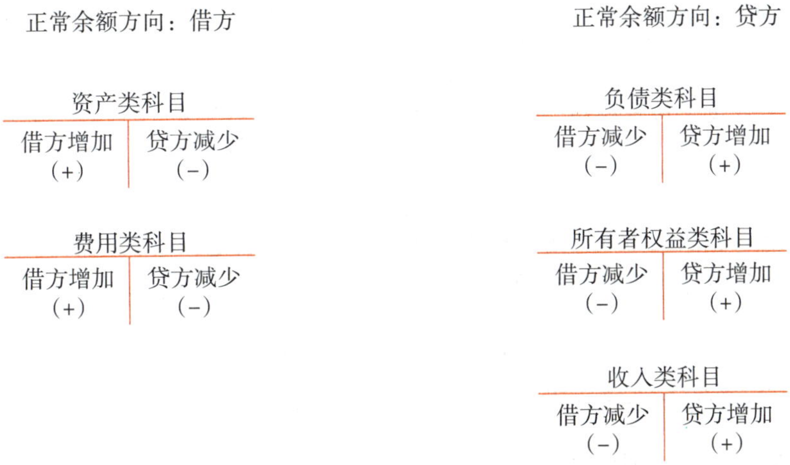

图2-8　各类会计科目的借贷规则及正常余额方向

当一个应该有借方余额的账户出现贷方余额，或一个应该有贷方余额的账户出现借方余额时，称为余额方向异常。余额方向异常可能是由错误引起的。例如，库存现金属于资产，正常余额应该在借方，如果出现贷方余额，则肯定是出现了错误，因为一个企业不可能出现库存现金的支出金额比收入金额还多的情况。但有时，余额方向异常是特殊情况引起的。对应付账款而言，由于它是一个负债类科目，正常余额应该在贷方，如果出现借方余额，则属于多付了款项所致，并不是错误。图2-9所示的例子中，某公司2020年3月5日欠春田公司100 000元的货款，记在“应付账款”科目的贷方。2020年4月5日，该公司在支付货款时，除了付清所欠的100 000元货款外，还同时支付了50 000元，要求春田公司提供50 000元的货物，这就导致“应付账款——春田公司”科目出现借方余额50 000元，它的实质是预付账款，即在春田公司供货前预先支付的货款。

应付账款——春田公司

		2020.3.5	100 000
2020.4.5	150 000		
余额	50 000		

图2-9 “应付账款”科目出现借方余额

【实务世界】现金“短款”，新来的出纳慌了

1999年6月，山川公司财务部新来了一位出纳，是刚毕业的大学生。新来的出纳工作很尽职，每天都会及时盘点库存现金，并与库存现金日记账的余额进行核对。有一天，出纳慌慌张张地来找她的同事王会计，说短款了。山川公司库存现金日记账余额信息见表2-3。表2-3显示有1 152.52元现金，而她手头的现金只有347.48元，短款数额为805.04元（1 152.52-347.48）。要知道，1999年刚毕业大学生的出纳月工资大约才400元，这意味着她要赔偿两个多月的工资，这叫她如何不着急呢？

表2-3 山川公司库存现金日记账余额信息

日 期	方 向	余 额
1999年7月21日	贷	1 152.52元

山川公司当时已使用一款会计核算软件，能自动计算账户余额，并在余额前显示余额方向。王会计看了看余额信息，笑了，他对出纳说：“你发财了！”他随后解释，库存现金账面余额在贷方，意味着是负数，这样，库存现金账面余额是-1 152.52元，而出纳手头还有347.48元现金，这不就意味着她赚了1 500元（1 152.52+347.48）吗？他随后收敛了笑容，告诉出纳肯定是遗漏了现金收款业务，因为库存现金不可能出现余额为负数的情况，让她仔细找找。出纳放下心来，经过寻找后，她果然找到了一张现金支票存根联，金额是1 500元。原来她去银行取了一笔现金，却忘了把支票存根联从支票簿上撕下来，所以没有入账。在将这笔提取现金的业务补充登记入账后，账面余额变为借方347.48元，与出纳手头的现金数恰好相同。

四、记账凭证的编制

账务处理程序是根据复式记账原理，通过编制记账凭证对经济业务进行记录，进而登记账簿，并最终编制出会计报表的一套流程。账务处理程序是从编制记账凭证开始的。记账凭证的核心内容是会计分录，要学会编制记账凭证，首先要学会编制会计分录。

这里使用项目一中馨怡公司11月份的经济业务来讲述如何根据原始凭证编制会计

分录，再以会计分录为基础编制记账凭证。

【业务2-1】2020年11月1日，张得飞和李长宇各自将250 000元转入馨怡公司的银行账户，并收到公司开具的收据。

业务2-1

原始凭证

需要指出的是，实务中并不存在这种对经济业务的描述，只有相应的原始凭证，会计人员需要根据原始凭证进行分析，得出这样的描述。扫描二维码可以显示业务2-1的原始凭证。

【分析】这一业务导致馨怡公司的“银行存款”增加500 000元，“实收资本——张得飞”和“实收资本——李长宇”各自增加250 000元。

可以借助移项后的扩展会计等式来帮助熟悉借贷规则，如图2-10所示。“银行存款”属于资产类科目，在会计等式的左边即借方，其增加在借方，所以在等式的资产项目下开设“银行存款——工商银行”的丁字账户，在其借方记入金额500 000元。“实收资本”属于所有者权益类科目，在会计等式的右边即贷方，所以在所有者权益项目下开设“实收资本——张得飞”和“实收资本——李长宇”两个丁字账户，在其贷方各自记入金额250 000元。

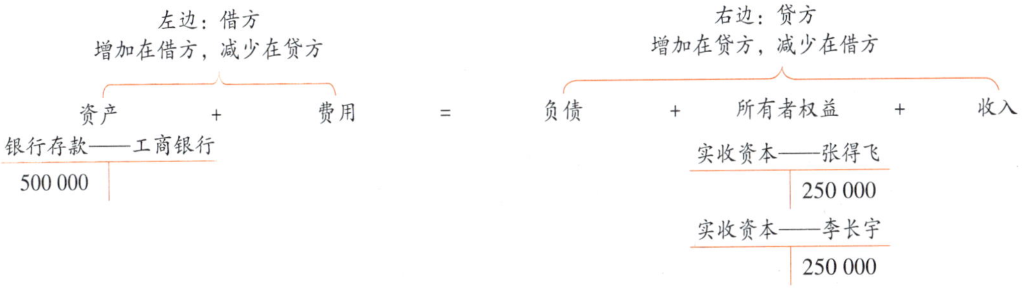

图2-10　业务2-1对会计等式的影响

根据图2-10中丁字账户的科目名称、金额和借贷方向，先写借方科目及其金额，再写贷方科目及其金额，可以编制业务2-1的会计分录：

借：银行存款——工商银行　　500 000
　　贷：实收资本——张得飞　　250 000
　　　　　　　　——李长宇　　250 000

在编制会计分录时，应遵循如下步骤：

（1）分析经济业务，确定其影响的是资产类、负债类、所有者权益类还是收入或费用类科目；

（2）确定受影响的会计科目是增加还是减少，以及增减金额各是多少；

（3）根据借贷记账规则，确定上述的增加或减少应记入相应会计科目的借方还是贷方；

（4）写出会计分录。

从上述的例子可以看出，会计分录就是确定某项交易（经济业务）的借方和贷方会计科目和金额的记录，简称分录。书写会计分录要注意如下三点：

（1）应先写借方，再写贷方，借方和贷方要分行书写，借方在上，贷方在下，这个规则称为“先借后贷”；

（2）贷方记账符号、科目、金额都要比借方退后一格，表明借方在左，贷方在右；

（3）各级科目之间以“——”隔开。

初学会计时，由于对各类账户的借贷规则尚不熟练，可以借助前述变形后的扩展会计等式，结合丁字账户来完成编制会计分录的工作。例如，可以根据图2-10这种图形所示的内容，先写会计等式左右两边丁字账户的借方科目和金额，再写其贷方科目和金额，即可编制出会计分录。这个过程可以用如下口诀进行描述：

第一步：摆等式。把经过移项的会计等式“资产+费用=负债+所有者权益+收入”写出来，并在等式的左右两边标出借贷规则，如图2-11所示。

左边：借方　　　　　　　　　　　　右边：贷方
借方增加，贷方减少　　　　　　　　贷方增加，借方减少

资产　+　费用　=　负债　+　所有者权益　+　收入

图2-11　附带借贷规则变形后的扩展会计等式

第二步：开丁字（账户），三确定。通过开设丁字账户确定会计科目、借贷方向，以及各个会计科目的金额，可以简称为“定科目、定方向、定金额”，由于确定了三个要素，因而称为“三确定”。

“定科目”就是确定哪些会计科目受到了影响，并将这些会计科目的丁字账户开在相应的会计等式要素下，注明其账户名称。如果是资产类科目，则将丁字账户开设在会计等式的“资产”下面；而如果是负债类科目，则放在会计等式的“负债”下面。所有者权益类、收入和费用类科目的处理方式与此相同。

“定方向”就是确定受到影响的各个会计科目是增加还是减少，并根据会计等式上方标明的借贷规则确定应记入相应科目丁字账户的借方还是贷方。

“定金额”就是确定受到影响的各个会计科目的具体金额，并登记到相应丁字账户的相应方向。

第三步：写分录，三照抄。写分录就是按照先借后贷（先写借方科目及其金额，再写贷方科目及其金额）的规则，根据第二步的丁字账户记录，先写等式左右两边记入丁字账户借方的会计科目和金额，再写记入贷方的会计科目和金额。由于照抄了丁字账户的借贷方向、会计科目和金额三个要素，因而称为“三照抄”。

编制会计分录后，就可以编制记账凭证了。记账凭证可以依据经济业务是否涉及收款和付款业务分为收款凭证、付款凭证和转账凭证，这称为专用记账凭证。另外，也可以不加区分，将记账凭证统一进行编号，这称为通用记账凭证。这里先介绍通用记账凭证的编制，再介绍专用记账凭证的编制。本书采用通用记账凭证，因此，后面的章节只介绍通用记账凭证的编制，不再展示专用记账凭证。

微课

编制记账凭证

业务2-1的通用记账凭证见表2-4。

从业务2-1的记账凭证可以看到，记账凭证需要填写日期、凭证编号、摘要，借方总账和明细账科目及其金额，贷方总账和明细账科目及其金额，附件张数等要素，记账凭证底部还要有制单人、审核人、记账人员和会计主管签名或加盖个人印章。其中，记账凭证的日期需要根据原始凭证

表2-4

根据原始凭证日期填写

记　账　凭　证

2020年11月1日

记字第 1 号

摘　要	会计科目		借方金额											√	贷方金额											√
	总账科目	明细科目	亿	千	百	十	万	千	佰	拾	元	角	分		亿	千	百	十	万	千	佰	拾	元	角	分	
收到股东投资款	银行存款	工商银行				5	0	0	0	0	0	0	0													
收到股东投资款	实收资本	张得飞																2	5	0	0	0	0	0	0	
收到股东投资款	实收资本	李长宇																2	5	0	0	0	0	0	0	
附件4张	合　计				¥	5	0	0	0	0	0	0	0				¥	5	0	0	0	0	0	0	0	

附件张数就是所附原始凭证数量

会计主管：李繁琳　　记账：　　出纳：陈凤飞　　审核：李繁琳　　制单：陈凤飞

进行填写。凭证字号按顺序编制，这里统一编为“记”字凭证，因为业务2-1的记账凭证是馨怡公司11月份的第一笔业务，所以编为“记字第1号”。借方科目和金额以及贷方科目和金额构成会计分录，它是记账凭证最核心的内容，而记账凭证是会计分录的载体。经办人员的签名中，“记账”应由负责登记账簿的人员在登记账簿后再签名或盖章，这里还没有记账，所以没有签名。另外，如果涉及库存现金或银行存款等由出纳管理的资金，需要出纳在“出纳”处签名或盖章。

需要指出的是，会计实务中并不编制单独的会计分录，会计分录是以记账凭证的形式存在的。原始凭证要作为附件黏贴在记账凭证后作为支持性证据，“附件张数”就是所附的原始凭证张数，因为业务2-1共有四张原始凭证，所以填写的是“附件4张”。附件张数既可以用阿拉伯数字表示，也可以用汉字大写数字表示，如“附件肆张”，一旦确定，就不应随意改变。《会计基础工作规范》第五十一条规定，除结账和更正错误的记账凭证可以不附原始凭证外，其他记账凭证必须附有原始凭证。如果一张原始凭证是几张记账凭证的支持凭证，可以把原始凭证附在一张主要的记账凭证后面，并在其他记账凭证上注明附有该原始凭证的记账凭证的编号或者附原始凭证复印件。对于一张原始凭证所列支出需要几个单位共同负担的情况，应当将其他单位负担的部分，给对方开具原始凭证分割单进行结算，并作为这些单位编制记账凭证的原始凭证。原始凭证应随记账凭证一起装订保管，对于数量过多的原始凭证，可以单独装订保管，在封面上注明记账凭证日期、编号、种类，同时在记账凭证上注明“附件另订”和原始凭证的名称及编号。

【实务专栏】专用记账凭证的编制（业务2-1）

业务2-1是馨怡公司收到款项的业务，填制的专用记账凭证见表2-5。

表2-5 **收款凭证**

借方科目：银行存款——工商银行　　2020年11月1日　　收字第 1 号

摘要	应贷科目		√	贷方金额										
	总账科目	明细科目		亿	千	百	十	万	千	佰	拾	元	角	分
收到股东投资款	实收资本	张得飞					2	5	0	0	0	0	0	0
收到股东投资款	实收资本	李长宇					2	5	0	0	0	0	0	0
附件4张	合　计					¥	5	0	0	0	0	0	0	0

会计主管：李繁琳　　记账：　　出纳：陈凤飞　　审核：李繁琳　　制单：陈凤飞

由于这是馨怡公司11月份的第一张收款凭证，因而将其编号确定为“收字第1号”。收字第1号的借方科目写在记账凭证的上方，没有写金额，根据“有借必有贷，借贷必相等”的复式记账规则，其金额应与贷方合计数相等。这里的贷方合计数是500 000元，因而借方科目“银行存款——工商银行”的金额也是500 000元。

应当注意的是，对于业务2-1，实务中只需要编制通用记账凭证，或专用记账凭证，而不能同时编制两种凭证。这里对两种凭证同时进行说明，仅仅是为了阐述该如何编制这两种凭证。

馨怡公司2020年11月份其他交易的会计分录和记账凭证如下：

业务2-2

原始凭证

【业务2-2】2020年11月3日，馨怡公司出纳开具现金支票一张，从银行提取现金55 000元。

【分析】这一业务使馨怡公司的库存现金增加55 000元，“库存现金”属于资产类科目，所以应在扩展会计等式的资产项目下开设“库存现金”丁字账户，在其借方记入55 000元。同时，该业务使银行存款减少55 000元，“银行存款”也是资产类科目，应在会计等式的资产项目下再开设“银行存款——工商银行”丁字账户，在其贷方记入55 000元。业务2-2对会计等式的影响，如图2-12所示。

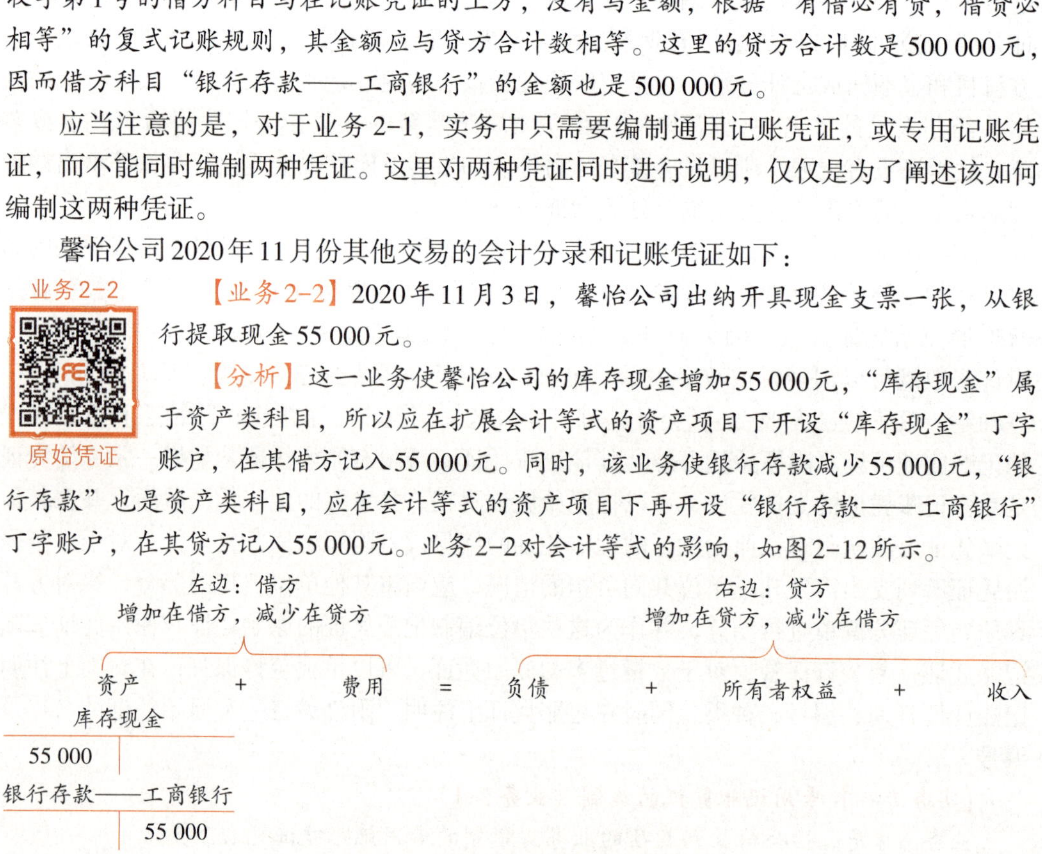

图2-12　业务2-2对会计等式的影响

根据图2–12，先写丁字账户的借方科目和金额，再写丁字账户的贷方科目和金额，可以编制业务2–2的会计分录：

借：库存现金　　55 000

　贷：银行存款——工商银行　　55 000

根据以上会计分录，结合原始凭证信息，可以编制业务2–2的通用记账凭证（见表2–6）。

表2–6　**记　账　凭　证**

2020年11月3日　　记字第 2 号

摘　要	会计科目		借方金额											√	贷方金额											√
	总账科目	明细科目	亿	千	百	十	万	千	佰	拾	元	角	分		亿	千	百	十	万	千	佰	拾	元	角	分	
提取现金	库存现金						5	5	0	0	0	0	0													
提取现金	银行存款	工商银行																	5	5	0	0	0	0	0	
附件1张	合　计					¥	5	5	0	0	0	0	0					¥	5	5	0	0	0	0	0	

会计主管：李繁琳　　记账：　　出纳：陈凤飞　　审核：李繁琳　　制单：陈凤飞

由于第一笔业务的编号为记字第1号，这里的业务2–2就是第二张记账凭证，其编号为“记字第2号”。此后的经济业务的凭证将按相同的方式顺序编号。

【实务专栏】专用记账凭证的编制（业务2–2）

若编制专用记账凭证，则业务2–2如果从库存现金的角度来看，属于收款业务，应编制收款凭证；如果从银行存款的角度来看，属于付款业务，应编制付款凭证。实务中对这种业务编制付款凭证，其原因为何并无明确说明，这是一种约定俗成的做法。编制的付款凭证见表2–7。

表2–7　**付　款　凭　证**

贷方科目：银行存款——工商银行　　2020年11月3日　　付字第 1 号

摘　要	应借科目		√	借方金额										
	总账科目	明细科目		亿	千	百	十	万	千	佰	拾	元	角	分
提取现金	库存现金							5	5	0	0	0	0	0
附件1张	合　计						¥	5	5	0	0	0	0	0

会计主管：李繁琳　　记账：　　出纳：陈凤飞　　审核：李繁琳　　制单：陈凤飞

可以看出，付款凭证的贷方科目位于凭证的左上方，凭证表体中只有借方科目。同收款凭证一样，贷方科目不写金额，其金额同样是依据复式记账的原理由借方金额合计数推测出来的。业务2-2是馨怡公司11月份的第一笔付款业务，凭证序号确定为“付字第1号”。

【业务2-3】2020年11月5日，从东森香精制造股份公司购入300千克“梦幻巴黎”香精，单价420元，价款126 000元，增值税16 380元，价税合计142 380元。同时，收到该笔货物的运输发票，运费3 000元，增值税270元，东森香精制造股份公司代垫了该项运费。货物的采购和运输款项145 650元已通过网上银行支付。

业务2-3
原始凭证

【分析】扫描业务2-3的二维码查看原始凭证，其中并没有入库单，意味着这批商品还在运输途中，馨怡公司还没有收到香精，应当记入“在途物资——香精”科目，其金额为129 000元（买价126 000元+运输费3 000元）。“在途物资”属于资产类科目，馨怡公司买进商品，导致在途物资增加，应在会计等式的资产项目下开设“在途物资——香精”丁字账户，根据借贷规则，在其借方记入129 000元。同时，由于这一采购业务，可以抵扣的增值税增加16 650元（买价的增值税16 380元+运输费的增值税270元），采购可抵扣的税费应当记入“应交税费——应交增值税（进项税额）”科目。“应交税费——应交增值税（进项税额）”属于负债类科目，抵扣导致应向政府缴纳的税费减少，所以应在会计等式的负债项目下开设“应交税费——应交增值税（进项税额）”丁字账户，并在其借方记入16 650元。另外，因为这一采购业务，馨怡公司通过银行向东森香精制造股份公司支付了145 650元的款项，导致银行存款减少。“银行存款”属于资产类科目，应在会计等式的资产项目下开设“银行存款——工商银行”丁字账户，在其贷方记入145 650元。业务2-3对会计等式的影响，如图2-13所示。

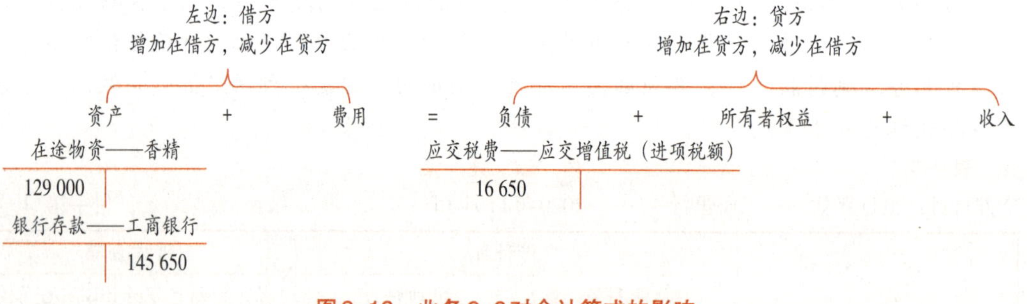

图2-13 业务2-3对会计等式的影响

通过观察图2-13中的丁字账户，先写借方科目和金额，再写贷方科目和金额，就可以编制业务2-3的会计分录：

借：在途物资	129 000	
应交税费——应交增值税（进项税额）	16 650	
贷：银行存款——工商银行		145 650

业务2-3的通用记账凭证见表2-8。

表2-8　　　　　　　　　　**记　账　凭　证**

2020年11月5日　　　　　　　　　　记字第 3 号

摘　要	会计科目		借方金额											√	贷方金额											√
	总账科目	明细科目	亿	千	百	十	万	千	佰	拾	元	角	分		亿	千	百	十	万	千	佰	拾	元	角	分	
购入香精	在途物资	香精				1	2	9	0	0	0	0	0													
购入香精	应交税费	应交增值税（进项税额）					1	6	6	5	0	0	0													
购入香精，支付货款	银行存款	工商银行																1	4	5	6	5	0	0	0	
附件3张	合　计				¥	1	4	5	6	5	0	0	0				¥	1	4	5	6	5	0	0	0	

会计主管：李繁琳　　记账：　　　　出纳：陈凤飞　　审核：李繁琳　　制单：陈凤飞

【实务专栏】专用记账凭证的编制（业务2-3）

业务2-3是付款业务，如果编制专用记账凭证，应编制付款凭证，由于此前的业务2-2也是付款凭证，其编号为付字第1号，则这里的付款凭证应顺序编号为“付字第2号”，具体见表2-9。

表2-9　　　　　　　　　　**付　款　凭　证**

贷方科目：银行存款——工商银行　　　2020年11月5日　　　　　付字第 2 号

摘　要	应借科目		√	借方金额										
	总账科目	明细科目		亿	千	百	十	万	千	佰	拾	元	角	分
购入香精	在途物资	香精					1	2	9	0	0	0	0	0
购入香精	应交税费	应交增值税（进项税额）						1	6	6	5	0	0	0
附件3张	合　计					¥	1	4	5	6	5	0	0	0

会计主管：李繁琳　　记账：　　　　出纳：陈凤飞　　审核：李繁琳　　制单：陈凤飞

【业务2-4】2020年11月7日，收到2020年11月5日采购的香精，验收入库，入库数量300千克，单价430元，总金额为129 000元。

业务2-4

原始凭证

【分析】扫描业务2-4的二维码，其原始凭证是一张入库单，意味着“库存商品——香精”这一资产增加了129 000元，所以应在会计等式的资产项目下开设“库存商品——香精”丁字账户，在其借方记入129 000元。

同时，“在途物资”这一资产减少了，所以还要在会计等式的资产项目下为“在途物资——香精”开设丁字账户，在其贷方记入129 000元。业务2-4对会计等式的影响，如图2-14所示。

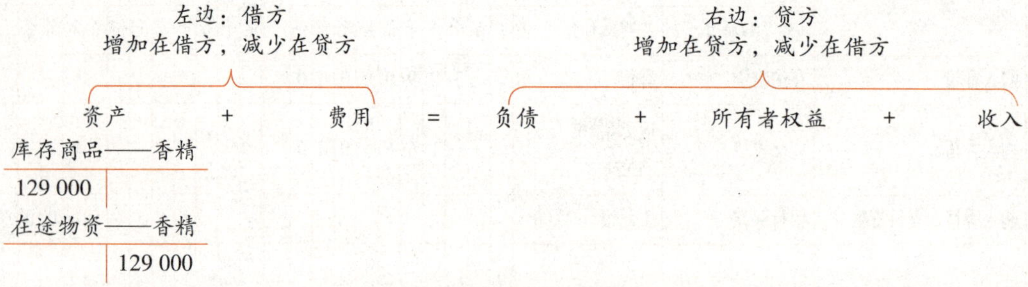

图2-14 业务2-4对会计等式的影响

根据图2-14，可以编制业务2-4的会计分录：

借：库存商品——香精 129 000

贷：在途物资——香精 129 000

业务2-4的通用记账凭证见表2-10。

表2-10

记 账 凭 证

2020年11月7日 记字第 4 号

摘要	会计科目		借方金额											√	贷方金额											√
	总账科目	明细科目	亿	千	百	十	万	千	佰	拾	元	角	分		亿	千	百	十	万	千	佰	拾	元	角	分	
香精入库	库存商品	香精				1	2	9	0	0	0	0	0													
香精入库	在途物资	香精																1	2	9	0	0	0	0	0	
附件1张	合 计				¥	1	2	9	0	0	0	0	0				¥	1	2	9	0	0	0	0	0	

会计主管：李繁琳 记账： 出纳： 审核：李繁琳 制单：陈凤飞

记字第4号凭证不涉及库存现金和银行存款等需要出纳负责的项目，因此不需要出纳签字，凭证底部“出纳”签名处留空。

【实务专栏】专用记账凭证的编制（业务2-4）

如果编制专用记账凭证，业务2-4没有收到款项，因此不是收款业务，也没有付款，从而不是付款业务，这种既不收款也不付款的业务称为转账业务，应当编制转账凭证。业务2-4的转账凭证见表2-11。

可以看出，转账凭证与通用记账凭证几乎完全相同，只是名称不同。由于这是馨怡公司11月份的第一笔转账业务，因此，这张转账凭证的编号为“转字第1号”。

表2-11

转 账 凭 证

2020年11月7日　　转字第 1 号

摘要	会计科目		借方金额											√	贷方金额											√
	总账科目	明细科目	亿	千	百	十	万	千	佰	拾	元	角	分		亿	千	百	十	万	千	佰	拾	元	角	分	
香精入库	库存商品	香精				1	2	9	0	0	0	0	0													
香精入库	在途物资	香精																1	2	9	0	0	0	0	0	
附件1张	合计				¥	1	2	9	0	0	0	0	0				¥	1	2	9	0	0	0	0	0	

会计主管：李繁琳　　记账：　　审核：李繁琳　　制单：陈凤飞

【业务2-5】2020年11月10日，购入戴尔灵越3670电脑3台，单价4 800元，价款合计14 400元，按13%的税率缴纳增值税1 872元，价税合计16 272元，已通过网上银行支付。

业务2-5 原始凭证

【分析】这一交易带来的影响是电脑这一固定资产增加14 400元，应在会计等式的资产项目下为其开设丁字账户“固定资产——电脑”，在其借方记入14 400元。采购支付的1 872元增值税是可以抵扣的，属于负债，应在会计等式的负债项目下开设“应交税费——应交增值税（进项税额）”丁字账户，在其借方记入1 872元。所支付的16 272元导致银行存款减少，应在会计等式的资产项目下开设“银行存款——工商银行”丁字账户，并将其记入贷方。业务2-5对会计等式的影响，如图2-15所示。

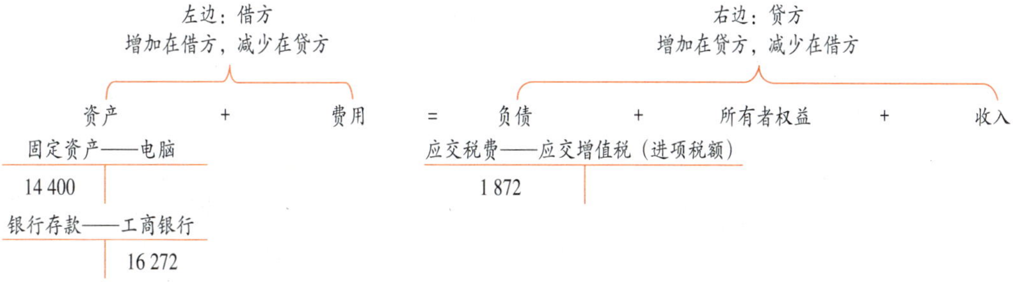

图2-15 业务2-5对会计等式的影响

根据图2-15中丁字账户的科目名称、金额和借贷方向，可以编制业务2-5的会计分录：

借：固定资产——电脑　　14 400

　　应交税费——应交增值税（进项税额）　　1 872

　　贷：银行存款——工商银行　　16 272

业务2-5的通用记账凭证见表2-12。

表2-12 **记 账 凭 证**

2020年11月10日 记字第 5 号

摘要	会计科目		借方金额											√	贷方金额											√
	总账科目	明细科目	亿	千	百	十	万	千	佰	拾	元	角	分		亿	千	百	十	万	千	佰	拾	元	角	分	
购买电脑三台	固定资产	电脑					1	4	4	0	0	0	0													
购买电脑三台	应交税费	应交增值税（进项税额）						1	8	7	2	0	0													
购买电脑三台	银行存款	工商银行																	1	6	2	7	2	0	0	
附件3张	合 计					¥	1	6	2	7	2	0	0					¥	1	6	2	7	2	0	0	

会计主管：李繁琳　　记账：　　出纳：陈凤飞　　审核：李繁琳　　制单：陈凤飞

【实务专栏】专用记账凭证的编制（业务2-5）

若编制专用记账凭证，业务2-5是一笔付款业务，应编制付款凭证，这是馨怡公司11月份的第三笔付款业务，应顺序编号为“付字第3号”，具体见表2-13。

表2-13 **付 款 凭 证**

贷方科目：银行存款——工商银行　　2020年11月10日　　付字第 3 号

摘要	应借科目		√	借方金额										
	总账科目	明细科目		亿	千	百	十	万	千	佰	拾	元	角	分
购买电脑三台	固定资产	电脑						1	4	4	0	0	0	0
购买电脑三台	应交税费	应交增值税（进项税额）							1	8	7	2	0	0
附件3张	合 计						¥	1	6	2	7	2	0	0

会计主管：李繁琳　　记账：　　出纳：陈凤飞　　审核：李繁琳　　制单：陈凤飞

付字第3号凭证左上角的贷方科目没有标明具体金额，根据“借贷必相等”的复式记账规则，应与借方合计数相等，该凭证合计栏的金额是16 272元，因此，贷方科目的金额也是16 272元。

【业务2-6】2020年11月15日，向洁柔日用品有限公司出售香精260千克，单价570元，售价总金额为148 200元，按13%的税率代收增值税19 266元，价税合计

167 466元，款项尚未收到。

【分析】这笔业务发生后，主营业务收入增加148 200元，应在会计等式的收入项目下开设“主营业务收入——香精”丁字账户，贷记148 200元。因这一销售业务引起的应交增值税属于销项税额，是一项负债，增加了馨怡公司应缴纳政府的税收，所以应在会计等式的负债项目下开设“应交税费——应交增值税（销项税额）”丁字账户，贷记19 266元。款项尚未收到，形成应收账款，其属于资产，应在会计等式的资产项目下开设“应收账款——洁柔公司”丁字账户，借记167 466元。业务2-6对会计等式的影响，如图2-16所示。

业务2-6

原始凭证

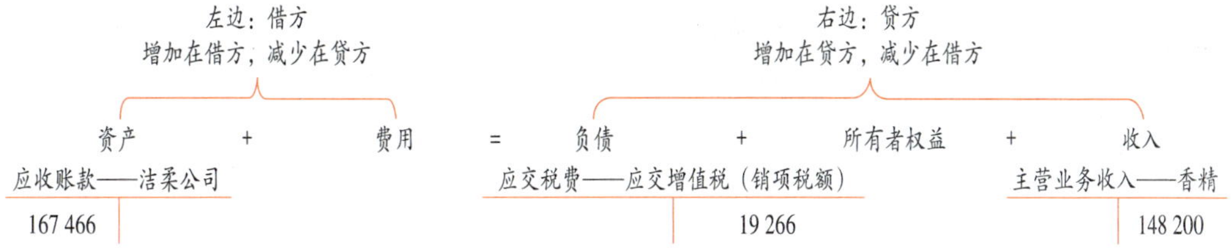

图2-16　业务2-6对会计等式的影响

根据图2-16中丁字账户的科目名称、金额和借贷方向，可以编制业务2-6的会计分录：

借：应收账款——洁柔公司　　167 466

　　贷：主营业务收入——香精　　148 200

　　　　应交税费——应交增值税（销项税额）　　19 266

业务2-6的通用记账凭证见表2-14。

表2-14

记　账　凭　证

2020年11月15日　　　　记字第 6 号

摘　要	会计科目		借方金额											√	贷方金额											√
	总账科目	明细科目	亿	千	百	十	万	千	佰	拾	元	角	分		亿	千	百	十	万	千	佰	拾	元	角	分	
销售香精，货款未收	应收账款	洁柔公司				1	6	7	4	6	6	0	0													
销售香精，货款未收	主营业务收入	香精																1	4	8	2	0	0	0	0	
销售香精，货款未收	应交税费	应交增值税（销项税额）																	1	9	2	6	6	0	0	
附件2张	合　计				¥	1	6	7	4	6	6	0	0				¥	1	6	7	4	6	6	0	0	

会计主管：李繁琳　　记账：　　出纳：　　审核：李繁琳　　制单：陈凤飞

与记字第4号凭证一样，由于不涉及出纳管理的库存现金、银行存款等项目，记字第6号凭证不需要出纳签字。

【实务专栏】专用记账凭证的编制（业务2-6）

业务2-6同样属于转账业务，如果编制专用记账凭证，则应填制转账凭证，这是馨怡公司11月份的第二笔转账业务，应顺序编号为“转字第2号”，具体见表2-15。

表2-15

转 账 凭 证

2020年11月15日　　　　转字第 2 号

摘要	会计科目		借方金额（亿千百十万千佰拾元角分）	√	贷方金额（亿千百十万千佰拾元角分）	√
	总账科目	明细科目				
销售香精，货款未收	应收账款	洁柔公司	16746600			
销售香精，货款未收	主营业务收入	香精			14820000	
销售香精，货款未收	应交税费	应交增值税（销项税额）			1926600	
附件2张	合 计		¥16746600		¥16746600	

会计主管：李繁琳　　记账：　　审核：李繁琳　　制单：陈凤飞

业务2-7

原始凭证

【业务2-7】2020年11月20日，销售员李大忠报销差旅费948元。其中，11月17日由广州至珠海的火车票金额为70元，11月19日由珠海返回广州的火车票金额也为70元；住宿费开具了增值税专用发票，金额为283.02元，增值税税额为16.98元；餐饮费开具的是增值税普通发票，价税合计金额为280元；11月17日和11月19日的出租车费分别为15元和13元；出差期间（11月17日和11月18日两天，11月19日返回不计入该期间），按照公司政策规定，给予每天100元的出差补助，共计200元。出纳以现金支付，其中可抵扣的增值税进项税额为28.54元。

【分析】这笔业务的发生，使差旅费增加919.46元（948-28.54），由于是销售人员发生的费用，应计入销售费用，应当在会计等式的费用项目下开设“销售费用——差旅费”丁字账户，借记919.46元。增值税进项税额可以抵扣应交税费，使应交税费减少，应当在会计等式的负债项目下开设“应交税费——应交增值税（进项税额）”丁字账户，借记28.54元。该费用是用现金支付的，导致库存现金减少948元，库存现金属于资产，应当在会计等式的资产项目下开设“库存现金”丁字账户，贷记948元。

【法规广角】购进国内旅客运输服务的增值税进项税额的抵扣

需要说明的是，根据《财政部 税务总局 海关总署关于深化增值税改革有关政策的公告》（财政部 税务总局 海关总署公告2019年第39号）第六条的规定，纳税人购进国内旅客运输服务，其进项税额允许从销项税额中抵扣，其中，取得注明旅客身份信息的铁路车票的，按照下列公式计算进项税额：

铁路旅客运输进项税额=票面金额÷（1+9%）×9%

按照该规定，李大忠的火车票可抵扣的进项税额为（70+70）÷（1+9%）×9%

=11.56（元），加上住宿费专用发票的进项税额16.98元，可抵扣的进项税额为28.54元。还需注意的是，餐饮费开具的是普通发票，其进项税额是不能抵扣的，因而不能记入“应交税费——应交增值税（进项税额）”科目。

业务2-7对会计等式的影响，如图2-17所示。

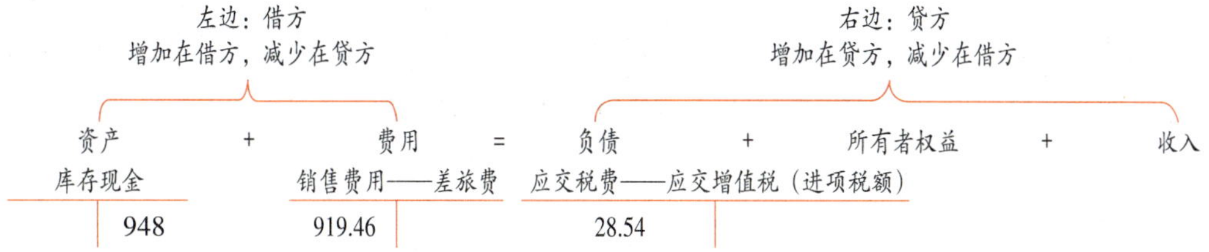

图2-17　业务2-7对会计等式的影响

根据图2-17中丁字账户的信息，可以编制业务2-7的会计分录：

借：销售费用——差旅费　919.46

　　应交税费——应交增值税（进项税额）　28.54

　　贷：库存现金　948

业务2-7的通用记账凭证见表2-16。

表2-16

记　账　凭　证

2020年11月20日　　记字第 7 号

摘　要	会计科目		借方金额											√	贷方金额											√
	总账科目	明细科目	亿	千	百	十	万	千	佰	拾	元	角	分		亿	千	百	十	万	千	佰	拾	元	角	分	
李大忠报销差旅费	销售费用	差旅费							9	1	9	4	6													
李大忠报销差旅费	应交税费	应交增值税（进项税额）								2	8	5	4													
李大忠报销差旅费	库存现金																				9	4	8	0	0	
附件7张	合　计							¥	9	4	8	0	0							¥	9	4	8	0	0	

会计主管：李繁琳　记账：　出纳：陈凤飞　审核：李繁琳　制单：陈凤飞

【实务专栏】专用记账凭证的编制（业务2-7）

业务2-7是一笔付款业务，如果采用专用记账凭证，则应编制付款凭证。由于这是馨怡公司11月份的第四笔付款业务，其顺序编号应为“付字第4号”，具体见表2-17。

需要注意的是，付字第1号至付字第3号是用银行存款支付的，因而其贷方科目均为“银行存款——工商银行”，付字第4号是通过库存现金支付的，其贷方科目应为“库存现金”。会计实务中，有时根据付款是通过银行存款还是通过库存现金支付，可以进一步将付款凭证区分为银行付款凭证和现金付款凭证，相应地将其编号确定为“银付字”和“现付字”。同样的道理，可以将收款业务区分为银行收款凭证和现金收款凭证，将其编号也相应地确定为“银收字”和“现收字”。

表2-17 **付款凭证**

贷方科目：库存现金　　　　2020年11月20日　　　　付字第 4 号

摘要	应借科目		√	借方金额										
	总账科目	明细科目		亿	千	百	十	万	千	佰	拾	元	角	分
李大忠报销差旅费	销售费用	差旅费								9	1	9	4	6
李大忠报销差旅费	应交税费	应交增值税（进项税额）									2	8	5	4
附件7张	合　计								¥	9	4	8	0	0

会计主管：李繁琳　　记账：　　出纳：陈凤飞　　审核：李繁琳　　制单：陈凤飞

【业务2-8】2020年11月30日，计提本月工资，应付工资总额为48 678元，其中，行政部9 872元，销售部9 553元，人事部4 740元，财务部9 722元，采购部和仓储部分别是4 910元和9 881元。

业务2-8

原始凭证

【分析】销售部门的工资属于销售费用，应在会计等式的费用项目下开设“销售费用——工资”丁字账户，在其借方记入9 553元。其他部门的工资属于管理费用，应在会计等式的费用项目下开设“管理费用——工资”丁字账户，在其借方记入39 125元。这些工资还没有支付，形成馨怡公司的负债，意味着公司对员工的负债增加48 678元，所以要在会计等式的负债项目下开设“应付职工薪酬——工资、奖金、津贴和补贴”丁字账户，在其贷方记入48 678元。业务2-8对会计等式的影响，如图2-18所示。

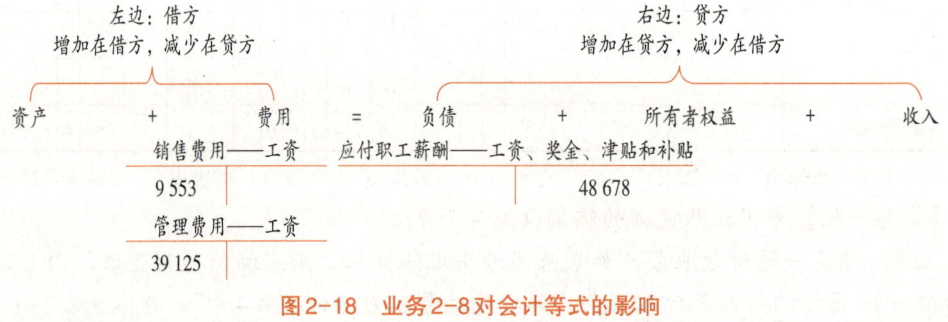

图2-18 业务2-8对会计等式的影响

根据图2-18，先写丁字账户借方的会计科目与金额，再写其贷方的会计科目与金额，可以编制业务2-8的会计分录：

借：销售费用——工资　　9 553

　　管理费用——工资　　39 125

　贷：应付职工薪酬——工资、奖金、津贴和补贴　　48 678

业务2-8的通用记账凭证见表2-18。

表2-18

记 账 凭 证

2020年11月30日 记字第 8 号

摘要	会计科目		借方金额											√	贷方金额											√
	总账科目	明细科目	亿	千	百	十	万	千	佰	拾	元	角	分		亿	千	百	十	万	千	佰	拾	元	角	分	
计提本月工资	销售费用	工资						9	5	5	3	0	0													
计提本月工资	管理费用	工资					3	9	1	2	5	0	0													
计提本月工资	应付职工薪酬	工资、奖金、津贴和补贴																	4	8	6	7	8	0	0	
附件2张	合计					¥	4	8	6	7	8	0	0					¥	4	8	6	7	8	0	0	

会计主管：李繁琳 记账： 出纳： 审核：李繁琳 制单：陈凤飞

业务2-8属于转账业务，不涉及需要出纳经手的收付款业务，因此，记字第8号凭证不需要出纳签字。

【实务专栏】专用记账凭证的编制（业务2-8）

如果编制专用记账凭证，业务2-8应当编制转账凭证，其顺序编号为“转字第3号”，具体见表2-19。

表2-19

转 账 凭 证

2020年11月30日 转字第 3 号

摘要	会计科目		借方金额											√	贷方金额											√
	总账科目	明细科目	亿	千	百	十	万	千	佰	拾	元	角	分		亿	千	百	十	万	千	佰	拾	元	角	分	
计提本月工资	销售费用	工资						9	5	5	3	0	0													
计提本月工资	管理费用	工资					3	9	1	2	5	0	0													
计提本月工资	应付职工薪酬	工资、奖金、津贴和补贴																	4	8	6	7	8	0	0	
附件2张	合计					¥	4	8	6	7	8	0	0					¥	4	8	6	7	8	0	0	

会计主管：李繁琳 记账： 审核：李繁琳 制单：陈凤飞

【业务2-9】2020年11月30日，结转本月销售成本111 800元。

业务2-9

原始凭证

【分析】商品销售业务的发生意味着将商品交给买方，则卖方的库存商品减少，属于资产，应当在会计等式的资产项目下开设“库存商品——香精”丁字账户，在其贷方记入111 800元。这些库存商品的减少是为了创造收入而发生的，属于费用，应当在会计等式的费用项目下开设“主营业务成本——香精”丁字账户，在其借方记入111 800元。业务2-9对会计等式的影响，如图2-19所示。

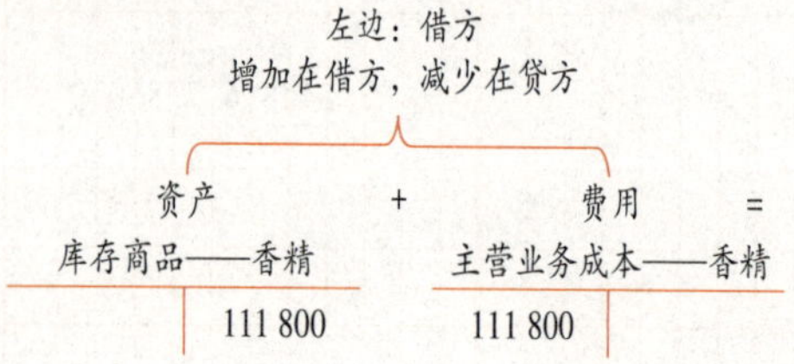

图2-19 业务2-9对会计等式的影响

根据图2-19，先写丁字账户的借方科目与金额，再写其贷方科目与金额，可以编制业务2-9的会计分录：

借：主营业务成本——香精　　111 800

　　贷：库存商品——香精　　111 800

业务2-9的通用记账凭证见表2-20。

表2-20

记 账 凭 证

2020年11月30日　　　　记字第 9 号

摘要	会计科目		借方金额											√	贷方金额											√
	总账科目	明细科目	亿	千	百	十	万	千	佰	拾	元	角	分		亿	千	百	十	万	千	佰	拾	元	角	分	
结转本月销售成本	主营业务成本	香精				1	1	1	8	0	0	0	0													
结转本月销售成本	库存商品	香精																1	1	1	8	0	0	0	0	
附件2张	合计				¥	1	1	1	8	0	0	0	0				¥	1	1	1	8	0	0	0	0	

会计主管：李繁琳　　记账：　　出纳：　　审核：李繁琳　　制单：陈凤飞

需要注意的是，这笔业务的原始凭证有两张，其中的“出库通知单”是在业务2-6发生时填制的，另一张是“销售成本计算表”，它的填制和“出库通知单”是有关联的，这将在项目二下的任务二中进行具体说明。

【实务专栏】专用记账凭证的编制（业务2-9）

如果编制专用记账凭证，业务2-9应编制的转账凭证见表2-21。

表2-21

转 账 凭 证

2020年11月30日　　　　转字第 4 号

摘要	会计科目		借方金额											√	贷方金额											√
	总账科目	明细科目	亿	千	百	十	万	千	佰	拾	元	角	分		亿	千	百	十	万	千	佰	拾	元	角	分	
结转本月销售成本	主营业务成本	香精				1	1	1	8	0	0	0	0													
结转本月销售成本	库存商品	香精																1	1	1	8	0	0	0	0	
附件2张	合　计				¥	1	1	1	8	0	0	0	0				¥	1	1	1	8	0	0	0	0	

会计主管：李繁琳　　记账：　　审核：李繁琳　　制单：陈凤飞

【业务2-10】2020年11月30日，通过网上银行缴纳本月增值税715.46元。

业务2-10　原始凭证

【分析】这一业务使馨怡公司的银行存款减少了715.46元，银行存款属于资产，应在会计等式的资产项目下开设“银行存款——工商银行”丁字账户，在其贷方记入715.46元。同时，馨怡公司所欠税务部门的税款也减少了715.46元，其属于负债，应在会计等式的负债项目下开设“应交税费——应交增值税（已交税金）”丁字账户，在其借方记入715.46元。业务2-10对会计等式的影响，如图2-20所示。

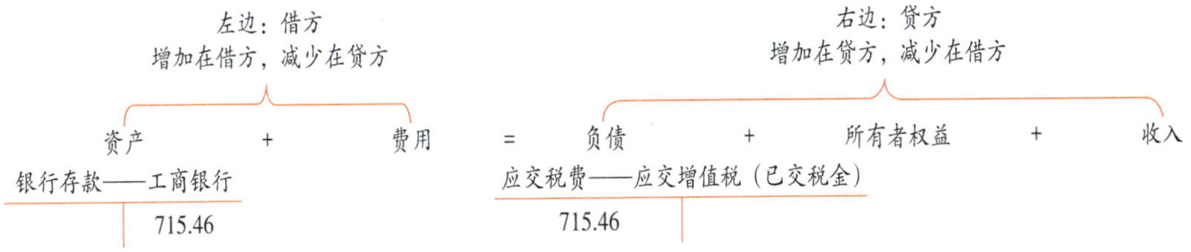

图2-20 业务2-10对会计等式的影响

根据图2-20，先写丁字账户的借方科目与金额，再写其贷方科目与金额，可以编制业务2-10的会计分录：

借：应交税费——应交增值税（已交税金）　　715.46

　贷：银行存款——工商银行　　715.46

业务2-10的通用记账凭证见表2-22。

表2-22

记 账 凭 证

2020年11月30日　　　　记字第 10 号

摘要	会计科目		借方金额											√	贷方金额											√
	总账科目	明细科目	亿	千	百	十	万	千	佰	拾	元	角	分		亿	千	百	十	万	千	佰	拾	元	角	分	
缴纳本月增值税	应交税费	应交增值税（已交税金）							7	1	5	4	6													
缴纳本月增值税	银行存款	工商银行																			7	1	5	4	6	
附件1张	合　计							¥	7	1	5	4	6							¥	7	1	5	4	6	

会计主管：李繁琳　　记账：　　出纳：陈凤飞　　审核：李繁琳　　制单：陈凤飞

【实务专栏】专用记账凭证的编制（业务2-10）

如果采用专用记账凭证，业务2-10应编制的付款凭证见表2-23。

表2-23

付 款 凭 证

贷方科目：银行存款——工商银行　　2020年11月30日　　付字第 5 号

摘要	应借科目		√	借方金额										
	总账科目	明细科目		亿	千	百	十	万	千	佰	拾	元	角	分
缴纳本月增值税	应交税费	应交增值税（已交税金）								7	1	5	4	6
附件1张	合　计								¥	7	1	5	4	6

会计主管：李繁琳　　记账：　　出纳：陈凤飞　　审核：李繁琳　　制单：陈凤飞

业务2-11

原始凭证

【业务2-11】2020年11月30日，计提本月城市维护建设税、教育费附加和地方教育费附加，金额分别为50.08元、24.46元和14.31元。

【分析】这一业务的发生，使馨怡公司的费用增加了85.85元，应在会计等式的费用项目下开设“税金及附加”丁字账户，借记85.85元。同时，馨怡公司对税务部门的负债也增加了，分别是城市维护建设税50.08元、教育费附加24.46元和地方教育费附加14.31元，应在会计等式的负债项目下分别为其开设丁字账户，并在其贷方记入相应金额。业务2-11对会计等式的影响，如图2-21所示。

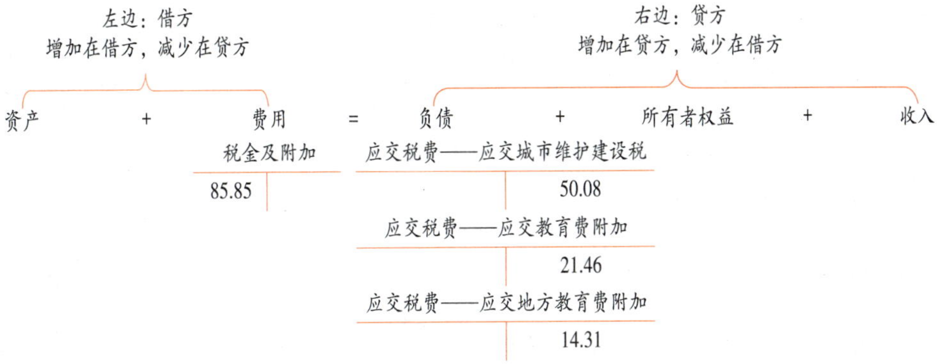

图2-21　业务2-11对会计等式的影响

根据图2-21，先写丁字账户的借方科目与金额，再写其贷方科目与金额，可以编制业务2-11的会计分录：

借：税金及附加　85.85

　贷：应交税费——应交城市维护建设税　50.08

　　　　　　——应交教育费附加　21.46

　　　　　　——应交地方教育费附加　14.31

业务2-11的通用记账凭证见表2-24。

表2-24

记　账　凭　证

2020年11月30日　　记字第 11 号

摘要	会计科目		借方金额											√	贷方金额											√
	总账科目	明细科目	亿	千	百	十	万	千	佰	拾	元	角	分		亿	千	百	十	万	千	佰	拾	元	角	分	
计提本月附加税费	税金及附加									8	5	8	5													
计提本月附加税费	应交税费	应交城市维护建设税																				5	0	0	8	
计提本月附加税费	应交税费	应交教育费附加																				2	1	4	6	
计提本月附加税费	应交税费	应交地方教育费附加																				1	4	3	1	
附件1张	合计								¥	8	5	8	5								¥	8	5	8	5	

会计主管：李繁琳　记账：　出纳：　审核：李繁琳　制单：陈凤飞

【实务专栏】专用记账凭证的编制（业务2-11）

如果采用专用记账凭证，业务2-11应编制的转账凭证见表2-25。

表2-25　　**转 账 凭 证**

2020年11月30日　　转字第 5 号

摘　要	会计科目		借方金额											√	贷方金额											√
	总账科目	明细科目	亿	千	百	十	万	千	佰	拾	元	角	分		亿	千	百	十	万	千	佰	拾	元	角	分	
计提本月附加税费	税金及附加									8	5	8	5													
计提本月附加税费	应交税费	应交城市维护建设税																				5	0	0	8	
计提本月附加税费	应交税费	应交教育费附加																				2	1	4	6	
计提本月附加税费	应交税费	应交地方教育费附加																				1	4	3	1	
附件1张	合　计								¥	8	5	8	5								¥	8	5	8	5	

会计主管：李繁琳　　记账：　　审核：李繁琳　　制单：陈凤飞

如前所述，对记账凭证的处理，实务中只需采用一种方式，即采用专用记账凭证的方式为经济业务编制收款凭证、付款凭证和转账凭证，或者采用通用记账凭证的格式，而不能同时采用两种方式。由于收款业务和付款业务要在发生当天登记入账，在手工账时代，当收款业务、付款业务比较多时，为了及时在账簿中登记收付款业务，一般采用专用记账凭证形式；而随着信息技术的发展，财务软件的广泛应用使得会计工作的效率大为提高，所有业务都能及时登记，实务中更多地采用通用记账凭证。

【实务世界】支付宝和微信结算该用什么科目？

编制记账凭证时，对于使用支付宝和微信结算方式的交易，该使用什么会计科目呢？通过查阅表2-1中的通用会计科目，可以发现使用“其他货币资金”是唯一合适的会计科目。另外，为了区分微信和支付宝这两种结算方式，应分别为其设置明细科目，因此，可以使用“其他货币资金——支付宝”科目来核算使用支付宝收款和付款的业务，开设“其他货币资金——微信”科目对通过微信收款和付款的业务进行核算。

【思政园地】编制记账凭证能防止会计舞弊吗？

及时编制记账凭证对发生的经济业务进行记录，能够减少会计舞弊的发生。例如，我国会计制度要求对库存现金做到日清月结，在这种制度下，库存现金业务在发生当日就要登记到账簿中，计算出账面余额，并每日对库存现金进行盘点，掌握其实有金额，通过将库存现金实有数与账面数进行核对，能够降低库存现金被侵吞的风险。但编制记账凭证不能杜绝会计舞弊的发生，在多起上市公司会计造假案中，都采用了虚增销售收入的方法，其常用的手段是虚构销售业务的原始凭证，如向客户开具发票和发货凭证，以此为基础编制记账凭证，并登记账簿，最终在会计报表上进行虚假陈述。所以，编制记账凭证无法杜绝会计舞弊行为的发生，只有当管理者和会计从业人员严格遵循会计职业道德时，才能真正杜绝会计舞弊案的发生。这也说明，仅凭会计技术是无法杜绝会计舞弊这种不道德行为的发生的，会计职业道德建设是预防会计舞弊行为必不可少的一个环节。

资料来源：中国经济金融研究数据库（CSMAR）.

五、记账凭证的审核

记账凭证是登记账簿的依据，在登记账簿前，需要对记账凭证进行审核，以保证其准确性。

记账凭证必须具备以下要素：填制凭证的日期；凭证编号；经济业务摘要；会计科目；金额；所附原始凭证张数；填制凭证人员、稽核人员、记账人员、会计机构负责人、会计主管人员签名或者盖章。收款和付款的记账凭证还应当由出纳人员签名或者盖章。记账凭证的要素见表2-26。

日期　　编号

表2-26　　记　账　凭　证

2020年11月1日　　记字第 1 号

会计科目　　摘要　　金额　　相关人员签名或盖章

摘　要	会计科目		借方金额											√	贷方金额											√
	总账科目	明细科目	亿	千	百	十	万	千	佰	拾	元	角	分		亿	千	百	十	万	千	佰	拾	元	角	分	
收到股东投资款	银行存款	工商银行				5	0	0	0	0	0	0	0													
收到股东投资款	实收资本	张得飞																2	5	0	0	0	0	0	0	
收到股东投资款	实收资本	李长宇																2	5	0	0	0	0	0	0	
附件4张	合　计				¥	5	0	0	0	0	0	0	0				¥	5	0	0	0	0	0	0	0	

会计主管：李繁琳　　记账：　　出纳：陈凤飞　　审核：李繁琳　　制单：陈凤飞

审核记账凭证除应审核前述要素是否齐全外，还应审核记账凭证与原始凭证的一致性，即会计科目的名称与金额是否准确反映了原始凭证所代表的业务内容。另外，根据复式记账"借贷必相等"的记账规则，审核人员还应验证每一笔记账凭证的借方金额合计数是否与贷方金额合计数相等。

在登记账簿前，如果发现记账凭证存在错误，应当重新填制。而如果记账凭证发生错误，并已登记入账的，则应采用专门的方法进行更正，这将在登记账簿部分进行讲述。

课后练习

一、单项选择题

1.余额只能在借方的科目是（　　）。

A.应付账款　　　　B.实收资本
C.库存现金　　　　D.主营业务收入

2.下列各项增加在借方的科目是（　　）。

A.短期借款　　　　B.应付账款
C.应收账款　　　　D.实收资本

3.表2-27所示的记账凭证的借方金额是（　　）元。

A.250 000　　B.500 000　　C.300 000　　D.400 000

表2-27

收 款 凭 证

借方科目：银行存款——工商银行　　2020年11月1日　　收字第 1 号

摘　要	应贷科目		√	贷方金额										
	总账科目	明细科目		亿	千	百	十	万	千	佰	拾	元	角	分
收到股东投资款	实收资本	张得飞					2	5	0	0	0	0	0	0
收到股东投资款	实收资本	李长宇					2	5	0	0	0	0	0	0
附件4张	合　计					¥	5	0	0	0	0	0	0	0

会计主管：李繁琳　　记账：　　出纳：陈凤飞　　审核：李繁琳　　制单：陈凤飞

4.馨怡公司将一批价税合计金额为550 000元的货物销售给洁柔公司，货物已经交付洁柔公司，货款尚未收到，其会计人员为该业务编制记账凭证时，需要用到的会计科目是（　　）。

A.预付账款——馨怡公司　　　　B.应收账款——馨怡公司
C.预付账款——洁柔公司　　　　D.应收账款——洁柔公司

二、多项选择题

1.下列各项增加在借方的科目有（　　）。

A.资产类科目　　　　B.所有者权益类科目
C.收入类科目　　　　D.费用类科目

2.下列各项增加在贷方的科目有（　　）。

A.资产类科目　　　　B.负债类科目
C.所有者权益类科目　　　　D.收入类科目

3.下列各项属于损益类科目的有（　　）。

A.应收账款　　　　B.主营业务收入
C.税金及附加　　　　D.主营业务成本

4.收款凭证的借方科目可能有（　　）。

A.主营业务收入　　B.库存现金

C.银行存款　　D.其他货币资金

5.丁字/T形账户的内容包括（　　）。

A.企业名称　　B.科目名称（账户名称）

C.左边即借方　　D.右边即贷方

6.按反映的内容划分，会计科目可以分为（　　）。

A.资产类科目　　B.负债类科目

C.所有者权益类科目　　D.损益类科目

三、判断题

1.带有“应收”二字的科目都是资产类科目。（　　）

2.带有“应付”二字的科目都是负债类科目。（　　）

3.收入导致所有者权益增加，负债导致所有者权益减少。（　　）

4.会计科目的设置要反映企业业务的性质。（　　）

5.成本类科目并不是一个独立的类别，其代表着处于生产过程中的产品，因此实质上是资产类科目。（　　）

6.“库存现金”科目的余额只能在贷方。（　　）

任务二　登记账簿

账务处理程序概览（登记账簿并进行试算平衡），如图2-22所示。

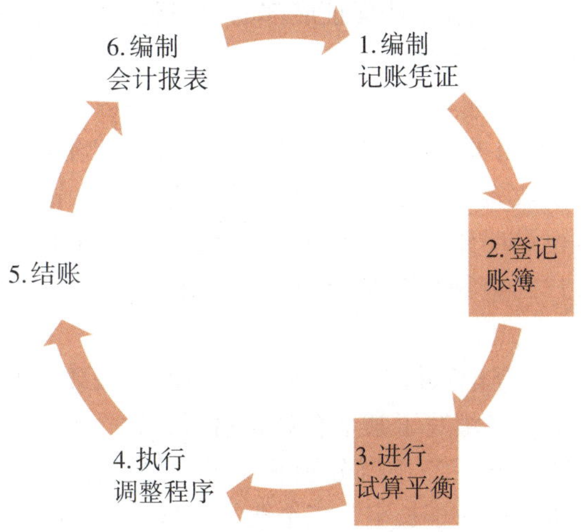

图2-22　账务处理程序概览

学习目标

1.掌握根据记账凭证登记日记账和明细账的步骤

2.理解会计账簿的各种格式和适用情况

3.理解账务处理程序的种类与各种账务处理程序的相同点和不同点

4.能够根据记账凭证编制科目汇总表并根据科目汇总表登记总账

5.能够编制调整前试算平衡表

一、登记日记账与明细账

（一）登记日记账与明细账的初步演示

在编制馨怡公司11月份的记账凭证之后，就可以根据这些记账凭证登记账簿了。登记账簿的方法，如图2-23所示。

从图2-23可以看出，记账凭证与账户之间存在着一一对应的关系，登记账簿就是依次将记账凭证的日期、字号、摘要和金额登记到相应账户的相应栏目中。登记账簿也称为过账。记字第1号凭证有三个明细科目，所以登记了三个账户。其中，“银行存款——工商银行”账户必须在业务发生的当日进行登记，这种账户被称为日记账。在会计实务中，库存现金也要开设日记账。

还应注意，金额是有方向的，从图2-23可以看出，记字第1号凭证中“银行存款——工商银行”的金额在借方，登记银行存款日记账时就应该记入“借方金额”栏，而“实收资本——张得飞”和“实收资本——李长宇”的金额在贷方，登记相应账簿时就要记入“贷方金额”栏。

将金额记入账户后，需要在“余额”栏计算出余额，并在“余额”栏前的“借或贷”栏注明余额是借方还是贷方，如果是借方余额，要填“借”，如果是贷方余额，则填“贷”，如果余额为零，则填入“平”。

记账后，账簿登记人员应在记账凭证底部的“记账”处签名或盖章，还应在金额栏后的过账符号栏划“√”（称为过账符号），表示该分录已经登记到账户中，避免重复登记。

图2-23中账户的科目是包含明细科目的，称为明细账，这里涉及“实收资本——张得飞”和“实收资本——李长宇”两个明细账，银行存款日记账也是到最末级科目的，其实质也是明细账，日记账其实就是需要在业务发生当日登记完毕的明细账。由于这些账户的金额栏包括借方、贷方和余额三栏，因此也常被称为“三栏式”账户。

还需要指出，第一次登记账簿时，账页是空白的，需要根据实际情况填写会计科目信息，如图2-24所示。当填写了某个会计科目后，这个空白账页便成为该会计科目的账户，称为开设账户。图2-23中就分别开设了“银行存款——工商银行”“实收资本——张得飞”“实收资本——李长宇”三个账户。

在会计实务中，可以在登记账簿前先开设账户，也可以在发生经济业务并编制完记账凭证进行账簿登记时再开设账簿。

过账后要划勾

记账凭证

2020年11月1日　　记字第 1 号

摘要	总账科目	明细科目	借方金额（亿千百十万千佰拾元角分）	√	贷方金额（亿千百十万千佰拾元角分）	√
收到股东投资款	银行存款	工商银行	50000000	√		
收到股东投资款	实收资本	张得飞			25000000	√
收到股东投资款	实收资本	李长宇			25000000	√
附件4张	合计		¥50000000		¥50000000	

会计主管：李繁琳　记账：李繁琳　出纳：陈凤飞　审核：李繁琳　制单：陈凤飞

过账后要签名

银行存款日记账

开户银行　中国工商银行长湖支行

账　　号　538653800152

2020年 月	日	凭证 种类	号数	摘要	借方（亿千百十万千佰拾元角分）	√	贷方（亿千百十万千佰拾元角分）	√	借或贷	余额（亿千百十万千佰拾元角分）	√
11	1	记	1	收到股东投资款	50000000				借	50000000	

计算出余额，将其登记在“余额”栏，并在其左边的“借或贷”栏标出余额所在的方向

实收资本明细账

会计科目：实收资本

明细科目：张得飞

2020年 月	日	凭证 种类	号数	摘要	借方（亿千百十万千佰拾元角分）	√	贷方（亿千百十万千佰拾元角分）	√	借或贷	余额（亿千百十万千佰拾元角分）	√
11	1	记	1	收到股东投资款			25000000		贷	25000000	

实收资本明细账

会计科目：实收资本

明细科目：李长宇

2020年 月	日	凭证 种类	号数	摘要	借方（亿千百十万千佰拾元角分）	√	贷方（亿千百十万千佰拾元角分）	√	借或贷	余额（亿千百十万千佰拾元角分）	√
11	1	记	1	收到股东投资款			25000000		贷	25000000	

图2-23　登记账簿的步骤

明细账

在空白账页填写会计科目信息就是开设账户

会计科目：

明细科目：

年		凭证		摘要	借方											√	贷方											√	借或贷	余额											√
月	日	种类	号数		亿	千	百	十	万	千	佰	拾	元	角	分		亿	千	百	十	万	千	佰	拾	元	角	分			亿	千	百	十	万	千	佰	拾	元	角	分	

图2-24　开设账户

微课

开设账户与编制账簿目录

【法规广角】账簿内容的书写要求

在手工账环境下登记账簿，在填写摘要或数字时，要在格子的上方留有二分之一的空距，以便在发生错误时进行更正（北京市财政局《会计基础工作规范实施细则》）。

记字第2号凭证的账簿登记见表2-28至表2-30。

表2-28　　记　账　凭　证

2020年11月3日　　记字第 2 号

摘　要	会计科目		借方金额											√	贷方金额											√
	总账科目	明细科目	亿	千	百	十	万	千	佰	拾	元	角	分		亿	千	百	十	万	千	佰	拾	元	角	分	
提取现金	库存现金						5	5	0	0	0	0	0	√												
提取现金	银行存款	工商银行																	5	5	0	0	0	0	0	√
附件1张	合　计					¥	5	5	0	0	0	0	0					¥	5	5	0	0	0	0	0	

会计主管：李繁琳　　记账：李繁琳　　出纳：陈凤飞　　审核：李繁琳　　制单：陈凤飞

表2-29　　**库存现金日记账**

2020年		凭证		摘要	借方											√	贷方											√	借或贷	余额											√
月	日	种类	号数		亿	千	百	十	万	千	佰	拾	元	角	分		亿	千	百	十	万	千	佰	拾	元	角	分			亿	千	百	十	万	千	佰	拾	元	角	分	
11	3	记	2	提取现金					5	5	0	0	0	0	0														借					5	5	0	0	0	0	0	

表2-30　　**银行存款日记账**　　开户银行　中国工商银行长湖支行

账　　号　538653800152

2020年		凭证		摘要	借方											√	贷方											√	借或贷	余额											√
月	日	种类	号数		亿	千	百	十	万	千	佰	拾	元	角	分		亿	千	百	十	万	千	佰	拾	元	角	分			亿	千	百	十	万	千	佰	拾	元	角	分	
11	1	记	1	收到股东投资款				5	0	0	0	0	0	0	0														借				5	0	0	0	0	0	0	0	
	3	记	2	提取现金																	5	5	0	0	0	0	0		借				4	4	5	0	0	0	0	0	

上一行余额500 000元在借方，本行发生额55 000元在贷方，二者方向相反，应该相减，结果为445 000元，方向仍然在借方

可以看到，记字第2号凭证涉及“库存现金”和“银行存款——工商银行”两个科目，“库存现金”科目是第一次出现，需要为其开设账户。它的账户也是日记账，称为“库存现金日记账”。“银行存款——工商银行”科目此前已在记字第1号凭证中出现，已开设了日记账，只需要继续登记到该日记账中。记字第2号凭证要紧接着记字第1号凭证进行登记，并计算出余额。余额是将本行发生额与上一行余额进行加减计算，如果二者方向相同就相加，如果二者方向相反就相减，新的余额方向在金额更大的数字所在的方向。以表2-30中的“银行存款日记账”为例，第一行登记11月记字第1号凭证后的余额为借方500 000元，第二行登记11月记字第2号凭证后，出现贷方发生额55 000元，此时的余额为445 000元（500 000-55 000），其方向仍在金额较大的500 000元所在的方向，所以仍然是借方。

记字第3号凭证的账簿登记，如图2-25所示。

记字第3号凭证中首次出现了“在途物资——香精”和“应交税费——应交增值税”科目，需要分别为其开设账户。应当注意的是，“应交税费——应交增值税”科目使用的账页格式比较特殊，借方和贷方都多于一栏，这种账户被称为“多栏式”账户。记字第3号凭证只涉及“应交税费——应交增值税”下的“进项税额”这个三级科目，但图2-25中已同时将馨怡公司涉及的另外两个三级科目“销项税额”和“已交税金”填列完毕。这里也可以只填写“进项税额”，在继续登记账簿过程中遇到“销项税额”和“已交税金”时再分别填列。可以看出，这里的多栏式栏目“进项税额”“销项税额”“已交税金”其实就是“应交税费”的最末级明细科目。当然，这种账页格式只在手工账环境下才使用，在应用账务软件进行账务处理时，使用的仍然是三栏式账户，其达到的效果与多栏式账户相同。

记字第4号凭证的账簿登记，如图2-26所示。

记字第4号凭证涉及的第一个账户是“库存商品——香精”明细账，共有“收入”“发出”“结存”三大栏，每一栏又分为“数量”“单价”“金额”三栏，这种格式的账户因同时具备数量和金额而被称为“数量金额栏式”账户。记字第4号凭证中的“库存商品”科目在借方，表示增加，登记在“收入”栏。记字第4号凭证只有金额，没有数量

记 账 凭 证

2020年11月5日　　　　　　　　　　记字第 3 号

摘要	会计科目		借方金额											√	贷方金额											√
	总账科目	明细科目	亿	千	百	十	万	千	佰	拾	元	角	分		亿	千	百	十	万	千	佰	拾	元	角	分	
购入香精	在途物资	香精				1	2	9	0	0	0	0	0	√												
购入香精	应交税费	应交增值税（进项税额）					1	6	6	5	0	0	0	√												
购入香精，支付货款	银行存款	工商银行																1	4	5	6	5	0	0	0	√
附件3张	合计				¥	1	4	5	6	5	0	0	0				¥	1	4	5	6	5	0	0	0	

会计主管：李繁琳　记账：李繁琳　出纳：陈凤飞　审核：李繁琳　制单：陈凤飞

在途物资明细账

会计科目：在途物资

明细科目：香精

2020年		凭证		摘要	借方											√	贷方											√	借或贷	余额											√
月	日	种类	号数		亿	千	百	十	万	千	佰	拾	元	角	分		亿	千	百	十	万	千	佰	拾	元	角	分			亿	千	百	十	万	千	佰	拾	元	角	分	
11	5	记	3	购入香精				1	2	9	0	0	0	0	0														借				1	2	9	0	0	0	0	0	

应交增值税明细账

2020年		凭证		摘要	借方																												贷方																		借或贷	余额								
					合计									进项税额									已交税金									合计									销项税额																		
月	日	字	号		百	十	万	千	佰	拾	元	角	分	百	十	万	千	佰	拾	元	角	分	百	十	万	千	佰	拾	元	角	分	百	十	万	千	佰	拾	元	角	分	百	十	万	千	佰	拾	元	角	分		百	十	万	千	佰	拾	元	角	分
11	5	记	3	购入香精			1	6	6	5	0	0	0			1	6	6	5	0	0	0																												借			1	6	6	5	0	0	0

银行存款日记账

开户银行　中国工商银行长湖支行

账　　号　538653800152

2020年		凭证		摘要	借方											√	贷方											√	借或贷	余额											√
月	日	种类	号数		亿	千	百	十	万	千	佰	拾	元	角	分		亿	千	百	十	万	千	佰	拾	元	角	分			亿	千	百	十	万	千	佰	拾	元	角	分	
11	1	记	1	收到股东投资款				5	0	0	0	0	0	0	0														借				5	0	0	0	0	0	0	0	
	3	记	2	提取现金																	5	5	0	0	0	0	0		借				4	4	5	0	0	0	0	0	
	5	记	3	购入香精，支付货款																1	4	5	6	5	0	0	0		借				2	9	9	3	5	0	0	0	

图2-25　记字第3号凭证的明细账过账

记 账 凭 证

2020年11月7日　　　　记字第 4 号

摘要	会计科目		借方金额											√	贷方金额											√
	总账科目	明细科目	亿	千	百	十	万	千	佰	拾	元	角	分		亿	千	百	十	万	千	佰	拾	元	角	分	
香精入库	库存商品	香精				1	2	9	0	0	0	0	0	√												
香精入库	在途物资	香精																1	2	9	0	0	0	0	0	√
附件1张	合　计				¥	1	2	9	0	0	0	0	0				¥	1	2	9	0	0	0	0	0	

会计主管：李繁琳　　记账：李繁琳　　出纳：　　审核：李繁琳　　制单：陈凤飞

入 库 通 知 单

供货单位：东森香精制造股份公司　　2020年11月7日　　第 1 号

物品名称	规格	单位	送验数量	实收数量	单价	金额										备注
						千	百	十	万	千	百	十	元	角	分	
梦幻巴黎		千克	300	300	430			1	2	9	0	0	0	0	0	

第三联　会计记账

会计：李繁琳　　仓库主管：周四全　　保管：李键　　经手人：孔尊

库存商品明细账

名称：香精-梦幻巴黎

规格：　　计量单位：千克

2020年		凭证		摘要	收入												发出												结存												√
月	日	种类	号数		数量	单价	千	百	十	万	千	佰	拾	元	角	分	数量	单价	千	百	十	万	千	佰	拾	元	角	分	数量	单价	千	百	十	万	千	佰	拾	元	角	分	
11	7	记	4	香精入库	300	430			1	2	9	0	0	0	0	0													300	430			1	2	9	0	0	0	0	0	

在途物资明细账

会计科目：在途物资

明细科目：香精

2020年		凭证		摘要	借方											√	贷方											√	借或贷	余额											√
月	日	种类	号数		亿	千	百	十	万	千	佰	拾	元	角	分		亿	千	百	十	万	千	佰	拾	元	角	分			亿	千	百	十	万	千	佰	拾	元	角	分	
11	5	记	3	购入香精				1	2	9	0	0	0	0	0														借				1	2	9	0	0	0	0	0	
11	7	记	4	香精入库																1	2	9	0	0	0	0	0		平									θ			

上一行余 129 000元 借方，本行 生额129 0 元在贷方 二者方向 反，应该 减，结果 0，在 “ 额”栏 “ 所在栏 “θ”。“借或贷” 填“平”

图2-26　记字第4号凭证的明细账过账

和单价，则“收入”栏中的数量和单价的信息从何而来呢？从图2-26可以看出，其是根据记字第3号凭证后所附的原始凭证“入库通知单”登记的，因此，数量金额栏式账户的登记依据不仅包括记账凭证，还包括附在记账凭证后的原始凭证。登记完“收入”栏后，要计算出余额，填入“结存”栏的“数量”“单价”“金额”三栏。“结存”栏前面没有“借或贷”栏，根据借贷规则可知，其余额在借方。而且，“库存商品”这种存货科目的余额最低为零，不可能出现负数。由于它属于资产类科目，其余额只能在借方（从而是正数），不可能出现贷方余额（是负数）。对于“原材料”“低值易耗品”等存货类科目，这一规则也同样适用。

记字第4号凭证涉及的第二个账户是“在途物资——香精”明细账，登记完毕后，其余额变为零，需要在“余额”栏前的“借或贷”栏填入“平”，表示账户余额已变为零，同时在“余额”栏的“元”所在栏填入“~~0~~”。

记字第5号凭证的账簿登记见表2-31至表2-34。

表2-31 **记 账 凭 证**

2020年11月10日　　记字第 5 号

摘要	会计科目		借方金额											√	贷方金额											√
	总账科目	明细科目	亿	千	百	十	万	千	佰	拾	元	角	分		亿	千	百	十	万	千	佰	拾	元	角	分	
购买电脑三台	固定资产	电脑					1	4	4	0	0	0	0	√												
购买电脑三台	应交税费	应交增值税（进项税额）						1	8	7	2	0	0	√												
购买电脑三台	银行存款	工商银行																	1	6	2	7	2	0	0	√
附件2张	合计					¥	1	6	2	7	2	0	0					¥	1	6	2	7	2	0	0	

会计主管：李繁琳　　记账：李繁琳　　出纳：陈凤飞　　审核：李繁琳　　制单：陈凤飞

表2-32 **固定资产明细账**

会计科目：固定资产

明细科目：电脑

2020年		凭证		摘要	借方											√	贷方											√	借或贷	余额											√
月	日	种类	号数		亿	千	百	十	万	千	佰	拾	元	角	分		亿	千	百	十	万	千	佰	拾	元	角	分			亿	千	百	十	万	千	佰	拾	元	角	分	
11	10	记	5	购买电脑三台					1	4	4	0	0	0	0														借					1	4	4	0	0	0	0	

表2-33 **应交增值税明细账**

2020年		凭证		摘要	借方																											贷方																		借或贷	余额								
					合计									进项税额									已交税金									合计									销项税额																		
月	日	字	号		百	十	万	千	佰	拾	元	角	分	百	十	万	千	佰	拾	元	角	分	百	十	万	千	佰	拾	元	角	分	百	十	万	千	佰	拾	元	角	分	百	十	万	千	佰	拾	元	角	分		百	十	万	千	佰	拾	元	角	分
11	5	记	3	购入香精			1	6	6	5	0	0	0			1	6	6	5	0	0	0																												借			1	6	6	5	0	0	0
11	10	记	5	购买电脑三台				1	8	7	2	0	0				1	8	7	2	0	0																												借			1	8	5	2	2	0	0

表 2-34 银行存款日记账

开户银行 中国工商银行长湖支行

账　　号 538653800152

2020年 月	日	凭证 种类	号数	摘要	借方（亿千百十万千佰拾元角分）	√	贷方（亿千百十万千佰拾元角分）	√	借或贷	余额（亿千百十万千佰拾元角分）	√
11	1	记	1	收到股东投资款	50000000				借	50000000	
	3	记	2	提取现金			5500000		借	44500000	
	5	记	3	购入香精，支付货款			14565000		借	29935000	
	10	记	5	购买电脑三台			1627200		借	28307800	

记字第6号凭证的账簿登记见表2-35至表2-38。

表 2-35 记 账 凭 证

2020年11月15日　　记字第 6 号

摘要	会计科目 总账科目	明细科目	借方金额（亿千百十万千佰拾元角分）	√	贷方金额（亿千百十万千佰拾元角分）	√
销售香精，货款未收	应收账款	洁柔公司	16746600	√		
销售香精，货款未收	主营业务收入	香精			14820000	√
销售香精，货款未收	应交税费	应交增值税（销项税额）			1926600	√
附件2张	合计		¥16746600		¥16746600	

会计主管：李繁琳　　记账：李繁琳　　出纳：　　审核：李繁琳　　制单：陈凤飞

表 2-36 应收账款明细账

会计科目：应收账款

明细科目：洁柔公司

2020年 月	日	凭证 种类	号数	摘要	借方（亿千百十万千佰拾元角分）	√	贷方（亿千百十万千佰拾元角分）	√	借或贷	余额（亿千百十万千佰拾元角分）	√
11	15	记	6	销售香精，货款未收	16746600				借	16746600	

表 2-37 主营业务收入明细账

会计科目：主营业务收入

明细科目：香精

2020年 月	日	凭证 种类	号数	摘要	借方（亿千百十万千佰拾元角分）	√	贷方（亿千百十万千佰拾元角分）	√	借或贷	余额（亿千百十万千佰拾元角分）	√
11	15	记	6	销售香精，货款未收			14820000		贷	14820000	

表2-38 **应交增值税明细账**

2020年		凭证		摘要	借方			贷方		借或贷	余额
月	日	字	号		合计	进项税额	已交税金	合计	销项税额		
					百十万千佰拾元角分	百十万千佰拾元角分	百十万千佰拾元角分	百十万千佰拾元角分	百十万千佰拾元角分		百十万千佰拾元角分
11	5	记	3	购入香精	1665000	1665000				借	1665000
11	10	记	5	购买电脑三台	187200	187200				借	1852200
11	15	记	6	销售香精，货款未收				1926600	1926600	贷	74400

记字第6号凭证涉及的“销项税额”登记在应交增值税多栏式明细账的“销项税额”栏。在手工账实务中，记字第6号凭证涉及的“主营业务收入”如果有两个以上明细科目时，应登记多栏式明细账，由于馨怡公司的“主营业务收入”只有“香精”这个明细科目，没有必要开设多栏式明细账，只需开设三栏式明细账就能满足需要。记字第6号凭证涉及的“应收账款——洁柔公司”登记在相应的三栏式明细账中，登记方式与前面展示的记字第1号凭证的登记方式是完全相同的。

记字第7号凭证的账簿登记，如图2-27所示。

从图2-27可以看到，“销售费用”明细账的“费用项目”栏有多个栏目，与“应交税费——应交增值税”明细账一样，这种格式的账户也称为多栏式账户。记字第7号凭证中出现的“销售费用”的明细科目“差旅费”被填入其中一个栏目，如果后面再出现新的明细科目，可以填入其他空白栏目，所以，这里的每个栏目其实就是“销售费用”的一个明细科目。与应交增值税的多栏式账户相比较，销售费用的多栏式账户只有借方栏，而没有贷方栏和余额栏。

记字第8号凭证的账簿登记，如图2-28所示。

从图2-28可以看到，记字第8号凭证出现了“销售费用”的第二个明细科目“工资”，因此，在“销售费用”明细账中新增了“工资”这个费用项目，并将记字第8号凭证中的“销售费用——工资”的金额登记到该栏目。记字第8号凭证还涉及“管理费用”的明细科目“工资”，其被登记为“管理费用”多栏式明细账的“工资”栏目。记字第8号凭证是“应付职工薪酬——工资、奖金、津贴和补贴”明细账的第一笔业务，如果此前没有为其开设明细账账户，则应在此时开设。

记字第9号凭证的账簿登记见表2-39至表2-41。

记字第9号凭证涉及的“主营业务成本——香精”开设的是三栏式明细账，如果“主营业务成本”有多个明细科目，在手工账下应当开设多栏式明细账。另外，该凭证涉及“库存商品——香精”科目的贷方，要登记在该科目数量金额栏式明细账的“发出”栏，并根据记字第9号凭证所附的原始凭证登记“发出”栏的数量和单价。

记字第10号凭证的账簿登记见表2-42至表2-44。

记 账 凭 证

2020年11月20日　　　　记字第 7 号

摘要	总账科目	明细科目	借方金额（亿千百十万千佰拾元角分）	√	贷方金额（亿千百十万千佰拾元角分）	√
李大忠报销差旅费	销售费用	差旅费	91946	√		
李大忠报销差旅费	应交税费	应交增值税（进项税额）	2854	√		
李大忠报销差旅费	库存现金				94800	√
附件7张	合　计		¥94800		¥94800	

会计主管：李繁琳　　记账：李繁琳　　出纳：陈凤飞　　审核：李繁琳　　制单：陈凤飞

销售费用明细账

会计科目：销售费用

明细科目：

2020年 月	日	凭证 字	号	摘要	合计（百十万千佰拾元角分）	费用项目：差旅费				
11	20	记	7	李大忠报销差旅费	91946	91946				

应交增值税明细账

2020年 月	日	凭证 字	号	摘要	借方 合计	借方 进项税额	借方 已交税金	贷方 合计	贷方 销项税额	借或贷	余额
11	5	记	3	购入香精	1665000	1665000				借	1665000
11	10	记	5	购买电脑三台	187200	187200				借	1852200
11	15	记	6	销售香精，货款未收				1926600	1926600	贷	74400
11	20	记	7	李大忠报销差旅费	2854	2854				贷	71546

库存现金日记账

2020年 月	日	凭证 种类	号数	摘要	借方（亿千百十万千佰拾元角分）	√	贷方（亿千百十万千佰拾元角分）	√	借或贷	余额（亿千百十万千佰拾元角分）	√
11	3	记	2	提取现金	5500000				借	5500000	
	20	记	7	李大忠报销差旅费			94800		借	5405200	

图2-27　记字第7号凭证的日记账与明细账过账

记 账 凭 证

2020年11月30日　　　　记字第 8 号

摘　要	会计科目：总账科目	会计科目：明细科目	借方金额（亿千百十万千佰拾元角分）	√	贷方金额（亿千百十万千佰拾元角分）	√
计提本月工资	销售费用	工资	955300	√		
计提本月工资	管理费用	工资	3912500	√		
计提本月工资	应付职工薪酬	工资、奖金、津贴和补贴			4867800	√
附件2张	合　计		¥4867800		¥4867800	

会计主管：李繁琳　　记账：李繁琳　　出纳：　　审核：李繁琳　　制单：陈凤飞

销售费用明细账

会计科目：销售费用

明细科目：

2020年 月	日	凭证 字	号	摘　要	合计（百十万千佰拾元角分）	费用项目：差旅费	费用项目：工资	费用项目	费用项目	费用项目
11	20	记	7	李大忠报销差旅费	91946	91946				
11	30	记	8	计提本月工资	955300		955300			

管理费用明细账

会计科目：管理费用

明细科目：

2020年 月	日	凭证 字	号	摘　要	合计（百十万千佰拾元角分）	费用项目：工资	费用项目	费用项目	费用项目
11	30	记	8	计提本月工资	3912500	3912500			

应付职工薪酬明细账

会计科目：应付职工薪酬

明细科目：工资、奖金、津贴和补贴

2020年 月	日	凭证 种类	号数	摘　要	借方（亿千百十万千佰拾元角分）	√	贷方（亿千百十万千佰拾元角分）	√	借或贷	余额（亿千百十万千佰拾元角分）	√
11	30	记	8	计提本月工资			4867800		贷	4867800	

图2-28　记字第8号凭证的明细账过账

表2-39

记 账 凭 证

2020年11月30日　　　　记字第 9 号

摘要	会计科目		借方金额											√	贷方金额											√
	总账科目	明细科目	亿	千	百	十	万	千	佰	拾	元	角	分		亿	千	百	十	万	千	佰	拾	元	角	分	
结转本月销售成本	主营业务成本	香精				1	1	1	8	0	0	0	0	√												
结转本月销售成本	库存商品	香精																1	1	1	8	0	0	0	0	√
附件2张	合 计				¥	1	1	1	8	0	0	0	0				¥	1	1	1	8	0	0	0	0	

会计主管：李繁琳　记账：李繁琳　出纳：　审核：李繁琳　制单：陈凤飞

表2-40

主营业务成本明细账

会计科目：主营业务成本

明细科目：香精

2020年		凭证		摘要	借方											√	贷方											√	借或贷	余额											√
月	日	种类	号数		亿	千	百	十	万	千	佰	拾	元	角	分		亿	千	百	十	万	千	佰	拾	元	角	分			亿	千	百	十	万	千	佰	拾	元	角	分	
11	30	记	9	结转本月销售成本				1	1	1	8	0	0	0	0														借				1	1	1	8	0	0	0	0	

表2-41

库存商品明细账

名称：香精-梦幻巴黎

规格：　　计量单位：千克

2020年		凭证		摘要	收入												发出												结存												√
					数量	单价	金额										数量	单价	金额										数量	单价	金额										
月	日	种类	号数				千	百	十	万	千	佰	拾	元	角	分			千	百	十	万	千	佰	拾	元	角	分			千	百	十	万	千	佰	拾	元	角	分	
11	7	记	4	香精入库	300	430			1	2	9	0	0	0	0	0													300	430			1	2	9	0	0	0	0	0	
	30	记	9	结转本月销售成本													260	430			1	1	1	8	0	0	0	0	40	430				1	7	2	0	0	0	0	

表2-42

记 账 凭 证

2020年11月30日　　　　记字第 10 号

摘要	会计科目		借方金额											√	贷方金额											√
	总账科目	明细科目	亿	千	百	十	万	千	佰	拾	元	角	分		亿	千	百	十	万	千	佰	拾	元	角	分	
缴纳本月增值税	应交税费	应交增值税（已交税金）							7	1	5	4	6	√												
缴纳本月增值税	银行存款	工商银行																			7	1	5	4	6	√
附件1张	合 计							¥	7	1	5	4	6							¥	7	1	5	4	6	

会计主管：李繁琳　记账：李繁琳　出纳：陈凤飞　审核：李繁琳　制单：陈凤飞

表2-43 **应交增值税明细账**

2020年 月	日	凭证 字	号	摘要	借方 合计	借方 进项税额	借方 已交税金	贷方 合计	贷方 销项税额	借或贷	余额
11	5	记	3	购入香精	1665000	1665000				借	1665000
11	10	记	5	购买电脑三台	187200	187200				借	1852200
11	15	记	6	销售香精，货款未收				1926600	1926600	贷	74400
11	20	记	7	李大忠报销差旅费	2854	2854				贷	71546
11	30	记	10	缴纳本月增值税	71546		71546			平	θ

（金额栏分位：百、十、万、千、佰、拾、元、角、分）

表2-44 **银行存款日记账**

开户银行 中国工商银行长湖支行

账　　号 538653800152

2020年 月	日	凭证 种类	号数	摘要	借方	√	贷方	√	借或贷	余额	√
11	1	记	1	收到股东投资款	50000000				借	50000000	
	3	记	2	提取现金			5500000		借	44500000	
	5	记	3	购入香精，支付货款			14565000		借	29935000	
	10	记	5	购买电脑三台			1627200		借	28307800	
	30	记	10	缴纳本月增值税			71546		借	28236254	

（金额栏分位：亿、千、百、十、万、千、佰、拾、元、角、分）

记字第10号凭证涉及的“应交税费——应交增值税（已交税金）”登记在应交增值税多栏式账户借方的“已交税金”栏目。这笔业务过账后，“应交税费——应交增值税”账户余额为零，在“余额”栏前的“借或贷”栏中填入“平”，并在“余额”栏“元”的所在栏中填入“θ”。

记字第11号凭证的账簿登记见表2-45至表2-49。

表2-45 **记　账　凭　证**

2020年11月30日　　　　记字第 11 号

摘要	会计科目 总账科目	会计科目 明细科目	借方金额	√	贷方金额	√
计提本月附加税费	税金及附加		8585	√		
计提本月附加税费	应交税费	应交城市维护建设税			5008	√
计提本月附加税费	应交税费	应交教育费附加			2146	√
计提本月附加税费	应交税费	应交地方教育费附加			1431	√
附件1张	合计		¥8585		¥8585	

（金额栏分位：亿、千、百、十、万、千、佰、拾、元、角、分）

会计主管：李繁琳　　记账：李繁琳　　出纳：　　审核：李繁琳　　制单：陈凤飞

表 2-46　　**税金及附加明细账**　　会计科目：税金及附加

明细科目：

2020年		凭证		摘要	借方											√	贷方											√	借或贷	余额											√
月	日	种类	号数		亿	千	百	十	万	千	佰	拾	元	角	分		亿	千	百	十	万	千	佰	拾	元	角	分			亿	千	百	十	万	千	佰	拾	元	角	分	
11	30	记	11	计提本月附加税费								8	5	8	5														借								8	5	8	5	

表 2-47　　**应交税费明细账**　　会计科目：应交税费

明细科目：应交城市维护建设税

2020年		凭证		摘要	借方											√	贷方											√	借或贷	余额											√
月	日	种类	号数		亿	千	百	十	万	千	佰	拾	元	角	分		亿	千	百	十	万	千	佰	拾	元	角	分			亿	千	百	十	万	千	佰	拾	元	角	分	
11	30	记	11	计提本月附加税费																				5	0	0	8		贷								5	0	0	8	

表 2-48　　**应交税费明细账**　　会计科目：应交税费

明细科目：应交教育费附加

2020年		凭证		摘要	借方											√	贷方											√	借或贷	余额											√
月	日	种类	号数		亿	千	百	十	万	千	佰	拾	元	角	分		亿	千	百	十	万	千	佰	拾	元	角	分			亿	千	百	十	万	千	佰	拾	元	角	分	
11	30	记	11	计提本月附加税费																				2	1	4	6		贷								2	1	4	6	

表 2-49　　**应交税费明细账**　　会计科目：应交税费

明细科目：应交地方教育费附加

2020年		凭证		摘要	借方											√	贷方											√	借或贷	余额											√
月	日	种类	号数		亿	千	百	十	万	千	佰	拾	元	角	分		亿	千	百	十	万	千	佰	拾	元	角	分			亿	千	百	十	万	千	佰	拾	元	角	分	
11	30	记	11	计提本月附加税费																				1	4	3	1		贷								1	4	3	1	

这样，馨怡公司11月份的业务就全部登记完毕了。这时，需要进行月末结账，其具体操作将在后文进行展示。

【实务世界】账簿的分类

从前面的演示可以看出，账簿按格式可以分为三栏式账簿、数量金额栏式账簿和多栏式账簿。此外，账簿按外形还可以分为订本式账簿、活页式账簿和卡片式账簿。

在信息化高度发展的今天，会计核算已普遍实现了电算化，即使用会计软件来进行账务处理。但在实务中，很多单位仍然会将账簿打印出来。打印时，对于损益类账户，有选择打印为三栏式账簿的，也有选择打印为多栏式账簿的。

（二）编制记账凭证与登记日记账、明细账的进一步演示

在会计实务中，编制记账凭证与登记账簿往往是交错进行的，即编制部分记账凭证后即将其登记到相应的账户中，再为后续的经济业务编制记账凭证并过账。为了进一步演示各种经济业务记账凭证的编制及其过账，这里以馨怡公司2020年12月份的业务为例进行分析，先依据复式记账原理编制这些业务的记账凭证，再演示其过账后的日记账与明细账情况。

1.记账凭证的编制

业务2-12

原始凭证

【业务2-12】2020年12月1日，从中国工商银行长湖支行取得半年期借款50万元，银行已将资金划入馨怡公司在该行的账户上。

【分析】这笔业务使得馨怡公司的银行存款增加500 000元，“银行存款”属于资产类科目，应在会计等式的资产项目下为其开设“银行存款——工商银行”丁字账户，根据借贷记账规则，应借记500 000元。同时，馨怡公司的短期借款也增加500 000元，其属于负债，应在会计等式的负债项目下开设“短期借款——工商银行”丁字账户，并记入贷方。业务2-12对会计等式的影响，如图2-29所示。

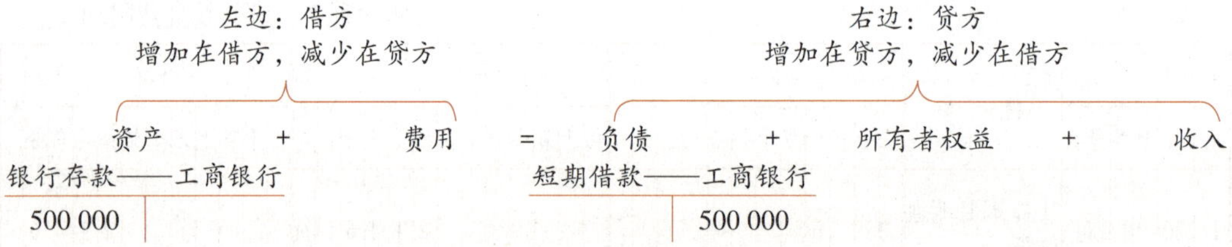

图2-29 业务2-12对会计等式的影响

根据图2-29中的丁字账户信息，先写借方会计科目与金额，再写贷方会计科目与金额，可以编制业务2-12的会计分录：

借：银行存款——工商银行　　500 000

　　贷：短期借款——工商银行　　500 000

业务2-12的通用记账凭证见表2-50。

表2-50

记 账 凭 证

2020年12月1日　　记字第 1 号

摘要	会计科目		借方金额											√	贷方金额											√
	总账科目	明细科目	亿	千	百	十	万	千	佰	拾	元	角	分		亿	千	百	十	万	千	佰	拾	元	角	分	
从工行取得半年期贷款	银行存款	工商银行				5	0	0	0	0	0	0	0	√												
从工行取得半年期贷款	短期借款	工商银行																5	0	0	0	0	0	0	0	√
附件1张	合计				¥	5	0	0	0	0	0	0	0				¥	5	0	0	0	0	0	0	0	

会计主管：李繁琳　　记账：李繁琳　　出纳：陈凤飞　　审核：李繁琳　　制单：陈凤飞

应当注意的是，业务2–12是12月份的第一笔经济业务，它的记账凭证需要重新从记字第1号开始编号，而不是接着11月份的最后一张记账凭证继续编号。在会计实务中，每个月的经济业务处理完毕后，下一个月经济业务的记账凭证都要重新开始顺序编号。另外，需要注意的是，这里展示的是记账后的记账凭证，因而记账凭证上的“记账”处已经签名，并且各个科目的金额后都已标注了过账符号“√”，表示已经过账。

业务2–13

原始凭证

【业务2–13】2020年12月1日，通过网上银行支付广东日照房产有限公司半年房租18 000元（租期为2020年12月1日至2021年5月31日），同时按5%的税率支付增值税900元。馨怡公司租用的房子用作公司的办公场所。

【分析】2020年12月1日，租用的房子刚开始使用，房租并没有发生，这是先付款后消费的情况，应为“预付账款”，属于资产类科目。这项预付款项是支付给日照房产的，由此可以要求其提供为期6个月的房屋租赁服务，因而应将明细科目确定为“日照房产”，需要在会计等式的资产项目下开设“预付账款——日照房产”丁字账户，借记18 000元。这里的900元增值税是购买服务时发生的，属于进项税额，可以抵扣销项税额，使得负债减少，因此应在会计等式的负债项目下开设“应交税费——应交增值税（进项税额）”丁字账户，并借记900元。房租和增值税进项税额共计18 900元是通过银行存款支付的，导致银行存款减少，应在会计等式的资产项目下开设“银行存款——工商银行”丁字账户，贷记18 900元。业务2–13对会计等式的影响，如图2–30所示。

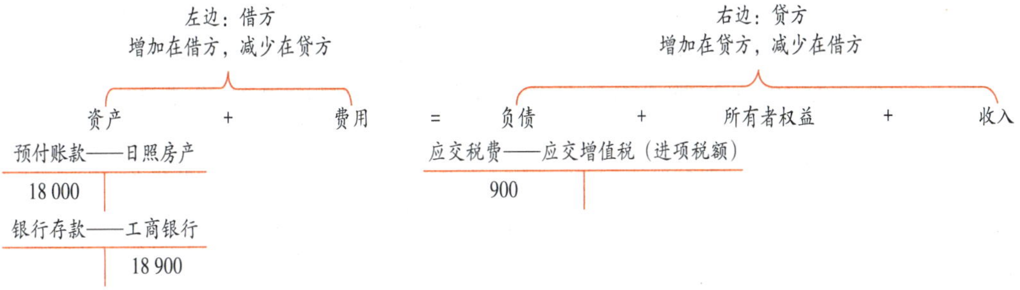

图2–30 业务2–13对会计等式的影响

根据图2–30中的丁字账户信息，先写借方会计科目和金额，再写贷方会计科目和金额，可以编制业务2–13的会计分录：

借：预付账款——日照房产	18 000	
应交税费——应交增值税（进项税额）	900	
贷：银行存款——工商银行		18 900

业务2–13的通用记账凭证见表2–51。

表2-51 **记 账 凭 证**

2020年12月1日　　　　记字第 2 号

摘要	会计科目		借方金额											√	贷方金额											√
	总账科目	明细科目	亿	千	百	十	万	千	佰	拾	元	角	分		亿	千	百	十	万	千	佰	拾	元	角	分	
预付半年房租	预付账款	日照房产					1	8	0	0	0	0	0	√												
预付半年房租	应交税费	应交增值税（进项税额）							9	0	0	0	0	√												
预付半年房租	银行存款	工商银行																	1	8	9	0	0	0	0	√
附件2张	合计					¥	1	8	9	0	0	0	0					¥	1	8	9	0	0	0	0	

会计主管：李繁琳　　记账：李繁琳　　出纳：陈凤飞　　审核：李繁琳　　制单：陈凤飞

业务2-14

原始凭证

【业务2-14】2020年12月2日，因业务需要，向瑞风汽车租赁有限公司租入一台商务轿车，租期3个月，每月租金8 000元，出纳开具转账支票支付，支票金额为24 000元。

【分析】与馨怡公司12月份的业务2-13一样，这笔业务也是先付款再消费，属于预付账款，预付的对象是瑞风汽车，因此需要在会计等式的资产项目下开设“预付账款——瑞风汽车”丁字账户，根据借贷记账规则，应借记24 000元。同时，银行存款减少，因此应在会计等式的资产项目下开设“银行存款——工商银行”丁字账户，贷记24 000元。业务2-14对会计等式的影响，如图2-31所示。

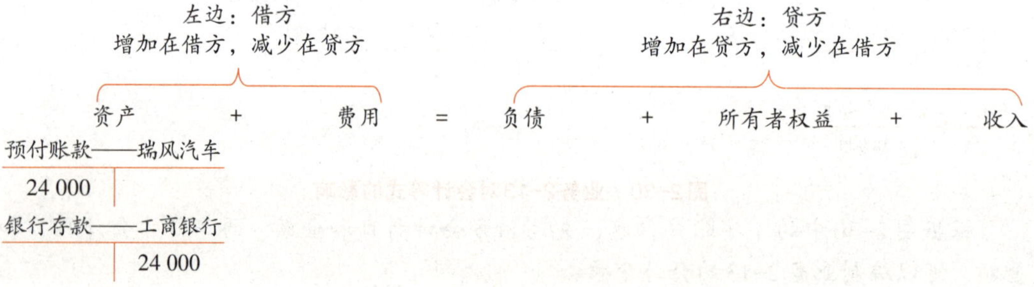

图2-31 业务2-14对会计等式的影响

根据图2-31中的丁字账户信息，先写借方会计科目和金额，再写贷方会计科目和金额，可以编制业务2-14的会计分录：

借：预付账款——瑞风汽车　　24 000

　　贷：银行存款——工商银行　　24 000

业务2-14的通用记账凭证见表2-52。

表2-52

记　账　凭　证

2020年12月2日　　　　记字第 3 号

摘　要	会计科目		借方金额											√	贷方金额											√
	总账科目	明细科目	亿	千	百	十	万	千	佰	拾	元	角	分		亿	千	百	十	万	千	佰	拾	元	角	分	
预付三个月轿车租金	预付账款	瑞风汽车					2	4	0	0	0	0	0	√												
预付三个月轿车租金	银行存款	工商银行																	2	4	0	0	0	0	0	√
附件1张	合　计					¥	2	4	0	0	0	0	0					¥	2	4	0	0	0	0	0	

会计主管：李繁琳　　记账：李繁琳　　出纳：陈凤飞　　审核：李繁琳　　制单：陈凤飞

【业务2-15】2020年12月3日，接到中国工商银行长湖支行的通知，收到洁柔日用品有限公司货款167 466元，已存入馨怡公司的账户。

业务2-15

原始凭证

【分析】这笔业务使得馨怡公司的银行存款增加167 466元，应在会计等式的资产项目下开设“银行存款——工商银行”丁字账户，根据借贷记账规则，应借记167 466元。洁柔公司偿付馨怡公司货款后，馨怡公司对其应收账款减少167 466元，“应收账款”也是资产类科目，应在会计等式的资产项目下开设“应收账款——洁柔公司”丁字账户，根据借贷记账规则，应贷记167 466元。业务2-15对会计等式的影响，如图2-32所示。

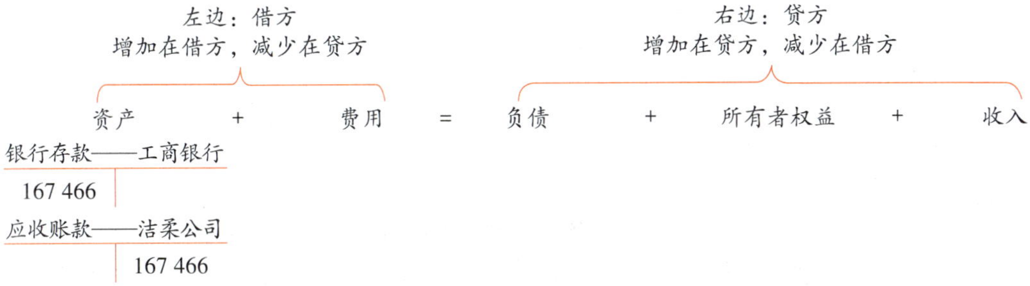

图2-32　业务2-15对会计等式的影响

根据图2-32中的丁字账户信息，先写借方会计科目和金额，再写贷方会计科目和金额，可以编制业务2-15的会计分录：

借：银行存款——工商银行　　167 466

　　贷：应收账款——洁柔公司　　167 466

业务2-15的通用记账凭证见表2-53。

表2-53

记 账 凭 证

2020年12月3日 记字第 4 号

摘　要	会计科目		借方金额											√	贷方金额											√
	总账科目	明细科目	亿	千	百	十	万	千	佰	拾	元	角	分		亿	千	百	十	万	千	佰	拾	元	角	分	
收到洁柔公司前欠货款	银行存款	工商银行				1	6	7	4	6	6	0	0	√												
收到洁柔公司前欠货款	应收账款	洁柔公司																1	6	7	4	6	6	0	0	√
附件1张	合　计				¥	1	6	7	4	6	6	0	0				¥	1	6	7	4	6	6	0	0	

会计主管：李繁琳　　记账：李繁琳　　出纳：陈凤飞　　审核：李繁琳　　制单：陈凤飞

业务2-16

原始凭证

【业务2-16】2020年12月4日，行政部报销购买文具等办公用品的支出896.1元，出纳以现金付讫。

【分析】办公用品支出使得管理费用增加896.1元，其属于费用类科目，费用位于会计等式的左边，其增加记在左边即借方，因此应在会计等式的费用项目下开设“管理费用——办公费”丁字账户，并借记896.1元。这笔费用是用现金支付的，使得库存现金减少，“库存现金”属于资产类科目，也位于会计等式的左边，其减少记在右边即贷方，因此应在会计等式的资产项目下开设“库存现金”丁字账户，并贷记896.1元。业务2-16对会计等式的影响，如图2-33所示。

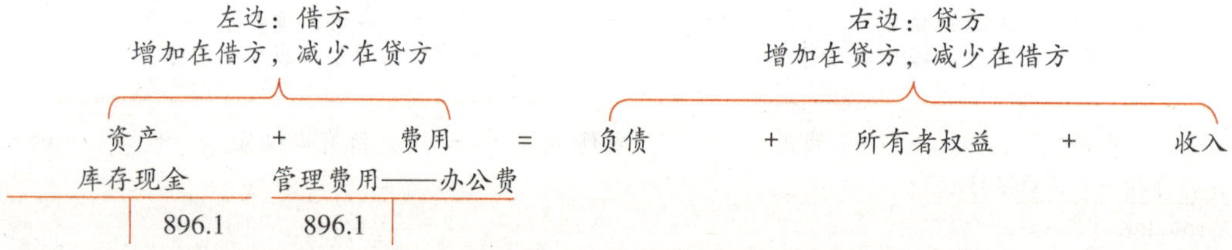

图2-33 业务2-16对会计等式的影响

根据图2-33中的丁字账户信息，先写借方会计科目和金额，再写贷方会计科目和金额，可以编制业务2-16的会计分录：

借：管理费用——办公费　　896.1

　　贷：库存现金　　896.1

业务2-16的通用记账凭证见表2-54。

表2-54　　**记　账　凭　证**

2020年12月4日　　记字第 5 号

摘要	会计科目		借方金额											√	贷方金额											√
	总账科目	明细科目	亿	千	百	十	万	千	佰	拾	元	角	分		亿	千	百	十	万	千	佰	拾	元	角	分	
行政部报销办公用品费用	管理费用	办公费							8	9	6	1	0	√												
行政部报销办公用品费用	库存现金																				8	9	6	1	0	√
附件2张	合　计							¥	8	9	6	1	0							¥	8	9	6	1	0	

会计主管：李繁琳　　记账：李繁琳　　出纳：陈凤飞　　审核：李繁琳　　制单：陈凤飞

需要注意的是，业务2-16原始凭证中的发票是增值税普通发票，其进项税额不得抵扣，因而不能记入“应交税费——应交增值税（进项税额）”科目，而应记入“管理费用——办公费”科目。

【业务2-17】2020年12月5日，从东森公司采购香精800千克，增值税专用发票显示，单价418元，金额334 400元，增值税43 472元，价税合计金额为377 872元。另外，发生运输费4 000元，增值税360元，开具了增值税专用发票。2020年12月7日，采购的香精到货，验收入库，东森公司已代垫运费，馨怡公司通过网上银行支付东森公司货款及运输费382 232元。

业务2-17

原始凭证

【分析】这笔业务采购的库存商品已经入库，使得库存商品增加338 400元（买价334 400元+运输费4 000元），这是资产类科目。资产在会计等式的左边，增加应记入左边即借方，所以应在会计等式的资产项目下开设“库存商品——香精”丁字账户，并借记338 400元。该业务使得可抵扣的增值税进项税额增加43 832元（43 472+360），其属于负债类科目，进项税额可以抵扣应缴纳政府的增值税，因而使得负债减少。负债在会计等式的右边，增加应记入右边即贷方，减少在相反方向即借方，因此应在会计等式的负债项目下开设“应交税费——应交增值税（进项税额）”丁字账户，并借记43 832元。支付货款及运输费使得馨怡公司的银行存款减少382 232元，应在会计等式的资产项目下开设“银行存款——工商银行”丁字账户，这是会计等式左边的项目，其减少记入贷方，因此应贷记382 232元。业务2-17对会计等式的影响，如图2-34所示。

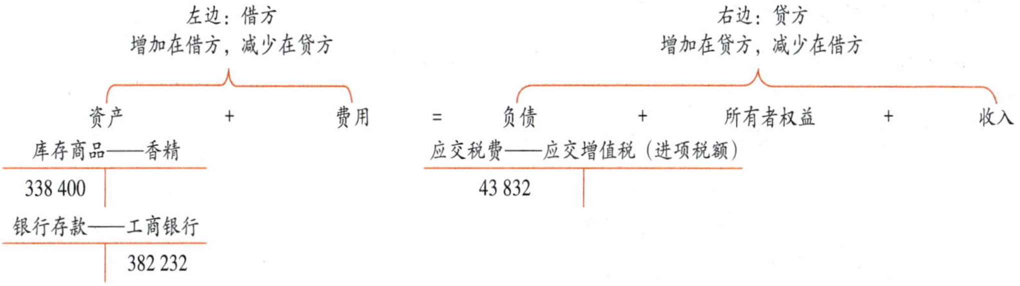

图2-34　业务2-17对会计等式的影响

根据图2-34中的丁字账户信息，先写借方会计科目和金额，再写贷方会计科目和金额，可以编制业务2-17的会计分录：

借：库存商品——香精 338 400

应交税费——应交增值税（进项税额） 43 832

贷：银行存款——工商银行 382 232

业务2-17的通用记账凭证见表2-55。

表2-55

记 账 凭 证

2020年12月7日 记字第 6 号

摘要	会计科目		借方金额											√	贷方金额											√
	总账科目	明细科目	亿	千	百	十	万	千	佰	拾	元	角	分		亿	千	百	十	万	千	佰	拾	元	角	分	
购入香精并支付货款	库存商品	香精				3	3	8	4	0	0	0	0	√												
购入香精并支付货款	应交税费	应交增值税（进项税额）					4	3	8	3	2	0	0	√												
购入香精并支付货款	银行存款	工商银行																3	8	2	2	3	2	0	0	√
附件4张	合计				¥	3	8	2	2	3	2	0	0				¥	3	8	2	2	3	2	0	0	

会计主管：李繁琳 记账：李繁琳 出纳：陈凤飞 审核：李繁琳 制单：陈凤飞

业务2-18

原始凭证

【业务2-18】2020年12月7日，通过银行缴纳上月的附加税费共计85.85元（其中，城市维护建设税50.08元，教育费附加21.46元，地方教育费附加14.31元）。

【分析】这笔交易使得馨怡公司所欠政府的税款减少，应在会计等式的负债项目下开设"应交税费——应交城市维护建设税""应交税费——应交教育费附加""应交税费——应交地方教育费附加"丁字账户，负债在会计等式的右边，与贷方在丁字账户中的方向相同，其增加在贷方，减少在借方。缴纳税款使得所欠税费减少，因此，应在前述三个科目的丁字账户中分别借记50.08元、21.46元和14.31元。这笔交易还导致馨怡公司的银行存款减少85.85元，这是资产类科目，资产在会计等式的左边，与借方方向相同，因此银行存款减少应记在贷方，这样，就应在会计等式的资产项目下开设"银行存款——工商银行"丁字账户，并贷记85.85元。业务2-18对会计等式的影响，如图2-35所示。

根据图2-35中的丁字账户信息，先写借方会计科目和金额，再写贷方会计科目和金额，可以编制业务2-18的会计分录：

借：应交税费——应交城市维护建设税 50.08

——应交教育费附加 21.46

——应交地方教育费附加 14.31

贷：银行存款——工商银行 85.85

业务2-18的通用记账凭证见表2-56。

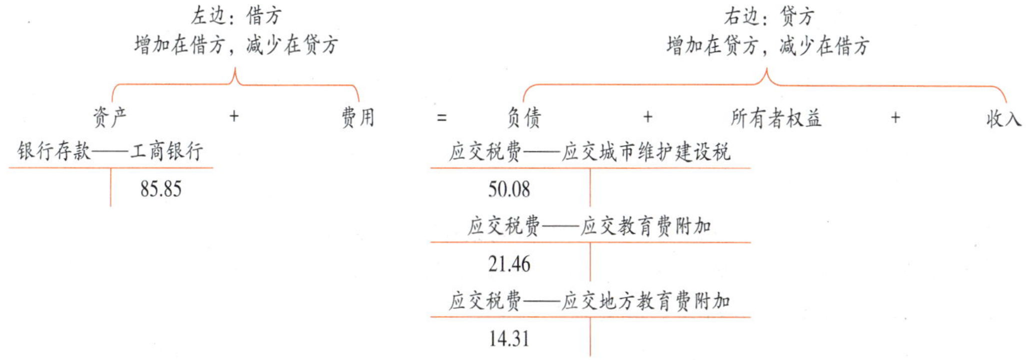

图2-35　业务2-18对会计等式的影响

表2-56

记　账　凭　证

2020年12月7日　　　　记字第 7 号

摘　要	会计科目		借方金额											√	贷方金额											√
	总账科目	明细科目	亿	千	百	十	万	千	佰	拾	元	角	分		亿	千	百	十	万	千	佰	拾	元	角	分	
缴纳上月附加税费	应交税费	应交城市维护建设税								5	0	0	8	√												
缴纳上月附加税费	应交税费	应交教育费附加								2	1	4	6	√												
缴纳上月附加税费	应交税费	应交地方教育费附加								1	4	3	1	√												
缴纳上月附加税费	银行存款	工商银行																				8	5	8	5	√
附件1张	合　计								¥	8	5	8	5								¥	8	5	8	5	

会计主管：李繁琳　　记账：李繁琳　　出纳：陈凤飞　　审核：李繁琳　　制单：陈凤飞

【业务2-19】2020年12月7日，开出转账支票向广州妙思广告有限公司支付35 000元广告费。收到妙思广告有限公司开具的增值税专用发票，广告费33 018.87元，增值税1 981.13元。

业务2-19

原始凭证

【分析】广告费属于销售费用，这笔业务使得销售费用增加33 018.87元，应在会计等式的费用项目下开设“销售费用——广告费”丁字账户，费用在会计等式的左边，增加应记入借方，因此应在“销售费用——广告费”丁字账户的借方记入33 018.87元。增值税专用发票上的税额为1 981.13元，是可以抵扣应缴纳的增值税的，其属于负债类科目，抵扣使得负债减少，负债在会计等式的右边，为贷方，其增加在贷方，减少在相反方向即借方，因此应在会计等式的负债项目下开设“应交税费——应交增值税（进项税额）”丁字账户，并借记1 981.13元。通过转账支票支付这笔费用使得馨怡公司的银行存款减少35 000元，这是资产类科目，应在会计等式的资产项目下开设“银行存款——工商银行”丁字账户，其在会计等式的左边，减少应记入账户的右边即贷方。业务2-19对会计等式的影响，如图2-36所示。

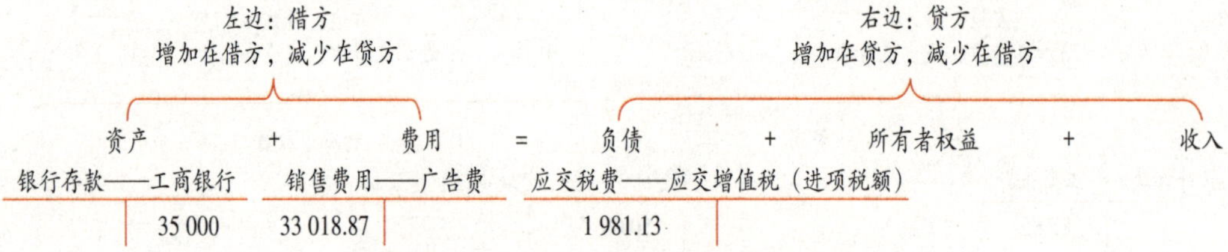

图2-36 业务2-19对会计等式的影响

根据图2-36中的丁字账户信息，先写借方会计科目和金额，再写贷方会计科目和金额，可以编制业务2-19的会计分录：

借：销售费用——广告费　　33 018.87

　　应交税费——应交增值税（进项税额）　　1 981.13

　　贷：银行存款——工商银行　　35 000

业务2-19的通用记账凭证见表2-57。

表2-57

记 账 凭 证

2020年12月7日　　记字第 8 号

摘要	会计科目		借方金额											√	贷方金额											√
	总账科目	明细科目	亿	千	百	十	万	千	佰	拾	元	角	分		亿	千	百	十	万	千	佰	拾	元	角	分	
支付广告费	销售费用	广告费					3	3	0	1	8	8	7	√												
支付广告费	应交税费	应交增值税（进项税额）						1	9	8	1	1	3	√												
支付广告费	银行存款	工商银行																	3	5	0	0	0	0	0	√
附件2张	合　计					¥	3	5	0	0	0	0	0					¥	3	5	0	0	0	0	0	

会计主管：李繁琳　　记账：李繁琳　　出纳：陈凤飞　　审核：李繁琳　　制单：陈凤飞

业务2-20

原始凭证

【业务2-20】2020年12月7日，采购部柯语云申请借款2 000元，用于出差经费，经批准，出纳以现金支付。

【分析】柯语云作为员工向公司预借的款项是需要在出差归来后偿还的，对馨怡公司而言，这是一项应收款项，具体而言，使得资产中的“其他应收款——柯语云”增加2 000元，应当在会计等式的资产项目下开设“其他应收款——柯语云”丁字账户。资产在会计等式的左边，增加在借方，所以应当借记2 000元。出纳以现金支付这笔款项后，库存现金减少2 000元，所以应当在会计等式的资产项目下开设“库存现金”丁字账户，并贷记2 000元。业务2-20对会计等式的影响，如图2-37所示。

根据图2-37中的丁字账户信息，先写借方会计科目和金额，再写贷方会计科目和金额，可以编制业务2-20的会计分录：

借：其他应收款——柯语云　　2 000

　　贷：库存现金　　2 000

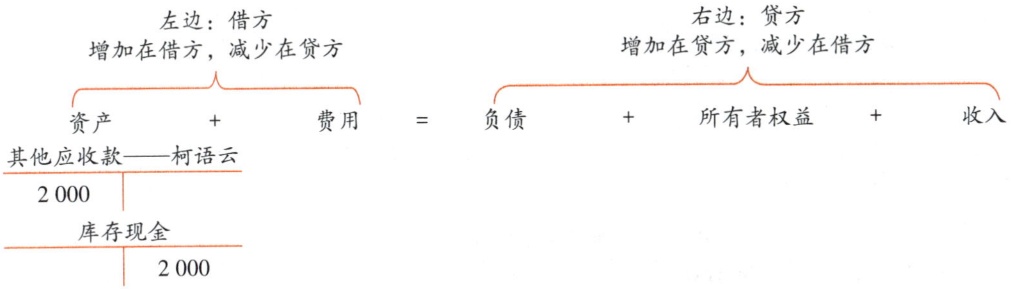

图2-37 业务2-20对会计等式的影响

业务2-20的通用记账凭证见表2-58。

表2-58

记 账 凭 证

2020年12月7日 记字第 9 号

摘要	会计科目		借方金额											√	贷方金额											√
	总账科目	明细科目	亿	千	百	十	万	千	佰	拾	元	角	分		亿	千	百	十	万	千	佰	拾	元	角	分	
柯语云借支差旅费	其他应收款	柯语云						2	0	0	0	0	0	√												
柯语云借支差旅费	库存现金																			2	0	0	0	0	0	√
附件1张	合 计						¥	2	0	0	0	0	0						¥	2	0	0	0	0	0	

会计主管：李繁琳 记账：李繁琳 出纳：陈凤飞 审核：李繁琳 制单：陈凤飞

【业务2-21】2020年12月8日，向深圳华瑞日化有限公司销售香精830千克，增值税专用发票显示，不含税单价570元，金额473 100元，增值税税率13%，增值税税额61 503元，价税合计534 603元，货物已出库并送达，货款尚未收到。

业务2-21 原始凭证

【分析】该笔交易使得馨怡公司12月份的主营业务收入增加473 100元，收入在会计等式的右边，为贷方，其增加也在贷方，因此应在会计等式的收入项目下开设“主营业务收入——香精”丁字账户，并贷记473 100元。该销售业务也使得馨怡公司应缴纳的增值税增加61 503元，应在会计等式的负债项目下开设“应交税费——应交增值税（销项税额）”丁字账户，负债在会计等式的右边，其增加在右边即贷方，因此应贷记61 503元。货款尚未收到，意味着馨怡公司的应收账款增加534 603元，这是资产类科目，在会计等式的左边，因此其增加应记入借方，应在会计等式的资产项目下开设“应收账款——华瑞日化”丁字账户，并借记534 603元。业务2-21对会计等式的影响，如图2-38所示。

根据图2-38中的丁字账户信息，先写借方会计科目和金额，再写贷方会计科目和金额，可以编制业务2-21的会计分录：

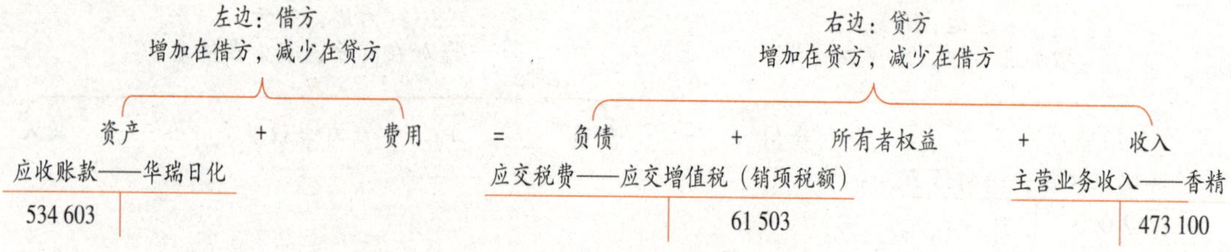

图2-38 业务2-21对会计等式的影响

借：应收账款——华瑞日化　　534 603

　　贷：主营业务收入——香精　　473 100

　　　　应交税费——应交增值税（销项税额）　　61 503

业务2-21的通用记账凭证见表2-59。

表2-59

记 账 凭 证

2020年12月8日　　记字第 10 号

摘要	会计科目		借方金额											√	贷方金额											√
	总账科目	明细科目	亿	千	百	十	万	千	佰	拾	元	角	分		亿	千	百	十	万	千	佰	拾	元	角	分	
销售香精，货款未收	应收账款	华瑞日化				5	3	4	6	0	3	0	0	√												
销售香精，货款未收	主营业务收入	香精																4	7	3	1	0	0	0	0	√
销售香精，货款未收	应交税费	应交增值税（销项税额）																	6	1	5	0	3	0	0	√
附件2张	合计				¥	5	3	4	6	0	3	0	0				¥	5	3	4	6	0	3	0	0	

会计主管：李繁琳　　记账：李繁琳　　出纳：　　审核：李繁琳　　制单：陈凤飞

对于这笔业务，有以下两点需要注意：

第一，由于不涉及出纳负责的“库存现金”和“银行存款”等会计科目，记字第10号凭证不需要出纳签字；

第二，该笔业务发生时产生的3张原始凭证中，“出库通知单”要作为结转销售成本业务的原始凭证，不能附在这里。因此，记字第10号凭证的附件张数为2张，而不是3张。

业务2-22

原始凭证

【业务2-22】2020年12月10日，以现金发放11月份的工资48 678元。

【分析】该笔业务使得馨怡公司的应付职工薪酬减少48 678元，这是负债项目，在会计等式的右边，其增加在右边即贷方，减少在相反方向即借方，因此应在会计等式的负债项目下开设“应付职工薪酬——工资、奖金、津贴和补贴”丁字账户，并借记48 678元。该笔业务也使得库存现金减少48 678元，这是资产项目，在会计等式的左边，其增加在左边即借方，减少在相反方向即贷方，所以应在会计等式的资产项目下开设“库存现金”丁字账户，并贷记48 678元。业务2–22对会计等式的影响，如图2–39所示。

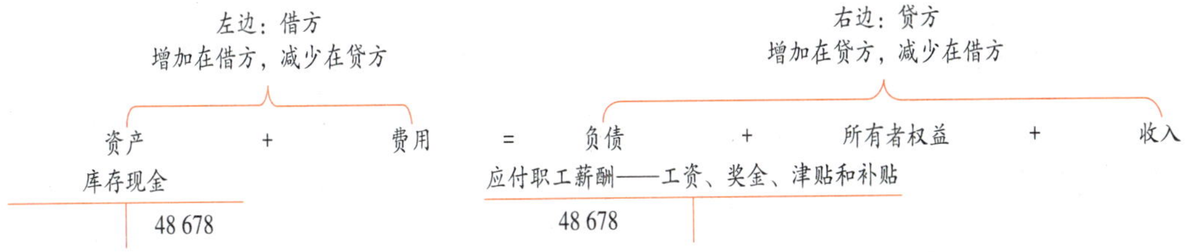

图2–39　业务2–22对会计等式的影响

根据图2–39中的丁字账户信息，先写借方会计科目和金额，再写贷方会计科目和金额，可以编制业务2–22的会计分录：

借：应付职工薪酬——工资、奖金、津贴和补贴　　48 678

　　贷：库存现金　　48 678

业务2–22的通用记账凭证见表2–60。

表2–60

记　账　凭　证

2020年12月10日　　记字第 11 号

摘　要	会计科目		借方金额											√	贷方金额											√
	总账科目	明细科目	亿	千	百	十	万	千	佰	拾	元	角	分		亿	千	百	十	万	千	佰	拾	元	角	分	
发放11月工资	应付职工薪酬	工资、奖金、津贴和补贴					4	8	6	7	8	0	0	√												
发放11月工资	库存现金																		4	8	6	7	8	0	0	√
附件1张	合　计					¥	4	8	6	7	8	0	0					¥	4	8	6	7	8	0	0	

会计主管：李繁琳　　记账：李繁琳　　出纳：陈凤飞　　审核：李繁琳　　制单：陈凤飞

【业务2–23】2020年12月13日，收到中国移动公司的增值税专用发票，显示通信费金额849.06元，增值税50.94元，价税合计900元，通过银行转账支付。

业务2–23
原始凭证

【分析】该笔业务使得馨怡公司的费用增加849.06元，通信费应记入“管理费用”中的“办公费”明细科目，费用类科目在会计等式的左边，其增加在左边即借方，因此应在会计等式的费用项目下开设“管理费用——办公费”丁字账户，并借记849.06元。购进中国移动公司的服务需支付的增值税50.94元属于进项税额，可以抵扣销项税额，因而使得负债减少，负债在会计等式的右边，其增加在右边即贷方，减少在相反方向即借方，因此应在会计等式的负债项目下开设“应交税费——应交增值税（进项税额）”，并借记50.94元。以银行存款支付使得馨怡公司的银行存款这一资产减少900元，资产在会计等式的左边，其增加在左边即借方，减少在相反方向即贷方，因此应在会计等式的资产项目下开设“银行存款——工商银行”丁字账户，并贷记900元。业务2-23对会计等式的影响，如图2-40所示。

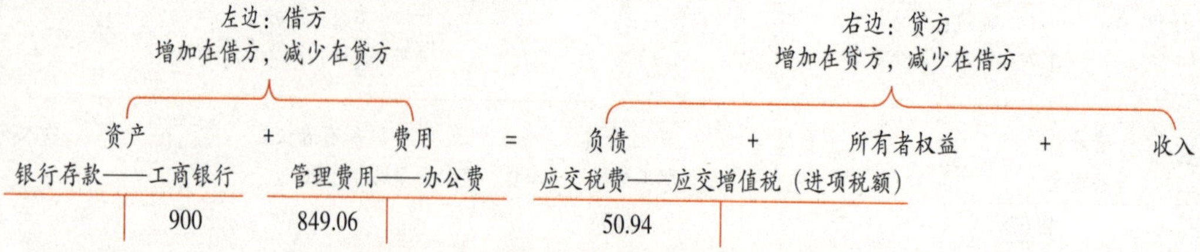

图2-40 业务2-23对会计等式的影响

根据图2-40中的丁字账户信息，先写借方会计科目和金额，再写贷方会计科目和金额，可以编制业务2-23的会计分录：

借：管理费用——办公费 849.06

　　应交税费——应交增值税（进项税额） 50.94

　　贷：银行存款——工商银行 900

业务2-23的通用记账凭证见表2-61。

表2-61

记 账 凭 证

2020年12月13日　　　　记字第 12 号

摘要	会计科目		借方金额											√	贷方金额											√
	总账科目	明细科目	亿	千	百	十	万	千	佰	拾	元	角	分		亿	千	百	十	万	千	佰	拾	元	角	分	
支付电话费	管理费用	办公费							8	4	9	0	6	√												
支付电话费	应交税费	应交增值税（进项税额）								5	0	9	4	√												
支付电话费	银行存款	工商银行																			9	0	0	0	0	√
附件2张	合计							¥	9	0	0	0	0							¥	9	0	0	0	0	

会计主管：李繁琳　　记账：李繁琳　　出纳：陈凤飞　　审核：李繁琳　　制单：陈凤飞

业务2-24

原始凭证

【业务2-24】2020年12月15日，银行扣除手续费50元。

【分析】银行手续费应记入“财务费用”中的“手续费”明细科目，该笔业务使得馨怡公司的财务费用增加50元，应在会计等式的费用项目下开设“财务费用——手续费”丁字账户，并借记50元。银行直接扣取款项，使得馨怡公司的银行存款这一资产减少50元，应在会计等式的资产项目下开设“银行存款——工商银行”丁字账户，并贷记50元。业务2-24对会计等式的影响，如图2-41所示。

根据图2-41中的丁字账户信息，先写借方会计科目和金额，再写贷方会计科目和金额，可以编制业务2-24的会计分录：

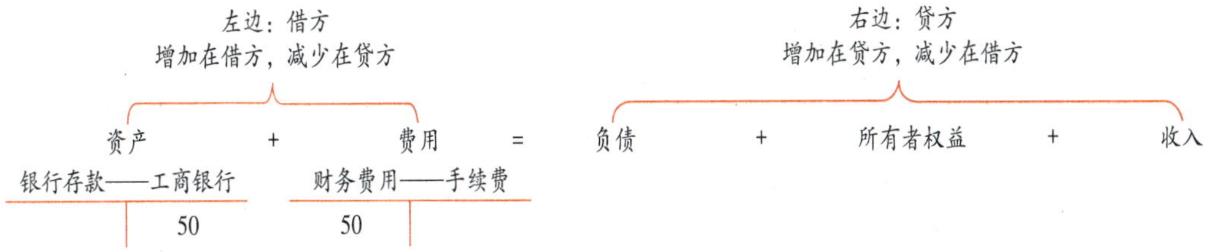

图2-41 业务2-24对会计等式的影响

借：财务费用——手续费 50

　　贷：银行存款——工商银行 50

业务2-24的通用记账凭证见表2-62。

表2-62

记 账 凭 证

2020年12月15日　　　　记字第 13 号

摘要	会计科目		借方金额											√	贷方金额											√
	总账科目	明细科目	亿	千	百	十	万	千	佰	拾	元	角	分		亿	千	百	十	万	千	佰	拾	元	角	分	
支付银行手续费	财务费用	手续费								5	0	0	0	√												
支付银行手续费	银行存款	工商银行																				5	0	0	0	√
附件1张	合 计								¥	5	0	0	0								¥	5	0	0	0	

会计主管：李繁琳　　记账：李繁琳　　出纳：陈凤飞　　审核：李繁琳　　制单：陈凤飞

【业务2-25】2020年12月17日，采购部柯语云报销差旅费。其中，12月13日由广州南站至杭州东站的火车票金额499元，出租车票金额21元。住宿费开具的增值税专用发票金额566.04元，增值税税额33.96元，价税合计600元。餐饮费开具的增值税普通发票价税合计金额570元。12月15日由杭州东站至广州南站的火车票金额499元，12月16日到达广州后的出租车票金额25元。出差期间（12月13日至12月15日三天，12月16日到达不计入该期间），按照公司政策规定，给予每天100元的出差补助，共计300元。

业务2-25

原始凭证

【分析】这笔业务的发生使得差旅费增加2 397.64元，采购部员工的差旅费应记入“管理费用”科目，应在会计等式的费用项目下开设“管理费用——差旅费”丁字账户，借记2 397.64元。增值税进项税额可以抵扣应交税费，使得应交税费减少，应在会计等式的负债项目下开设“应交税费——应交增值税（进项税额）”丁字账户，借记116.36元。差旅费与增值税进项税额的合计金额为2 514元。柯语云出差前已预借2 000元，并记入“其他应收款——柯语云”科目，现在应予以冲销，需要贷记“其他应收款——柯语云”科目。出纳以现金支付了冲销后剩余的514元，因而使得库存现金减少，库存现金属于资产，应在会计等式的资产项目下开设“库存现金”丁字账户，贷记514元。业务2-25对会计等式的影响，如图2-42所示。

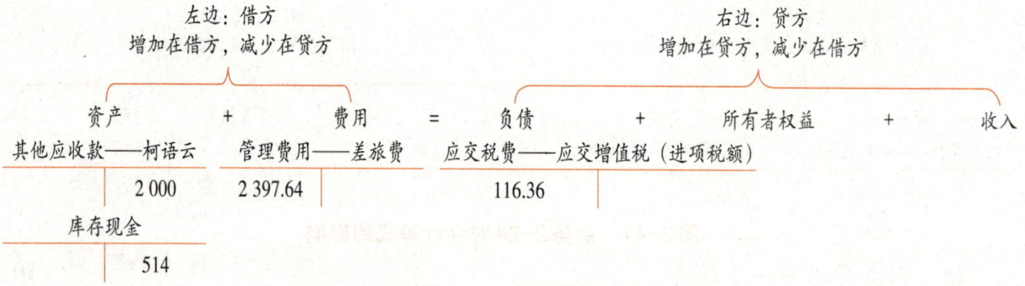

图2-42 业务2-25对会计等式的影响

根据图2-42中的丁字账户信息，先写借方会计科目和金额，再写贷方会计科目和金额，可以编制业务2-25的会计分录：

借：管理费用——差旅费　　2 397.64

　　应交税费——应交增值税（进项税额）　　116.36

　　贷：其他应收款——柯语云　　2 000

　　　　库存现金　　514

业务2-25的通用记账凭证见表2-63。

表2-63

记 账 凭 证

2020年12月17日　　　　记字第 14 号

摘　要	会计科目		借方金额											√	贷方金额											√
	总账科目	明细科目	亿	千	百	十	万	千	佰	拾	元	角	分		亿	千	百	十	万	千	佰	拾	元	角	分	
柯语云报销差旅费	管理费用	差旅费						2	3	9	7	6	4	√												
柯语云报销差旅费	应交税费	应交增值税（进项税额）							1	1	6	3	6	√												
柯语云报销差旅费，冲抵借款	其他应收款	柯语云																		2	0	0	0	0	0	√
柯语云报销差旅费	库存现金																				5	1	4	0	0	√
附件7张	合　计						¥	2	5	1	4	0	0						¥	2	5	1	4	0	0	

会计主管：李繁琳　　记账：李繁琳　　出纳：陈凤飞　　审核：李繁琳　　制单：陈凤飞

如项目二任务一中的业务2-7所述，根据《财政部 税务总局 海关总署关于深化增值税改革有关政策的公告》（财政部 税务总局 海关总署公告2019年第39号）第六条的规定，取得注明旅客身份信息的铁路车票的，其进项税额允许从销项税额中抵扣，其金额按照下列公式计算：

铁路旅客运输进项税额=票面金额÷（1+9%）×9%

柯语云出差的火车票是实名制的，其进项税额可以抵扣。按照上述公式，其出差的火车票可以抵扣的进项税额为（499+499）÷（1+9%）×9%=82.4（元）。

餐饮费开具的是增值税普通发票，其进项税额是不能抵扣的，应记入“管理费用”科目。住宿费发票是增值税专用发票，其进项税额33.96元可以抵扣。

这样，这笔业务可以抵扣的进项税额为82.4+33.96=116.36（元）。

另外，值得一提的是，馨怡公司11月份的业务2–7也是报销差旅费，由于其为销售部发生的，所以记入“销售费用”科目。这里的差旅费是采购部发生的，应记入“管理费用”科目。可以看到，即便都是差旅费，由于所在部门的不同，因而会记入不同的会计科目。

【业务2–26】2020年12月19日，销售部李大忠报销招待客户餐费400元，出纳以现金付讫。

业务2–26

原始凭证

【分析】销售部的招待费应记入“销售费用”科目，由于取得的是增值税普通发票，其进项税额不能抵扣，应计入销售费用，因此，这笔业务使得销售费用增加400元，费用在会计等式的左边，为借方，其增加应记在借方，应在会计等式的费用项目下开设“销售费用——招待费”丁字账户，并借记400元。出纳以现金支付，使得库存现金减少400元，这是资产类科目，资产在会计等式的左边，其增加在左边即借方，减少在相反方向即贷方，因此应在会计等式的资产项目下开设“库存现金”丁字账户，并贷记400元。业务2–26对会计等式的影响，如图2–43所示。

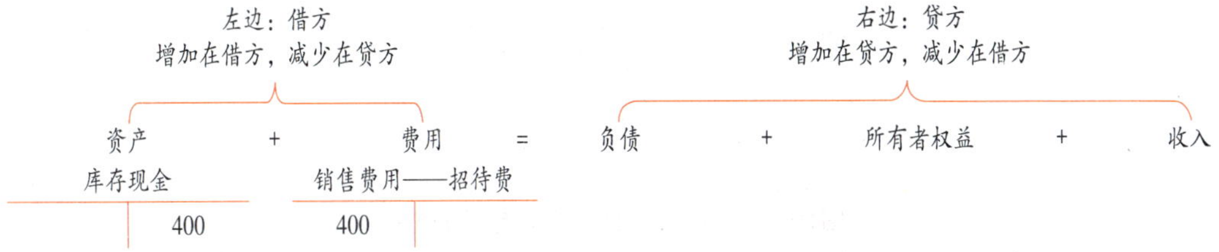

图2–43　业务2–26对会计等式的影响

根据图2–43中的丁字账户信息，先写借方会计科目和金额，再写贷方会计科目和金额，可以编制业务2–26的会计分录：

借：销售费用——招待费　　400

　　贷：库存现金　　400

业务2–26的通用记账凭证见表2–64。

表2–64

记　账　凭　证

2020年12月19日　　记字第 15 号

摘　要	会计科目		借方金额											√	贷方金额											√
	总账科目	明细科目	亿	千	百	十	万	千	佰	拾	元	角	分		亿	千	百	十	万	千	佰	拾	元	角	分	
李大忠报销招待费	销售费用	招待费							4	0	0	0	0	√												
李大忠报销招待费	库存现金																				4	0	0	0	0	√
附件2张	合　计							¥	4	0	0	0	0							¥	4	0	0	0	0	

会计主管：李繁琳　　记账：李繁琳　　出纳：陈凤飞　　审核：李繁琳　　制单：陈凤飞

【业务2–27】2020年12月20日，从东森公司采购香精2 000千克，单价423元，价款846 000元，增值税109 980元，价税合计955 980元。另外，发生运输费6 000元，增值税540元，价税合计6 540元，已由东森公司垫付。2020年12月22日，香精到货，验收入库2 000千克，开具入库通知单，货款和运输费尚未支付。

业务2-27

原始凭证

【分析】该笔业务使得库存商品增加852 000元（买价846 000元+运输费6 000元），应在会计等式的资产项目下开设“库存商品——香精”丁字账户，并借记852 000元。进项税额为110 520元（109 980+540），可以抵扣销项税额，因而导致应交税费减少，应交税费属于负债，因此应在会计等式的负债项目下开设“应交税费——应交增值税（进项税额）”丁字账户，并借记110 520元。由于款项尚未支付，形成应付账款962 520元，应付账款属于负债，其增加在贷方，应在会计等式的负债项目下开设“应付账款——东森公司”丁字账户，并贷记962 520元。业务2-27对会计等式的影响，如图2-44所示。

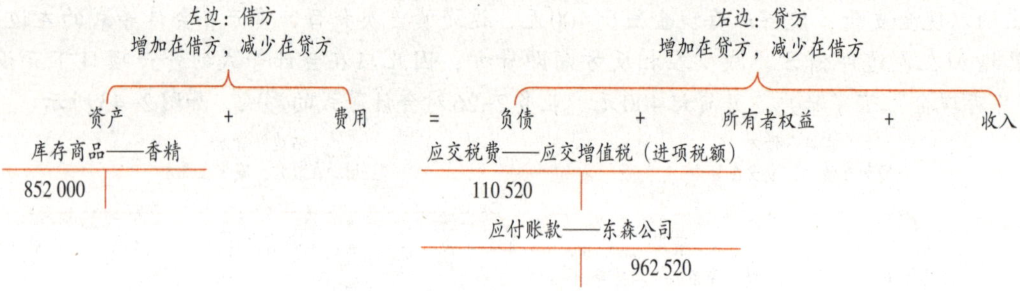

图2-44 业务2-27对会计等式的影响

根据图2-44中的丁字账户信息，先写借方会计科目和金额，再写贷方会计科目和金额，可以编制业务2-27的会计分录：

借：库存商品——香精　852 000

　　应交税费——应交增值税（进项税额）　110 520

　　贷：应付账款——东森公司　962 520

业务2-27的通用记账凭证见表2-65。

表2-65

记 账 凭 证

2020年12月22日　　记字第 16 号

摘要	会计科目		借方金额											√	贷方金额											√
	总账科目	明细科目	亿	千	百	十	万	千	佰	拾	元	角	分		亿	千	百	十	万	千	佰	拾	元	角	分	
采购香精，货款未付	库存商品	香精				8	5	2	0	0	0	0	0	√												
采购香精，货款未付	应交税费	应交增值税（进项税额）				1	1	0	5	2	0	0	0	√												
采购香精，货款未付	应付账款	东森公司																9	6	2	5	2	0	0	0	√
附件3张	合计				¥	9	6	2	5	2	0	0	0				¥	9	6	2	5	2	0	0	0	

会计主管：李繁琳　记账：李繁琳　出纳：　审核：李繁琳　制单：陈凤飞

由于记字第16号凭证不涉及款项的收付，因此，不需要出纳签字。

【业务2-28】2020年12月23日，支付自来水公司水费，取得的增值税专用发票显示，水费金额817.8元，增值税73.6元，价税合计891.4元，以银行转账方式支付。

【分析】水费应当记入“管理费用”中的“办公费”明细科目，这一业务使得馨怡公司的管理费用增加817.8元，费用在会计等式的左边，其增加在左边即借方，因此应在会计等式的费用项目下开设“管理费用——办公费”丁字账户，并借记817.8元。进项税额可以抵扣销项税额，从而使得应交税费减少，“应交税费”是负债类科目，负债在会计等式的右边，其增加在右边即贷方，减少在相反方向即借方，因此应在会计等式的负债项目下开设“应交税费——应交增值税（进项税额）”丁字账户，并借记73.6元。支付自来水公司的账单使得馨怡公司的银行存款减少891.4元，其属于资产类科目，是会计等式的左边项目，其增加在左边即借方，减少在相反方向即贷方，应在会计等式的资产项目下开设“银行存款——工商银行”丁字账户，并贷记891.4元。业务2-28对会计等式的影响，如图2-45所示。

业务2-28

原始凭证

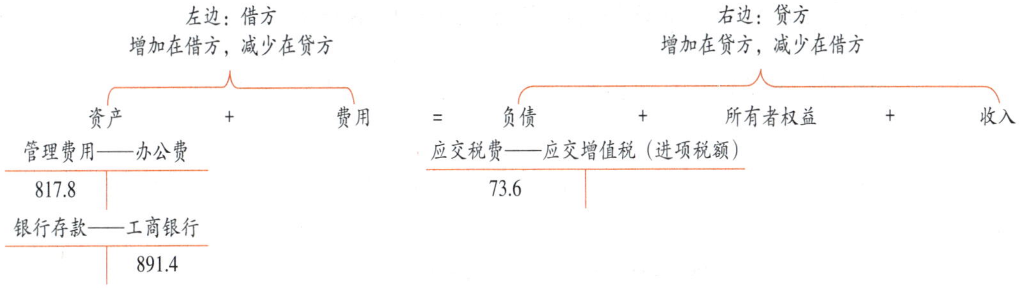

图2-45 业务2-28对会计等式的影响

根据图2-45中的丁字账户信息，先写借方会计科目和金额，再写贷方会计科目和金额，可以编制业务2-28的会计分录：

借：管理费用——办公费　　817.8

　　应交税费——应交增值税（进项税额）　　73.6

　　贷：银行存款——工商银行　　891.4

业务2-28的通用记账凭证见表2-66。

表2-66

记 账 凭 证

2020年12月23日　　　　记字第 17 号

摘要	会计科目		借方金额											√	贷方金额											√
	总账科目	明细科目	亿	千	百	十	万	千	佰	拾	元	角	分		亿	千	百	十	万	千	佰	拾	元	角	分	
支付自来水费用	管理费用	办公费							8	1	7	8	0	√												
支付自来水费用	应交税费	应交增值税（进项税额）								7	3	6	0	√												
支付自来水费用	银行存款	工商银行																			8	9	1	4	0	√
附件2张	合计							¥	8	9	1	4	0							¥	8	9	1	4	0	

会计主管：李繁琳　　记账：李繁琳　　出纳：陈凤飞　　审核：李繁琳　　制单：陈凤飞

业务2-29

原始凭证

【业务2-29】2020年12月26日，向惠州声蜚日化有限公司销售香精2 000千克，开出的增值税专用发票显示，单价570元，总价款1 140 000元，增值税148 200元，价税合计1 288 200元，贷款尚未收到。

【分析】这一交易使得馨怡公司的主营业务收入增加1 140 000元，收入在扩展会计等式的右边，其增加也在右边即贷方，因此应在会计等式的收入项目下开设“主营业务收入——香精”丁字账户，并贷记1 140 000元。该笔交易使得馨怡公司的应交税费增加148 200元，这是负债类科目，在会计等式的右边，其增加也在右边即贷方，因此应在会计等式的负债项目下开设“应交税费——应交增值税（销项税额）”丁字账户，并贷记148 200元。由于货款尚未收到，使得馨怡公司的应收账款增加1 288 200元，这是资产类科目，在会计等式的左边，其增加也在左边即借方，因此应在会计等式的资产项目下开设“应收账款——声蜚日化”丁字账户，并借记1 288 200元。业务2-29对会计等式的影响，如图2-46所示。

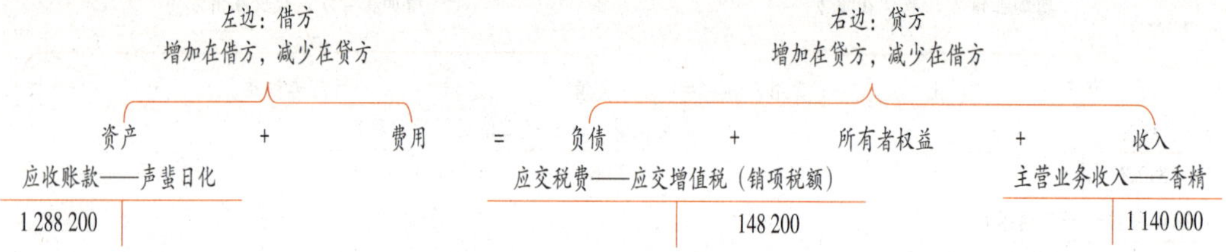

图2-46 业务2-29对会计等式的影响

根据图2-46中的丁字账户信息，先写借方会计科目和金额，再写贷方会计科目和金额，可以编制业务2-29的会计分录：

借：应收账款——声蜚日化　　1 288 200

　贷：主营业务收入——香精　　1 140 000

　　　应交税费——应交增值税（销项税额）　　148 200

业务2-29的通用记账凭证见表2-67。

表2-67

记 账 凭 证

2020年12月26日　　记字第 18 号

摘要	会计科目		借方金额											√	贷方金额											√
	总账科目	明细科目	亿	千	百	十	万	千	佰	拾	元	角	分		亿	千	百	十	万	千	佰	拾	元	角	分	
销售香精，货款未收	应收账款	声蜚日化			1	2	8	8	2	0	0	0	0	√												
销售香精，货款未收	主营业务收入	香精															1	1	4	0	0	0	0	0	0	√
销售香精，货款未收	应交税费	应交增值税（销项税额）																1	4	8	2	0	0	0	0	√
附件2张	合计			¥	1	2	8	8	2	0	0	0	0			¥	1	2	8	8	2	0	0	0	0	

会计主管：李繁琳　记账：李繁琳　出纳：　审核：李繁琳　制单：陈凤飞

该业务不涉及款项的收付，因此，不需要出纳签字。

业务2-30

原始凭证

【业务2-30】2020年12月30日，通过银行转账支付供电公司电费。广东电力有限公司开具的增值税专用发票显示，价款1 190元，增值税154.7元，价税合计1 344.7元。

【分析】耗用的电费应记入“管理费用”中的“办公费”明细科目，这一业务使得馨怡公司的费用增加1 190元，费用在扩展会计等式的左边，其增加也在左边即借方，应在会计等式的费用项目下开设“管理费用——办公费”丁字账户，并借记1 190元。购进电力服务产生的进项税额可以抵扣销项税额，因而使得应交税费减少，其属于负债项目，是会计等式的右边项目，其增加在右边即贷方，减少在相反方向即借方，应在会计等式的负债项目下开设“应交税费——应交增值税（进项税额）”丁字账户，并借记154.7元。通过银行转账支付电费使得银行存款减少1 344.7元，这是资产项目，在会计等式的左边，其增加也在左边即借方，减少在相反方向即贷方，因此应在会计等式的资产项目下开设“银行存款——工商银行”丁字账户，并贷记1 344.7元。业务2-30对会计等式的影响，如图2-47所示。

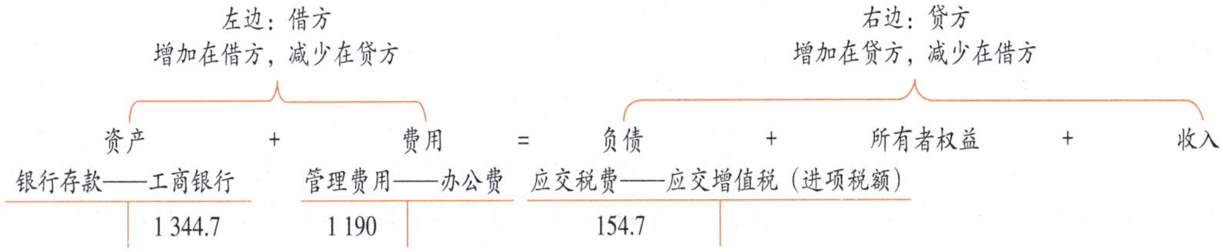

图2-47　业务2-30对会计等式的影响

根据图2-47中的丁字账户信息，先写借方会计科目和金额，再写贷方会计科目和金额，可以编制业务2-30的会计分录：

借：管理费用——办公费　　1 190

　　应交税费——应交增值税（进项税额）　　154.7

　　贷：银行存款——工商银行　　1 344.7

业务2-30的通用记账凭证见表2-68。

表2-68

记　账　凭　证

2020年12月30日　　　　记字第 19 号

摘　要	会计科目		借方金额											√	贷方金额											√
	总账科目	明细科目	亿	千	百	十	万	千	佰	拾	元	角	分		亿	千	百	十	万	千	佰	拾	元	角	分	
支付电费	管理费用	办公费						1	1	9	0	0	0	√												
支付电费	应交税费	应交增值税（进项税额）							1	5	4	7	0	√												
支付电费	银行存款	工商银行																		1	3	4	4	7	0	√
附件2张	合　计						¥	1	3	4	4	7	0						¥	1	3	4	4	7	0	

会计主管：李繁琳　　记账：李繁琳　　出纳：陈凤飞　　审核：李繁琳　　制单：陈凤飞

业务2-31

原始凭证

2. 编制记账凭证时需要查阅账簿的业务

【业务2-31】2020年12月31日，结转本月香精的销售成本。

【分析】结转香精的销售成本，首先要计算出其销售成本的金额。销售成本是根据出库单所记载的数量和单位成本计算得到的。单位成本要根据“库存商品——香精”的明细账（见表2-69）进行计算。

表2-69　库存商品明细账

名称：香精-梦幻巴黎

规格：　　计量单位：千克

2020年		凭证		摘要	收入												发出												结存												√
月	日	种类	号数		数量	单价	金额										数量	单价	金额										数量	单价	金额										
							千	百	十	万	千	佰	拾	元	角	分			千	百	十	万	千	佰	拾	元	角	分			千	百	十	万	千	佰	拾	元	角	分	
11	7	记	4	香精入库	300	430			1	2	9	0	0	0	0	0													300	430			1	2	9	0	0	0	0	0	
	30	记	9	结转本月销售成本													260	430			1	1	1	8	0	0	0	0	40	430				1	7	2	0	0	0	0	
12	7	记	6	购入香精并支付货款	800	423			3	3	8	4	0	0	0	0																									
	22	记	16	采购香精，货款未付	2 000	426			8	5	2	0	0	0	0	0													2 840	425.211		1	2	0	7	6	0	0	0	0	

如项目一任务二中的案例背景所述，馨怡公司的存货核算方法是月末一次加权平均法。这需要在一个月结束时，将当月所有的存货增加业务都登记完毕后才能计算出其平均成本，据以确定发出存货的单位成本。“库存商品——香精”数量金额栏式明细账登记了11月份和12月份两个月的业务，红线上方是11月份的业务，从中可以看出，11月份只有一笔存货入库业务，其单位成本为430元，因而存货的单位成本也是430元，11月份发出香精的数量为260千克，因而其销售成本是111 800元（260×430）。11月份结束时，结存数量为40千克，单价是430元。12月份发生两笔入库业务，数量分别为800千克和2 000千克，金额分别是338 400元和852 000元。全月一次加权平均法的计算公式为：

$$存货单价=\frac{月初存货的结存成本+本月各批存货的进货成本}{月初结存数量+本月各批进货数量之和}$$

根据上述公式，12月份香精的平均单价为：

$$香精单价=\frac{17\,200+338\,400+852\,000}{40+800+2\,000}=425.211（元）$$

这里保留了小数点后三位数，有的企业可能只保留小数点后两位数，或保留更多位数。

12月份发生两笔销售业务，分别是业务2-21和业务2-29，其出库通知单应作为计算销售成本的依据。这两张出库通知单分别见表2-70和表2-71。

上述两张出库通知单的数量分别为830千克和2 000千克，合计2 830千克，因此，12月份香精的销售成本=425.211×2 830=1 203 347.13（元）。销售成本计算表见表2-72。

表 2-70　　**出库通知单（1）**

收货单位：深圳华瑞日化有限公司　　2020 年 12 月 8 日　　第 2 号

物品名称	规格	单位	应发数量	实发数量	单价	金额 千	百	十	万	千	百	十	元	角	分	备注
梦幻巴黎		千克	830	830												

第三联　会计记账

会计：李繁琳　　仓库主管：周四全　　保管：李键　　经手人：孔尊

表 2-71　　**出库通知单（2）**

收货单位：惠州声蜚日化有限公司　　2020 年 12 月 26 日　　第 3 号

物品名称	规格	单位	应发数量	实发数量	单价	金额 千	百	十	万	千	百	十	元	角	分	备注
梦幻巴黎		千克	2 000	2 000												

第三联　会计记账

会计：李繁琳　　仓库主管：周四全　　保管：李键　　经手人：孔尊

表 2-72　　**销售成本计算表**

编制单位：广东馨怡香精有限公司　　2020 年 12 月 31 日

物品名称	规格	单位	销售数量	单价	金额 千	百	十	万	千	百	十	元	角	分	备注
梦幻巴黎		千克	2 830	425.211		1	2	0	3	3	4	7	1	3	

根据以上三张原始凭证可以编制业务 2-31 的记账凭证。仍采用会计等式与丁字账户的形式进行分析：销售业务一方面使得收入增加，业务 2-21 和业务 2-29 中已根据销售发票和送货单进行处理；另一方面使得库存商品减少，这是为创造收入而产生的，应作为费用，记入“主营业务成本——香精”账户，根据表 2-72 所示的销售成本计算表

可知，其金额为1 203 347.13元，费用在会计等式的左边，其增加也在左边即借方，因此应在会计等式的费用项目下开设“主营业务成本——香精”丁字账户，并借记1 203 347.13元。同时，库存商品减少1 203 347.13元，这是资产类科目，在会计等式的左边，其增加在左边即借方，减少在相反方向即贷方，因此应在会计等式的资产项目下开设“库存商品——香精”丁字账户，并贷记1 203 347.13元。业务2-31对会计等式的影响，如图2-48所示。

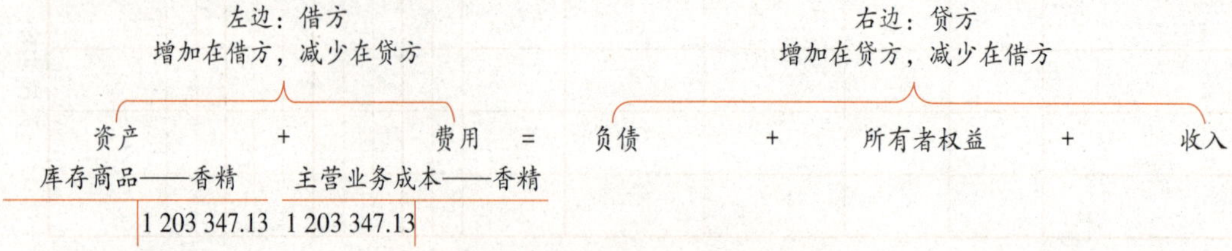

图2-48 业务2-31对会计等式的影响

根据图2-48中的丁字账户信息，先写借方会计科目和金额，再写贷方会计科目和金额，可以编制业务2-31的会计分录：

借：主营业务成本——香精 1 203 347.13

贷：库存商品——香精 1 203 347.13

业务2-31的通用记账凭证见表2-73。

表2-73

记 账 凭 证

2020年12月31日 记字第 20 号

摘要	会计科目		借方金额											√	贷方金额											√
	总账科目	明细科目	亿	千	百	十	万	千	佰	拾	元	角	分		亿	千	百	十	万	千	佰	拾	元	角	分	
结转本月销售成本	主营业务成本	香精			1	2	0	3	3	4	7	1	3	√												
结转本月销售成本	库存商品	香精															1	2	0	3	3	4	7	1	3	√
附件3张	合计			¥	1	2	0	3	3	4	7	1	3			¥	1	2	0	3	3	4	7	1	3	

会计主管：李繁琳 记账：李繁琳 出纳： 审核：李繁琳 制单：陈凤飞

业务2-32

原始凭证

【业务2-32】2020年12月31日，通过银行转账缴纳本月增值税52 074.27元。

【分析】该业务的发生使得“应交税费——应交增值税”下的“已交税金”明细科目减少52 074.27元，这是负债类科目，应在会计等式的负债项目下开设“应交税费——应交增值税（已交税金）”丁字账户，负债是会计等式右边的项目，其增加在丁字账户的右边，减少在相反方向即丁字账户的左边，也就是借方，因此应在该丁字账户的左边记入52 074.27元。该业务同时导致银行存款减少52 074.27元，“银行存款”是资产类科目，应在会计等式的资产项目下开设“银行存款——工商银行”丁字账户，资产是会计等式左边的项目，其增加在丁字账户的左边即借方，减少在丁字账户的相反方向即右边，也就是贷方，因此应在“银行存款——工商银行”丁字账户的贷方记入52 074.27元。业务2-32对会计等式的影响，如图2-49所示。

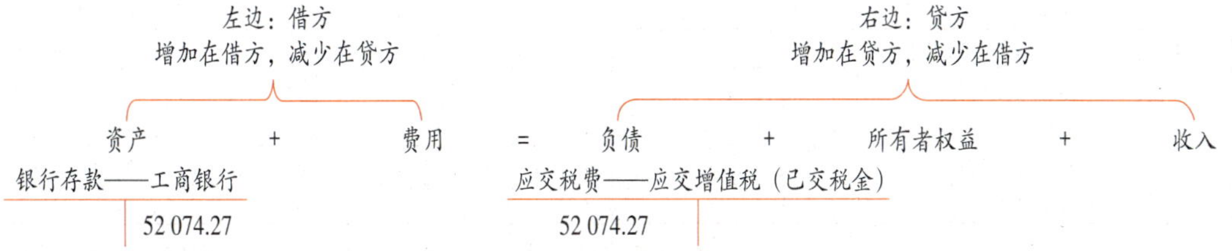

图2-49 业务2-32对会计等式的影响

根据图2-49中的丁字账户信息，先写借方会计科目和金额，再写贷方会计科目和金额，可以编制业务2-32的会计分录：

借：应交税费——应交增值税（已交税金） 52 074.27

　贷：银行存款——工商银行 52 074.27

业务2-32的通用记账凭证见表2-74。

表2-74 记 账 凭 证

2020年12月31日 记字第 21 号

摘　要	会计科目		借方金额											√	贷方金额											√
	总账科目	明细科目	亿	千	百	十	万	千	佰	拾	元	角	分		亿	千	百	十	万	千	佰	拾	元	角	分	
缴纳本月增值税	应交税费	应交增值税（已交税金）					5	2	0	7	4	2	7	√												
缴纳本月增值税	银行存款	工商银行																	5	2	0	7	4	2	7	√
附件1张	合　计					¥	5	2	0	7	4	2	7					¥	5	2	0	7	4	2	7	

会计主管：李繁琳　记账：李繁琳　出纳：陈凤飞　审核：李繁琳　制单：陈凤飞

3.登记日记账与明细账的一般要求

在编制了馨怡公司12月份的记账凭证后，需要按照前面演示的11月份业务的登记方法登记日记账和明细账。以下将按会计科目的编码顺序依次展示登记了馨怡公司11月份的全部记账凭证和12月份记字第1号至记字第21号凭证的日记账和明细账。

图2-50中展示了馨怡公司的“库存现金日记账”和“银行存款日记账”。

库存现金日记账

2020年 月	日	凭证 种类	号数	摘要	借方（亿千百十万千佰拾元角分）	√	贷方（亿千百十万千佰拾元角分）	√	借或贷	余额（亿千百十万千佰拾元角分）	√
11	3	记	2	提取现金	5500000				借	5500000	
	20	记	7	李大忠报销差旅费			94800		借	5405200	
	30			本月合计	5500000		94800		借	5405200	
	30			本年累计	5500000		94800		借	5405200	
12	4	记	5	行政部报销办公用品费用			89610		借	5315590	
	7	记	9	柯语云借支差旅费			200000		借	5115590	
	10	记	11	发放11月工资			4867800		借	247790	
	17	记	14	柯语云报销差旅费			51400		借	196390	
	19	记	15	李大忠报销招待费			40000		借	156390	

11月份的月结账：每个月结束时都需要进行月结账，简称月结

银行存款日记账

开户银行 中国工商银行长湖支行

账　　号 538653800152

2020年 月	日	凭证 种类	号数	摘要	借方（亿千百十万千佰拾元角分）	√	贷方（亿千百十万千佰拾元角分）	√	借或贷	余额（亿千百十万千佰拾元角分）	√
11	1	记	1	收到股东投资款	50000000				借	50000000	
	3	记	2	提取现金			5500000		借	44500000	
	5	记	3	购入香精，支付货款			14565000		借	29935000	
	10	记	5	购买电脑三台			1627200		借	28307800	
	30	记	10	缴纳本月增值税			71546		借	28236254	
				本月合计	50000000		21763746		借	28236254	
12	1	记	1	从工行取得半年期贷款	50000000				借	78236254	
	1	记	2	预付半年房租			1890000		借	76346254	
				本日合计	50000000		1890000		借	76346254	
	2	记	3	预付三个月轿车租金			2400000		借	73946254	
	3	记	4	收到洁柔公司前欠货款	16746600				借	90692854	
	7	记	6	购入香精并支付货款			38223200		借	52469654	
	7	记	7	缴纳上月附加税费			8585		借	52461069	
	7	记	8	支付广告费			3500000		借	48961069	
				本日合计			41731785		借	48961069	
				过次页	116746600		67785531		借	48961069	

馨怡公司11月份开始营业，11月份是其第一个月（经营），本年累计与本月合计相同，因此，可以填写本年累计数

当天多于一笔业务，需要进行"本日合计"，即计算出当日借方合计数和贷方合计数，计算出当日余额，称为日结账，简称日结

一页登记完毕，需要在最后一行计算出本页借方合计数和贷方合计数，并计算出余额，在摘要栏中注明"过次页"；还要将该借方合计数、贷方合计数及余额照抄到下一页的第一行，并在摘要栏中注明"承前页"

银行存款日记账

开户银行 中国工商银行长湖支行

账　　号 538653800152

2020年 月	日	凭证 种类	号数	摘要	借方（亿千百十万千佰拾元角分）	√	贷方（亿千百十万千佰拾元角分）	√	借或贷	余额（亿千百十万千佰拾元角分）	√
				承前页	116746600		67785531		借	48961069	
12	13	记	12	支付电话费			90000		借	48871069	
	15	记	13	支付银行手续费			5000		借	48866069	
	23	记	17	支付自来水费用			89140		借	48776929	
	30	记	19	支付电费			134470		借	48642459	
	31	记	21	缴纳本月增值税			5207427		借	43435032	

图2-50　库存现金日记账与银行存款日记账

图2-50中展示的银行存款日记账需要注意以下两点：

（1）12月1日有两笔业务，在登记完这一天的最后一笔业务后，要在下一行摘要栏中注明“本日合计”，计算出当日的借方合计数和贷方合计数，并计算出当日余额。12月7日有三笔业务，也要做相同处理。这就是日记账的“日清月结”，即当天发生的业务应予当天登记完毕，当天结束时要计算出当日余额。其他日期，因为只有一笔业务，不需要计算当日合计数。

（2）在一页账页即将登记完毕时，应在该账页最后一行计算出本页借方合计数、贷方合计数和余额，在摘要栏中注明“过次页”，并将该行的借方合计数、贷方合计数和余额照抄到下一页账页第一行的相应栏目中，在摘要栏中注明“承前页”。这一规则并不是日记账所独有的，登记其他科目的账户时也应遵守。

库存现金日记账和银行存款日记账的登记规则相同。这里均涉及11月份和12月份的业务，11月份的业务登记完毕后，要进行月结账处理，其具体做法是在最后一笔业务下划一条通栏红线，计算出借方合计数和贷方合计数并分别登记到下一行的借方栏和贷方栏，在该行的摘要栏中填写“本月合计”，在余额栏中计算出余额，在下面再划一条通栏红线。日记账除计算本月合计数外，还要计算本年累计数，需要在“本月合计”的下一行分别登记本年累计借方金额、本年累计贷方金额和期末余额，在摘要栏中填写“本年累计”，并在下面划一条通栏红线。由于馨怡公司是11月份开始营业的，11月份结束时，库存现金和银行存款的本年累计数与本月合计数相同，因此，也可以不填写本年累计数。图2-50中的库存现金日记账写明了本年累计数，而银行存款日记账11月份的月结没有写明本年累计数，两种方式都是可以的。

微课
登记银行存款日记账（1）

需要指出的是，本书中演示的账簿登记方法都是按记账凭证逐张登记的，这需要在每张记账凭证涉及的会计科目对应的账户之间进行切换，在手工账实务中，这种切换需要翻阅账簿，可能比较耗时。因此，手工账实务中的另一种账簿登记方法是登记某些账户时，逐张翻阅记账凭证，将涉及该账户的记账凭证业务全部登记完毕后，再去登记其他账户。二维码微课中采用的是后一种方法。

微课
登记银行存款日记账（2）

“应收账款”等会计科目的明细账见表2-75至表2-81。

表2-75　**应收账款明细账**

会计科目：应收账款
明细科目：洁柔公司

2020年		凭证		摘要	借方											√	贷方											√	借或贷	余额											√
月	日	种类	号数		亿	千	百	十	万	千	佰	拾	元	角	分		亿	千	百	十	万	千	佰	拾	元	角	分			亿	千	百	十	万	千	佰	拾	元	角	分	
11	15	记	6	销售香精，货款未收				1	6	7	4	6	6	0	0														借				1	6	7	4	6	6	0	0	
12	3	记	4	收到洁柔公司前欠货款																1	6	7	4	6	6	0	0		平									θ			

表2-76　**应收账款明细账**

会计科目：应收账款

明细科目：华瑞日化

2020年		凭证		摘要	借方											√	贷方											√	借或贷	余额											√
月	日	种类	号数		亿	千	百	十	万	千	佰	拾	元	角	分		亿	千	百	十	万	千	佰	拾	元	角	分			亿	千	百	十	万	千	佰	拾	元	角	分	
12	8	记	10	销售香精，货款未收				5	3	4	6	0	3	0	0														借				5	3	4	6	0	3	0	0	

表2-77　**应收账款明细账**

会计科目：应收账款

明细科目：声蜚日化

2020年		凭证		摘要	借方											√	贷方											√	借或贷	余额											√
月	日	种类	号数		亿	千	百	十	万	千	佰	拾	元	角	分		亿	千	百	十	万	千	佰	拾	元	角	分			亿	千	百	十	万	千	佰	拾	元	角	分	
12	26	记	18	销售香精，货款未收			1	2	8	8	2	0	0	0	0														借			1	2	8	8	2	0	0	0	0	

表2-78　**预付账款明细账**

会计科目：预付账款

明细科目：日照房产

2020年		凭证		摘要	借方											√	贷方											√	借或贷	余额											√
月	日	种类	号数		亿	千	百	十	万	千	佰	拾	元	角	分		亿	千	百	十	万	千	佰	拾	元	角	分			亿	千	百	十	万	千	佰	拾	元	角	分	
12	1	记	2	预付半年房租					1	8	0	0	0	0	0														借					1	8	0	0	0	0	0	

表2-79　**预付账款明细账**

会计科目：预付账款

明细科目：瑞风汽车

2020年		凭证		摘要	借方											√	贷方											√	借或贷	余额											√
月	日	种类	号数		亿	千	百	十	万	千	佰	拾	元	角	分		亿	千	百	十	万	千	佰	拾	元	角	分			亿	千	百	十	万	千	佰	拾	元	角	分	
12	2	记	3	预付三个月轿车租金					2	4	0	0	0	0	0														借					2	4	0	0	0	0	0	

表2-80　**其他应收款明细账**

会计科目：其他应收款

明细科目：柯语云

2020年		凭证		摘要	借方											√	贷方											√	借或贷	余额											√
月	日	种类	号数		亿	千	百	十	万	千	佰	拾	元	角	分		亿	千	百	十	万	千	佰	拾	元	角	分			亿	千	百	十	万	千	佰	拾	元	角	分	
12	7	记	9	柯语云借支差旅费						2	0	0	0	0	0														借						2	0	0	0	0	0	
12	17	记	14	柯语云报销差旅费，冲抵借款																		2	0	0	0	0	0		平									0			

表2-81

在途物资明细账

会计科目：在途物资

明细科目：香精

2020年 月	日	凭证 种类	号数	摘要	借方（亿千百十万千佰拾元角分）	√	贷方（亿千百十万千佰拾元角分）	√	借或贷	余额（亿千百十万千佰拾元角分）	√
11	5	记	3	购入香精	12900000				借	12900000	
11	7	记	4	香精入库			12900000		平	θ	

在“库存商品——香精”明细账（见表2-82）中，12月份的结存金额是通过减法计算得到的，由于单价425.211元是四舍五入得到的，因此，在计算期末结存金额时不能用结存数量与单价相乘，如果这样做，则12月末的结存金额为4 252.11元（10×425.211），加上发出存货的金额1 203 347.13元，得到1 207 599.24元，与发出前的结存金额1 207 600元就会出现差额。为了避免出现这种情况，需要用发出前的结存金额1 207 600元减去发出存货的金额1 203 347.13元，得到差额4 252.87元作为期末结存金额。

表2-82

库存商品明细账

名称：香精-梦幻巴黎

规格：　　计量单位：千克

2020年 月	日	凭证 种类	号数	摘要	收入 数量	收入 单价	收入 金额（千百十万千佰拾元角分）	发出 数量	发出 单价	发出 金额（千百十万千佰拾元角分）	结存 数量	结存 单价	结存 金额（千百十万千佰拾元角分）	√
11	7	记	4	香精入库	300	430	12900000				300	430	12900000	
	30	记	9	结转本月销售成本				260	430	11180000	40	430	1720000	
12	7	记	6	购入香精并支付货款	800	423	33840000							
	22	记	16	采购香精，货款未付	2 000	426	85200000				2 840	425.211	120760000	
	31	记	20	结转本月销售成本				2 830	425.211	120334713	10	425.211	425287	

月末结存金额通过减法计算得到

微课

数量金额栏式明细账的登记（1）

微课

数量金额栏式明细账的登记（2）

“固定资产——电脑”“应付职工薪酬——工资、奖金、津贴和补贴”“应交税费——应交增值税”“应交税费——应交城市维护建设税”等会计科目的明细账见表2-83至表2-93。因为此前登记了11月份的业务，在登记12月份的业务之前先要进行月结账，体现为11月份的最后一笔业务下通栏划一条红线。这些会计科目都不是损益类账户，结账时不需要计算本月合计数。它们的结账规则将在项目三任务二中进行详细说明。

表2-83 固定资产明细账

会计科目：固定资产

明细科目：电脑

2020年		凭证		摘要	借方											√	贷方											√	借或贷	余额											√
月	日	种类	号数		亿	千	百	十	万	千	佰	拾	元	角	分		亿	千	百	十	万	千	佰	拾	元	角	分			亿	千	百	十	万	千	佰	拾	元	角	分	
11	10	记	5	购买电脑三台					1	4	4	0	0	0	0														借					1	4	4	0	0	0	0	

非损益类明细账，月结只需要在最后一笔业务下通栏划一条红线

表2-84 短期借款明细账

会计科目：短期借款

明细科目：工商银行

2020年		凭证		摘要	借方											√	贷方											√	借或贷	余额											√
月	日	种类	号数		亿	千	百	十	万	千	佰	拾	元	角	分		亿	千	百	十	万	千	佰	拾	元	角	分			亿	千	百	十	万	千	佰	拾	元	角	分	
12	1	记	1	从工行取得半年期贷款																5	0	0	0	0	0	0	0		贷				5	0	0	0	0	0	0	0	

表2-85 应付账款明细账

会计科目：应付账款

明细科目：东森公司

2020年		凭证		摘要	借方											√	贷方											√	借或贷	余额											√
月	日	种类	号数		亿	千	百	十	万	千	佰	拾	元	角	分		亿	千	百	十	万	千	佰	拾	元	角	分			亿	千	百	十	万	千	佰	拾	元	角	分	
12	22	记	16	采购香精，货款未付																9	6	2	5	2	0	0	0		贷				9	6	2	5	2	0	0	0	

表2-86 应付职工薪酬明细账

会计科目：应付职工薪酬

明细科目：工资、奖金、津贴和补贴

2020年		凭证		摘要	借方											√	贷方											√	借或贷	余额											√
月	日	种类	号数		亿	千	百	十	万	千	佰	拾	元	角	分		亿	千	百	十	万	千	佰	拾	元	角	分			亿	千	百	十	万	千	佰	拾	元	角	分	
11	30	记	8	计提本月工资																	4	8	6	7	8	0	0		贷					4	8	6	7	8	0	0	
12	10	记	11	发放11月工资					4	8	6	7	8	0	0														平									θ			

表 2-87

应交增值税明细账

2020年 月	日	凭证 字	号	摘要	借方 合计	借方 进项税额	借方 已交税金	贷方 合计	贷方 销项税额	借或贷	余额
11	5	记	3	购入香精	166500	166500				借	166500
11	10	记	5	购买电脑三台	18720	18720				借	185220
11	15	记	6	销售香精，货款未收				192660	192660	贷	7440
11	20	记	7	李大忠报销差旅费	2854	2854				贷	71546
11	30	记	10	缴纳本月增值税	71546		71546			平	0
12	1	记	2	预付半年房租	90000	90000				借	90000
12	7	记	6	购入香精并支付货款	438320	438320				借	447320
12	7	记	8	支付广告费	19811	19811				借	467131
12	8	记	10	销售香精，货款未收				615030	615030	贷	147898
12	13	记	12	支付电话费	5094	5094				贷	147389
12	17	记	14	柯语云报销差旅费	11636	11636				贷	146225
12	22	记	16	采购香精，货款未付	1105200	1105200				借	958974
12	23	记	17	支付自来水费用	7360	7360				借	959710
12	26	记	18	销售香精，货款未收				1482000	1482000	贷	522289
				过次页	1767400	1760245	71546	2289690	2289690	贷	522289

表 2-88

应交增值税明细账

2020年 月	日	凭证 字	号	摘要	借方 合计	借方 进项税额	借方 已交税金	贷方 合计	贷方 销项税额	借或贷	余额
				承前页	1767400	1760245	71546	2289690	2289690	贷	522289
12	30	记	19	支付电费	15470	15470				贷	520742
12	31	记	21	缴纳本月增值税	520742		520742			平	0

表 2-89

应交税费明细账

会计科目：应交税费

明细科目：应交城市维护建设税

2020年 月	日	凭证 种类	号数	摘要	借方	√	贷方	√	借或贷	余额	√
11	30	记	11	计提本月附加税费			5008		贷	5008	
12	7	记	7	缴纳上月附加税费	5008				平	0	

表 2-90

应交税费明细账

会计科目：应交税费

明细科目：应交教育费附加

2020年 月	日	凭证 种类	号数	摘要	借方	√	贷方	√	借或贷	余额	√
11	30	记	11	计提本月附加税费			2146		贷	2146	
12	7	记	7	缴纳上月附加税费	2146				平	0	

表2-91 **应交税费明细账**

会计科目：应交税费

明细科目：应交地方教育费附加

2020年 月	日	凭证 种类	号数	摘要	借方（亿千百十万千佰拾元角分）	√	贷方（亿千百十万千佰拾元角分）	√	借或贷	余额（亿千百十万千佰拾元角分）	√
11	30	记	11	计提本月附加税费			1431		贷	1431	
12	7	记	7	缴纳上月附加税费	1431				平	θ	

表2-92 **实收资本明细账**

会计科目：实收资本

明细科目：张得飞

2020年 月	日	凭证 种类	号数	摘要	借方（亿千百十万千佰拾元角分）	√	贷方（亿千百十万千佰拾元角分）	√	借或贷	余额（亿千百十万千佰拾元角分）	√
11	1	记	1	收到股东投资款			25000000		贷	25000000	

表2-93 **实收资本明细账**

会计科目：实收资本

明细科目：李长宇

2020年 月	日	凭证 种类	号数	摘要	借方（亿千百十万千佰拾元角分）	√	贷方（亿千百十万千佰拾元角分）	√	借或贷	余额（亿千百十万千佰拾元角分）	√
11	1	记	1	收到股东投资款			25000000		贷	25000000	

“主营业务收入”“主营业务成本”“税金及附加”三个损益类科目的明细账见表2-94至表2-96。它们都只有一个明细科目，因而采用了三栏式账户。

表2-94 **主营业务收入明细账**

会计科目：主营业务收入

明细科目：香精

2020年 月	日	凭证 种类	号数	摘要	借方（亿千百十万千佰拾元角分）	√	贷方（亿千百十万千佰拾元角分）	√	借或贷	余额（亿千百十万千佰拾元角分）	√
11	15	记	6	销售香精，货款未收			14820000		贷	14820000	
	30			本月合计			14820000		贷	14820000	
	30			本年累计			14820000		贷	14820000	
12	8	记	10	销售香精，货款未收			47310000		贷	62130000	
12	26	记	18	销售香精，货款未收			114000000		贷	176130000	

损益类账户月结要进行本月合计和本年累计

表 2-95　　**主营业务成本明细账**

会计科目：主营业务成本
明细科目：香精

2020年 月	日	凭证 种类	号数	摘要	借方（亿千百十万千佰拾元角分）	√	贷方（亿千百十万千佰拾元角分）	√	借或贷	余额（亿千百十万千佰拾元角分）	√
11	30	记	9	结转本月销售成本	11180000				借	11180000	
				本月合计	11180000				借	11180000	
				本年累计	11180000				借	11180000	
12	31	记	20	结转本月销售成本	120334713				借	131514713	

表 2-96　　**税金及附加明细账**

会计科目：税金及附加
明细科目：

2020年 月	日	凭证 种类	号数	摘要	借方（亿千百十万千佰拾元角分）	√	贷方（亿千百十万千佰拾元角分）	√	借或贷	余额（亿千百十万千佰拾元角分）	√
11	30	记	11	计提本月附加税费	8585				借	8585	
				本月合计	8585				借	8585	
				本年累计	8585				借	8585	

“销售费用”和“管理费用”科目都包含多个明细科目（见表2-97和表2-98），因而采用了多栏式账户。“财务费用”科目当前只涉及一个明细科目（见表2-99），但后续业务中将有其他明细科目，因而也采用了多栏式账户。

表 2-97　　**销售费用明细账**

会计科目：销售费用
明细科目：

2020年 月	日	凭证 字	号	摘要	合计（百十万千佰拾元角分）	费用项目：差旅费（百十万千佰拾元角分）	工资（百十万千佰拾元角分）	广告费（百十万千佰拾元角分）	招待费（百十万千佰拾元角分）	（百十万千佰拾元角分）
11	20	记	7	李大忠报销差旅费	91946	91946				
11	30	记	8	计提本月工资	955300		955300			
				本月合计	1047246	91946	955300			
12	7	记	8	支付广告费	3301887			3301887		
	19	记	15	李大忠报销招待费	40000				40000	
				本年借方合计	4389133	91946	955300	3301887	40000	

多栏式账户只有借方栏目，没有余额栏。当需要计算余额时，可以专门用一行登记余额，在摘要栏中填写“本年借方合计”

表 2-98　　**管理费用明细账**　　会计科目：管理费用
明细科目：

2020年		凭证		摘要	合计	费用项目			
						工资	办公费	差旅费	
月	日	字	号		百十万千佰拾元角分	百十万千佰拾元角分	百十万千佰拾元角分	百十万千佰拾元角分	百十万千佰拾元角分
11	30	记	8	计提本月工资	3912500	3912500			
				本月合计	3912500	3912500			
12	4	记	5	行政部报销办公用品费用	89610		89610		
	13	记	12	支付电话费	84906		84906		
	17	记	14	柯语云报销差旅费	239764			239764	
	23	记	17	支付自来水费用	81780		81780		
	30	记	19	支付电费	119000		119000		
				本年借方合计	4527560	3912500	375296	239764	

表 2-99　　**财务费用明细账**　　会计科目：财务费用
明细科目：

2020年		凭证		摘要	合计	费用项目			
						手续费			
月	日	字	号		百十万千佰拾元角分	百十万千佰拾元角分	百十万千佰拾元角分	百十万千佰拾元角分	百十万千佰拾元角分
12	15	记	13	支付银行手续费	5000	5000			

微课
登记多栏式明细账

“销售费用”和“管理费用”账户都包含多笔业务，但这种多栏式账户没有余额栏，而接下来编制调整前试算平衡表时需要它们的余额。为了解决这个问题，可以计算出它们的余额，将其填入一行中，并在该行的摘要栏中填写“本年借方合计”。而且，这种计算和登记余额的方式可视需要多次进行。

（三）编制日记账与明细账的调整前试算平衡表

在登记日记账与明细账的过程中可能会发生错误，检查是否存在错误的一个方法是编制试算平衡表。复式记账要求借方必须等于贷方，登记账簿其实就是将每一笔借贷应相等的业务登记到相应会计科目对应的账户中去的过程，因此，这些账户的余额也应保持平衡关系。试算平衡表便是验证这一平衡关系是否得到维持的方法。在将12月份的业务登记完毕后，就可以根据前述账户中各个账户的余额编制试算平衡表了。

表2-100是根据前述馨怡公司的日记账和明细账编制的试算平衡表。

编制试算平衡表的步骤如下：

（1）将账户中的会计科目分别抄入空白试算平衡表中的“总账科目”栏和“明细账科目”栏；

表2-100　馨怡公司2020年12月31日日记账与明细账调整前试算平衡表　单位：元

总账科目	明细账科目	借方余额	贷方余额
库存现金		1 563.90	
银行存款	工商银行	434 350.32	
应收账款		**1 822 803.00**	
	洁柔公司	0	
	华瑞日化	534 603.00	
	声蜚日化	1 288 200.00	
预付账款		**42 000.00**	
	日照房产	18 000.00	
	瑞风汽车	24 000.00	
其他应收款	柯语云	0	
在途物资	香精	0	
库存商品	香精	4 252.87	
固定资产	电脑	14 400.00	
短期借款	工商银行		500 000.00
应付账款	东森公司		962 520.00
应付职工薪酬	工资、奖金、津贴和补贴		0
应交税费	应交增值税		0
	应交城市维护建设税		0
	应交教育费附加		0
	应交地方教育费附加		0
实收资本			**500 000.00**
	张得飞		250 000.00
	李长宇		250 000.00
主营业务收入	香精		1 761 300.00
主营业务成本	香精	1 315 147.13	
税金及附加		85.85	
销售费用		**43 891.33**	
	差旅费	919.46	
	工资	9 553.00	
	广告费	33 018.87	
	招待费	400.00	
管理费用		**45 275.60**	
	工资	39 125.00	
	办公费	3 752.96	
	差旅费	2 397.64	
财务费用	手续费	50.00	
合　计		3 723 820.00	3 723 820.00

（2）将账户中的余额按照其方向分别抄入“借方余额”栏或“贷方余额”栏；

（3）计算借方余额合计数和贷方余额合计数；

（4）比较借方余额合计数与贷方余额合计数，观察二者是否相等。

由于这里还没有处理调整业务，因此，表2-100所示的试算平衡表被称为“调整前试算平衡表”。表2-100列示了“应收账款——洁柔公司”“其他应收款——柯语云”“在途物资——香精”“应付职工薪酬——工资、奖金、津贴和补贴”“应交税费——应交增值税”等余额为零的科目，实务中可以不予列示。对于“应收账款”“销售费用”“管理费用”等有多个明细科目的账户，试算平衡表计算出了其总账科目的余额，为了与其明细账科目的余额相区分，将其用粗体字表示。计算合计金额时，应当注意只能计算总账科目余额或其所属明细账科目余额，而不能同时计算，否则将导致重复计算。

表2-100所示的试算平衡表中，借方余额合计数和贷方余额合计数均为3 723 820元，二者相等。当借方余额合计数与贷方余额合计数不相等时，意味着账簿登记一定存在错误。而当二者相等时，并不意味着账簿登记就没有错误。例如，遗漏一笔业务或重复登记一笔业务，都不会破坏试算平衡。

二、登记总账

除了设置日记账和明细账外，《会计基础工作规范》规定核算单位还应设置总账。如前所述，日记账和明细账都是根据记账凭证逐日逐笔登记的，那么总账应该根据什么进行登记呢？这就涉及账务处理程序了。不同的账务处理程序，登记总账的依据有所不同。在手工账环境下，常用的账务处理程序有记账凭证账务处理程序、科目汇总表账务处理程序和汇总记账凭证账务处理程序。下面依次介绍这三种账务处理程序，并演示记账凭证账务处理程序和科目汇总表账务处理程序下总账的登记。需要注意的是，总账只需要登记一次，具体该如何登记，应根据核算单位采用的账务处理程序而定，这里讲述三种账务处理程序，并不是说总账要登记三次。

（一）记账凭证账务处理程序下总账的登记

记账凭证账务处理程序的处理过程，如图2-51所示。其中，第⑤步是总分类账的登记，表明在记账凭证账务处理程序下，登记总账的依据是记账凭证。

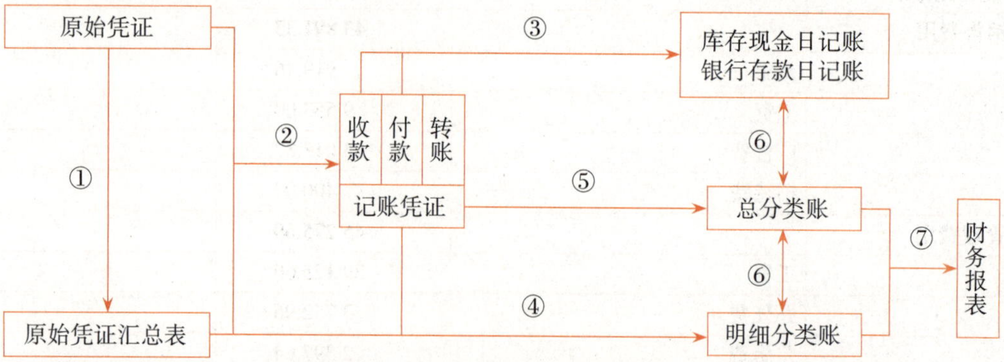

图2-51 记账凭证账务处理程序示意图

以11月份记字第1号凭证为例，其登记总账的步骤，如图2-52所示。

记账凭证

2020年11月1日　　　　记字第 1 号

摘要	会计科目：总账科目	会计科目：明细科目	借方金额（亿千百十万千佰拾元角分）	√	贷方金额（亿千百十万千佰拾元角分）	√
收到股东投资款	银行存款	工商银行	50000000	√		
收到股东投资款	实收资本	张得飞			25000000	√
收到股东投资款	实收资本	李长宇			25000000	√
附件4张	合计		¥50000000		¥50000000	

会计主管：李繁琳　　记账：李繁琳　　出纳：陈凤飞　　审核：李繁琳　　制单：陈凤飞

总分类账

科目：银行存款　　　　第　页

2020年 月	日	凭证 种类	号数	摘要	借方（亿千百十万千佰拾元角分）	√	贷方（亿千百十万千佰拾元角分）	√	借或贷	余额（亿千百十万千佰拾元角分）	√
11	1	记	1	收到股东投资款	50000000				借	50000000	

总分类账

一级科目：实收资本　　　　第　页

2020年 月	日	凭证 种类	号数	摘要	借方（亿千百十万千佰拾元角分）	√	贷方（亿千百十万千佰拾元角分）	√	借或贷	余额（亿千百十万千佰拾元角分）	√
11	1	记	1	收到股东投资款			25000000		贷	25000000	
	1	记	1	收到股东投资款			25000000		贷	50000000	

图2-52　记账凭证账务处理程序下总账的登记

从图2-52可以看出，在记账凭证账务处理程序下，总账的登记与明细账的登记有很多相同之处，也是要将凭证日期、编号、摘要和金额过入相应会计科目账户的相应栏目中。其不同的地方是，登记总账时只需根据总账科目进行登记，因而记字第1号凭证将“实收资本”的两条分录过入同一个总账账户中，即“实收资本”账户。与日记账和明细账的登记相同，在记账凭证账务处理程序下，所有的记账凭证要按编号顺序过入相应会计科目的总账账户中，为节约篇幅，这里仅展示部分典型的总账账页，而不展示全部的总账账页。

在记账凭证账务处理程序下，“库存现金”和“银行存款”两个需要开设日记账的会计科目的总账见表2-101至表2-103。

表2-101

总 分 类 账

科目：库存现金　　　　　　　　　　　　　　　　　第　　页

2020年 月	日	凭证 种类	号数	摘要	借方	√	贷方	√	借或贷	余额	√
11	3	记	2	提取现金	5500000				借	5500000	
	20	记	7	李大忠报销差旅费			94800		借	5405200	
				本月合计	5500000		94800		借	5405200	
12	4	记	5	行政部报销办公用品费用			89610		借	5315590	
	7	记	9	柯语云借支差旅费			200000		借	5115590	
	10	记	11	发放11月工资			4867800		借	247790	
	17	记	14	柯语云报销差旅费			51400		借	196390	
	19	记	15	李大忠报销招待费			40000		借	156390	

表2-102

总 分 类 账

科目：银行存款　　　　　　　　　　　　　　　　　第　　页

2020年 月	日	凭证 种类	号数	摘要	借方	√	贷方	√	借或贷	余额	√
11	1	记	1	收到股东投资款	50000000				借	50000000	
	3	记	2	提取现金			5500000		借	44500000	
	5	记	3	购入香精，支付货款			14565000		借	29935000	
	10	记	5	购买电脑三台			1627200		借	28307800	
	30	记	10	缴纳本月增值税			71546		借	28236254	
				本月合计	50000000		21763746		借	28236254	
12	1	记	1	从工行取得半年期贷款	50000000				借	78236254	
	1	记	2	预付半年房租			1890000		借	76346254	
	2	记	3	预付三个月轿车租金			2400000		借	73946254	
	3	记	4	收到洁柔公司前欠货款	16746600				借	90692854	
	7	记	6	购入香精并支付货款			38223200		借	52469654	
	7	记	7	缴纳上月附加税费			8585		借	52461069	
	7	记	8	支付广告费			3500000		借	48961069	
	13	记	12	支付电话费			90000		借	48871069	
	15	记	13	支付银行手续费			5000		借	48866069	
	23	记	17	支付自来水费用			89140		借	48776929	
				过次页	116746600		67969671		借	48776929	

表2-103 **总 分 类 账**

科目：银行存款 第 页

2020年 月	日	凭证 种类	号数	摘要	借方（亿千百十万千佰拾元角分）	√	贷方（亿千百十万千佰拾元角分）	√	借或贷	余额（亿千百十万千佰拾元角分）	√
				承前页	116746600		67969671		借	48776929	
12	30	记	19	支付电费			134470		借	48642459	
	31	记	21	缴纳本月增值税			5207427		借	43435032	

从中可以看出，在记账凭证账务处理程序下，“库存现金”和“银行存款”的总账和日记账几乎是相同的。其不同之处在于，登记总账时不需要在业务发生当天登记完毕，而可以定期或不定期地进行登记。

需要登记数量金额栏式明细账的“库存商品”的总账见表2-104。

表2-104 **总 分 类 账**

科目：库存商品 第 页

2020年 月	日	凭证 种类	号数	摘要	借方（亿千百十万千佰拾元角分）	√	贷方（亿千百十万千佰拾元角分）	√	借或贷	余额（亿千百十万千佰拾元角分）	√
11	7	记	4	香精入库	12900000				借	12900000	
	30	记	9	结转本月销售成本			11180000		借	1720000	
				本月合计	12900000		11180000		借	1720000	
12	7	记	6	购入香精并支付货款	33840000				借	35560000	
	22	记	16	采购香精，货款未付	85200000				借	120760000	
	31	记	20	结转本月销售成本			120334713		借	425287	

从中可以看出，“库存商品”的总账采用的是三栏式账户格式，其只登记了金额，而无需像其明细账一样同时登记数量和单价。

馨怡公司在“应交税费”科目下设置了“应交增值税”“应交城市维护建设税”“应交教育费附加”“应交地方教育费附加”等二级科目。登记总账时，这些二级科目的业务都要登记到“应交税费”的总账账户中。该科目按照记账凭证账务处理程序登记的总账见表2-105和表2-106。

“应交税费”总账作为一个负债类科目，其账户正常余额应在贷方，而从表2-105和表2-106可以看出，该科目有时会出现借方余额。这是因为“应交增值税”科目包括“进项税额”“销项税额”“已交税金”三个三级明细科目，而“进项税额”是在借方的，所以该账户可能会出现借方余额。

在前面的演示中，“销售费用”与“管理费用”明细账采用了多栏式明细账账户，其按照记账凭证账务处理程序登记总账得到的总账账户见表2-107和表2-108。

由于“销售费用”和“管理费用”总账账户不需反映明细科目信息，因此，采用三栏式账户就能满足其要求。

其余未展示会计科目的总账，其总账账户也都是三栏式账户格式。

表2-105

总 分 类 账

科目：应交税费 第 页

2020年 月	日	凭证 种类	号数	摘要	借方（亿千百十万千佰拾元角分）	√	贷方（亿千百十万千佰拾元角分）	√	借或贷	余额（亿千百十万千佰拾元角分）	√
11	5	记	3	购入香精	1665000				借	1665000	
	10	记	5	购买电脑三台	187200				借	1852200	
	15	记	6	销售香精，货款未收			1926600		贷	74400	
	20	记	7	李大忠报销差旅费	2854				贷	71546	
	30	记	10	缴纳本月增值税	71546				平	0	
	30	记	11	计提本月附加税费			5008		贷	5008	
	30	记	11	计提本月附加税费			1431		贷	6439	
	30	记	11	计提本月附加税费			2146		贷	8585	
				本月合计	1926600		1935185		贷	8585	
12	1	记	2	预付半年房租	90000				借	81415	
	7	记	6	购入香精并支付货款	4383200				借	4464615	
	7	记	7	缴纳上月附加税费	5008				借	4469623	
	7	记	7	缴纳上月附加税费	1431				借	4471054	
	7	记	7	缴纳上月附加税费	2146				借	4473200	
	7	记	8	支付广告费	198113				借	4671313	
	8	记	10	销售香精，货款未收			6150300		贷	1478987	
				过次页	6606498		8085485		贷	1478987	

表2-106

总 分 类 账

科目：应交税费 第 页

2020年 月	日	凭证 种类	号数	摘要	借方（亿千百十万千佰拾元角分）	√	贷方（亿千百十万千佰拾元角分）	√	借或贷	余额（亿千百十万千佰拾元角分）	√
				承前页	6606498		8085485		贷	1478987	
12	13	记	12	支付电话费	5094				贷	1473893	
	17	记	14	柯语云报销差旅费	11636				贷	1462257	
	22	记	16	采购香精，货款未付	11052000				借	-9589743	
	23	记	17	支付自来水费用	7360				借	-9597103	
	26	记	18	销售香精，货款未收			14820000		贷	5222897	
	30	记	19	支付电费	15470				贷	5207427	
	31	记	21	缴纳本月增值税	5207427				平	0	

表2-107 总分类账

科目：销售费用　　　　　　　　　　　　　　　　　　　　第　　页

2020年		凭证		摘要	借方											√	贷方											√	借或贷	余额											√
月	日	种类	号数		亿	千	百	十	万	千	佰	拾	元	角	分		亿	千	百	十	万	千	佰	拾	元	角	分			亿	千	百	十	万	千	佰	拾	元	角	分	
11	20	记	7	李大忠报销差旅费							9	1	9	4	6														借							9	1	9	4	6	
	30	记	8	计提本月工资						9	5	5	3	0	0														借					1	0	4	7	2	4	6	
				本月合计					1	0	4	7	2	4	6														借					1	0	4	7	2	4	6	
12	7	记	8	支付广告费					3	3	0	1	8	8	7														借					4	3	4	9	1	3	3	
	19	记	15	李大忠报销招待费							4	0	0	0	0														借					4	3	8	9	1	3	3	

表2-108 总分类账

科目：管理费用　　　　　　　　　　　　　　　　　　　　第　　页

2020年		凭证		摘要	借方											√	贷方											√	借或贷	余额											√
月	日	种类	号数		亿	千	百	十	万	千	佰	拾	元	角	分		亿	千	百	十	万	千	佰	拾	元	角	分			亿	千	百	十	万	千	佰	拾	元	角	分	
11	30	记	8	计提本月工资					3	9	1	2	5	0	0														借					3	9	1	2	5	0	0	
				本月合计					3	9	1	2	5	0	0														借					3	9	1	2	5	0	0	
12	4	记	5	行政部报销办公用品费用							8	9	6	1	0														借					4	0	0	2	1	1	0	
	13	记	12	支付电话费							8	4	9	0	6														借					4	0	8	7	0	1	6	
	17	记	14	柯语云报销差旅费						2	3	9	7	6	4														借					4	3	2	6	7	8	0	
	23	记	17	支付自来水费用							8	1	7	8	0														借					4	4	0	8	5	6	0	
	30	记	19	支付电费						1	1	9	0	0	0														借					4	5	2	7	5	6	0	

（二）科目汇总表账务处理程序下总账的登记

记账凭证账务处理程序根据记账凭证登记总账，简单明了，易于操作，但在业务量很大时登记总账非常耗费时间。在手工账环境下，这加重了会计人员登记账簿的工作量。为了简化登记总账的工作，发明了另外一种登记方法：先将记账凭证进行汇总，编制科目汇总表，再根据科目汇总表登记总账。这种账务处理程序称为科目汇总表账务处理程序，其处理过程如图2-53所示。在科目汇总表账务处理程序下，登记总账的依据是科目汇总表，而科目汇总表的编制依据是记账凭证。

1.科目汇总表的编制

科目汇总表的编制涉及两个基本问题：科目汇总表多久编制一次？具体该如何编制？对于第一个问题，完全取决于企业业务量的多少，业务较多，汇总时间可以缩短一点（从而汇总次数较多）；业务较少，汇总时间可以延长一点（从而汇总次数较少）。馨怡公司11月份只有11笔记账凭证，数量很少，因而只进行一次汇总。接下来具体演示科目汇总表的编制方法，这里需要根据11月份的记账凭证，按顺序为这些记账凭证涉及的总账科目开设丁字账户，将这11笔记账凭证的数据全部登记到丁字账户中。

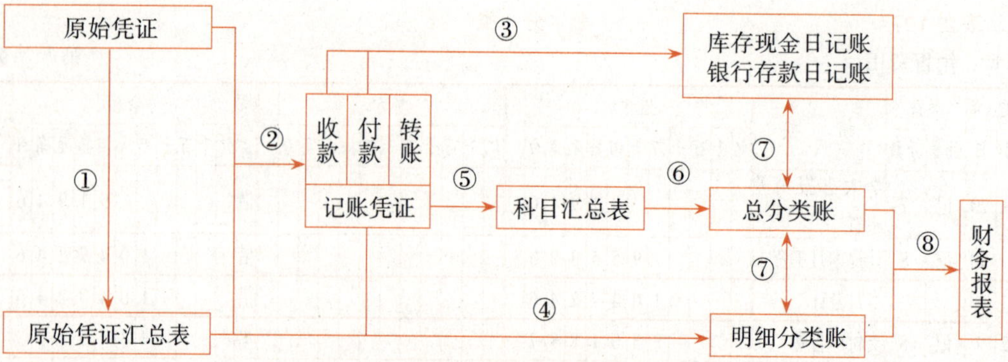

图2-53 科目汇总表账务处理程序示意图

首先从记字第1号凭证开始，由于其涉及“银行存款”和“实收资本”两个总账科目，图2-54中为其开设了相应的丁字账户。

记 账 凭 证

2020年11月1日　　　　记字第 1 号

摘要	会计科目		借方金额											√	贷方金额											√
	总账科目	明细科目	亿	千	百	十	万	千	佰	拾	元	角	分		亿	千	百	十	万	千	佰	拾	元	角	分	
收到股东投资款	银行存款	工商银行				5	0	0	0	0	0	0	0	√												
收到股东投资款	实收资本	张得飞																2	5	0	0	0	0	0	0	√
收到股东投资款	实收资本	李长宇																2	5	0	0	0	0	0	0	√
附件4张	合计				¥	5	0	0	0	0	0	0	0				¥	5	0	0	0	0	0	0	0	

会计主管：李繁琳　记账：李繁琳　出纳：陈凤飞　审核：李繁琳　制单：陈凤飞

银行存款	
记1　500 000	

实收资本	
	记1　250 000
	记1　250 000

图2-54 11月份记字第1号凭证的丁字账户

开设丁字账户后，将记字第1号凭证的字号和金额分别记入丁字账户中。由于科目汇总表是用于登记总账的，因此只需要开设总账科目的丁字账户，而不需要顾及明细科目。记字第1号凭证中的“实收资本”有两个明细科目，因此要登记两个数字，这样处理便于在出现差错时进行核对。

接下来将记字第2号凭证过入丁字账户中，其涉及“库存现金”和“银行存款”两个总账科目。“银行存款”的丁字账户已经开设，因此只需要新开设“库存现金”的丁字账户，并进行登记，具体如图2-55所示。

记　账　凭　证

2020年11月3日　　　　　　　　　　记字第 2 号

摘　要	会计科目		借方金额											√	贷方金额											√
	总账科目	明细科目	亿	千	百	十	万	千	佰	拾	元	角	分		亿	千	百	十	万	千	佰	拾	元	角	分	
提取现金	库存现金						5	5	0	0	0	0	0	√												
提取现金	银行存款	工商银行																	5	5	0	0	0	0	0	√
附件1张	合　计					¥	5	5	0	0	0	0	0					¥	5	5	0	0	0	0	0	

会计主管：李繁琳　　记账：李繁琳　　出纳：陈凤飞　　审核：李繁琳　　制单：陈凤飞

银行存款

记1	500 000		

实收资本

		记1	250 000
		记1	250 000

库存现金

记2	55 000	记7	948

图2-55　11月份记字第2号凭证的丁字账户

按照这样的方法，将11月份记字第3号至记字第11号凭证过入丁字账户中，并计算出各个丁字账户的借方合计数和贷方合计数，得到如图2-56所示的丁字账户。

银行存款

记1	500 000	记2	55 000
		记3	145 650
		记5	16 272
		记10	715.46
合计	500 000		217 637.46

实收资本

		记1	250 000
		记1	250 000
合计			500 000

库存现金

记2	55 000	记7	948
合计	55 000		948

在途物资

记3	129 000	记4	129 000
合计	129 000		129 000

应交税费

记3	16 650	记6	19 266
记5	1 872	记11	50.08
记7	28.54	记11	21.46
记10	715.46	记11	14.31
合计	19 266		19 351.85

库存商品

记4	129 000	记9	111 800
合计	129 000		111 800

固定资产

记5	14 400		
合计	14 400		

应收账款

记6	167 466		
合计	167 466		

主营业务收入

		记6	148 200
合计			148 200

销售费用

记7	919.46		
记8	9 553		
合计	10 472.46		

管理费用

记8	39 125		
合计	39 125		

应付职工薪酬

		记8	48 678
合计			48 678

主营业务成本

记9	111 800		
合计	111 800		

税金及附加

记11	85.85		
合计	85.85		

图2-56　11月份全部记账凭证的丁字账户

最后将图2-56中丁字账户的账户名称，以及借方合计数和贷方合计数分别填入科目汇总表（见表2-109）。

表2-109　　　　科目汇总表

编号：汇字 1 号

2020年11月1日至11月30日　　　　记字 1 号至 11 号

会计科目	账页	借方金额											√	贷方金额											√
		亿	千	百	十	万	千	佰	拾	元	角	分		亿	千	百	十	万	千	佰	拾	元	角	分	
银行存款					5	0	0	0	0	0	0	0					2	1	7	6	3	7	4	6	
实收资本																	5	0	0	0	0	0	0	0	
库存现金						5	5	0	0	0	0	0								9	4	8	0	0	
在途物资					1	2	9	0	0	0	0	0					1	2	9	0	0	0	0	0	
应交税费						1	9	2	6	6	0	0						1	9	3	5	1	8	5	
库存商品					1	2	9	0	0	0	0	0					1	1	1	8	0	0	0	0	
固定资产						1	4	4	0	0	0	0													
应收账款					1	6	7	4	6	6	0	0													
主营业务收入																	1	4	8	2	0	0	0	0	
销售费用						1	0	4	7	2	4	6													
管理费用						3	9	1	2	5	0	0													
应付职工薪酬																		4	8	6	7	8	0	0	
主营业务成本					1	1	1	8	0	0	0	0													
税金及附加									8	5	8	5													
合　计			¥	1	1	7	5	6	1	5	3	1			¥	1	1	7	5	6	1	5	3	1	

会计主管：李繁琳　　记账：李繁琳　　复核：周四全　　制单：陈凤飞

在表2-109中，右上角是科目汇总表的编号，其以“汇”字开头。这里是馨怡公司11月份的第一张科目汇总表，因而编为“汇字1号”。这张科目汇总表还标明其汇总的日期是2020年11月1日至11月30日，汇总的记账凭证范围是记字第1号至第11号。

科目汇总表的借方合计数与贷方合计数必须相等。如果不相等，则一定是出错了，需要追查原因，这时可以逐笔核对丁字账户，这也是为什么在登记丁字账户时需要将记账凭证的编号进行登记的原因。

微课

科目汇总表的编制（1）

微课

科目汇总表的编制（2）

2. 根据科目汇总表登记总账

编制科目汇总表后，就可以根据其登记总账了，具体的登记方法如图2-57所示。

科目汇总表

编号：汇字 1 号

2020年11月1日至11月30日　　　　记字 1 号至 11 号

会计科目	账页	借方金额											√	贷方金额											√
		亿	千	百	十	万	千	佰	拾	元	角	分		亿	千	百	十	万	千	佰	拾	元	角	分	
银行存款	2				5	0	0	0	0	0	0	0					2	1	7	6	3	7	4	6	

总　分　类　账

一级科目：银行存款　　　　第 2 页

2020年		凭证		摘要	借方											√	贷方											√	借或贷	余额											√
月	日	种类	号数		亿	千	百	十	万	千	佰	拾	元	角	分		亿	千	百	十	万	千	佰	拾	元	角	分			亿	千	百	十	万	千	佰	拾	元	角	分	
11	30	汇	1	汇总11月业务				5	0	0	0	0	0	0	0					2	1	7	6	3	7	4	6		借				2	8	2	3	6	2	5	4	

图2-57　根据科目汇总表登记总账

从图2-57可以看出，根据科目汇总表登记总账的方法与前面演示的根据记账凭证登记日记账和明细账的方法基本上是相同的，而不同点在于：

第一，由于科目汇总表中没有摘要栏，根据其登记总账时，摘要栏的填写便具有一定的灵活性，可以填写“汇总记1-11号凭证”或“汇总11月业务”，或者简单地填写“汇总”。

第二，图2-57中科目汇总表的汇总日期是2020年11月1日至11月30日，而登记总账时填写的是截止日期，即2020年11月30日。

第三，登记完毕后，应将总账账户的页码填入科目汇总表的账页栏中，图2-57中的“银行存款”总账在第2页，因而科目汇总表中“银行存款”科目的账页便填入“2”。这样便于根据科目汇总表追查到相应的总账账户。

馨怡公司除了11月份的业务，其12月份的业务也要编制科目汇总表，可以每15天汇总一次，这样12月份记字第1号至第21号凭证所代表的业务需要汇总两次，其科目汇总表分别见表2-110和表2-111。

将11月份的“汇字1号”和12月份的“汇字1号”与“汇字2号”科目汇总表登记完毕后，馨怡公司的总账见表2-112至表2-130。

表2-110　　科目汇总表

编号：汇字 1 号

2020年12月1日至12月15日　　记字 1 号至 13 号

会计科目	账页	借方金额											√	贷方金额											√
		亿	千	百	十	万	千	佰	拾	元	角	分		亿	千	百	十	万	千	佰	拾	元	角	分	
库存现金																		5	1	5	7	4	1	0	
银行存款					6	6	7	4	6	6	0	0					4	6	1	1	6	7	8	5	
应收账款					5	3	4	6	0	3	0	0					1	6	7	4	6	6	0	0	
预付账款						4	2	0	0	0	0	0													
其他应收款							2	0	0	0	0	0													
库存商品					3	3	8	4	0	0	0	0													
短期借款																	5	0	0	0	0	0	0	0	
应付职工薪酬						4	8	6	7	8	0	0													
应交税费						4	6	8	4	9	9	2						6	1	5	0	3	0	0	
主营业务收入																	4	7	3	1	0	0	0	0	
销售费用						3	3	0	1	8	8	7													
管理费用							1	7	4	5	1	6													
财务费用								5	0	0	0														
合　计			¥	1	7	1	4	8	1	0	9	5			¥	1	7	1	4	8	1	0	9	5	

会计主管：李繁琳　　记账：李繁琳　　复核：周四全　　制单：陈凤飞

表2-111　　科目汇总表

编号：汇字 2 号

2020年12月16日至12月31日　　记字 14 号至 21 号

会计科目	账页	借方金额											√	贷方金额											√
		亿	千	百	十	万	千	佰	拾	元	角	分		亿	千	百	十	万	千	佰	拾	元	角	分	
库存现金																				9	1	4	0	0	
银行存款																		5	4	3	1	0	3	7	
应收账款				1	2	8	8	2	0	0	0	0													
其他应收款																			2	0	0	0	0	0	
库存商品					8	5	2	0	0	0	0	0				1	2	0	3	3	4	7	1	3	
应付账款																	9	6	2	5	2	0	0	0	
应交税费					1	6	2	9	3	8	9	3					1	4	8	2	0	0	0	0	
主营业务收入																1	1	4	0	0	0	0	0	0	
主营业务成本				1	2	0	3	3	4	7	1	3													
销售费用								4	0	0	0	0													
管理费用							4	4	0	5	4	4													
合　计			¥	3	5	1	1	2	9	1	5	0			¥	3	5	1	1	2	9	1	5	0	

会计主管：李繁琳　　记账：李繁琳　　复核：周四全　　制单：陈凤飞

表2-112 **总 分 类 账**

一级科目：库存现金　　　　第 1 页

2020年 月	日	凭证 种类	号数	摘要	借方	√	贷方	√	借或贷	余额	√
11	30	汇	1	汇总11月业务	5500000		94800		借	5405200	
				本月合计	5500000		94800		借	5405200	
12	15	汇	1	汇总记字1-13号			5157410		借	247790	
12	31	汇	2	汇总记字14-21号			91400		借	156390	

表2-113 **总 分 类 账**

一级科目：银行存款　　　　第 2 页

2020年 月	日	凭证 种类	号数	摘要	借方	√	贷方	√	借或贷	余额	√
11	30	汇	1	汇总11月业务	50000000		21763746		借	28236254	
				本月合计	50000000		21763746		借	28236254	
12	15	汇	1	汇总记字1-13号	66746600		46116785		借	48866069	
12	31	汇	2	汇总记字14-21号			5431037		借	43435032	

表2-114 **总 分 类 账**

一级科目：应收账款　　　　第 3 页

2020年 月	日	凭证 种类	号数	摘要	借方	√	贷方	√	借或贷	余额	√
11	30	汇	1	汇总11月业务	16746600				借	16746600	
				本月合计	16746600				借	16746600	
12	15	汇	1	汇总记字1-13号	53460300		16746600		借	53460300	
12	31	汇	2	汇总记字14-21号	128820000				借	182280300	

表2-115 **总 分 类 账**

一级科目：预付账款　　　　第 4 页

2020年 月	日	凭证 种类	号数	摘要	借方	√	贷方	√	借或贷	余额	√
12	15	汇	1	汇总记字1-13号	4200000				借	4200000	

表2-116 **总 分 类 账**

一级科目：其他应收款　　　　第 5 页

2020年 月	日	凭证 种类	号数	摘要	借方	√	贷方	√	借或贷	余额	√
12	15	汇	1	汇总记字1-13号	200000				借	200000	
12	31	汇	2	汇总记字14-21号			200000		平	θ	

表2-117 总 分 类 账

一级科目：在途物资　　　　　　　　第 6 页

2020年		凭证		摘要	借方	√	贷方	√	借或贷	余额	√
月	日	种类	号数		亿千百十万千佰拾元角分		亿千百十万千佰拾元角分			亿千百十万千佰拾元角分	
11	30	汇	1	汇总11月业务	12900000		12900000		平	θ	
				本月合计	12900000		12900000		平	θ	

表2-118 总 分 类 账

一级科目：库存商品　　　　　　　　第 7 页

2020年		凭证		摘要	借方	√	贷方	√	借或贷	余额	√
月	日	种类	号数		亿千百十万千佰拾元角分		亿千百十万千佰拾元角分			亿千百十万千佰拾元角分	
11	30	汇	1	汇总11月业务	12900000		11180000		借	1720000	
				本月合计	12900000		11180000		借	1720000	
12	15	汇	1	汇总记字1-13号	33840000				借	35560000	
12	31	汇	2	汇总记字14-21号	85200000		120334713		借	425287	

表2-119 总 分 类 账

一级科目：固定资产　　　　　　　　第 8 页

2020年		凭证		摘要	借方	√	贷方	√	借或贷	余额	√
月	日	种类	号数		亿千百十万千佰拾元角分		亿千百十万千佰拾元角分			亿千百十万千佰拾元角分	
11	30	汇	1	汇总11月业务	1440000				借	1440000	

表2-120 总 分 类 账

一级科目：短期借款　　　　　　　　第 10 页

2020年		凭证		摘要	借方	√	贷方	√	借或贷	余额	√
月	日	种类	号数		亿千百十万千佰拾元角分		亿千百十万千佰拾元角分			亿千百十万千佰拾元角分	
12	15	汇	1	汇总记字1-13号			50000000		贷	50000000	

11月份只有一行数字，本月合计数就是该数，因而可以不填写“本月合计”

表2-121 总 分 类 账

一级科目：应付账款　　　　　　　　第 11 页

2020年		凭证		摘要	借方	√	贷方	√	借或贷	余额	√
月	日	种类	号数		亿千百十万千佰拾元角分		亿千百十万千佰拾元角分			亿千百十万千佰拾元角分	
12	31	汇	2	汇总记字14-21号			96252000		贷	96252000	

表2-122 总 分 类 账

一级科目：应付职工薪酬　　　　　　　　第 12 页

2020年		凭证		摘要	借方	√	贷方	√	借或贷	余额	√
月	日	种类	号数		亿千百十万千佰拾元角分		亿千百十万千佰拾元角分			亿千百十万千佰拾元角分	
11	30	汇	1	汇总11月业务			4867800		贷	4867800	
				本月合计			4867800		贷	4867800	
12	15	汇	1	汇总记字1-13号	4867800				平	θ	

表2-123

总　分　类　账

一级科目：应交税费　　　　　　　　　　　　　　　　　　　　　　第 13 页

2020年		凭证		摘要	借方											√	贷方											√	借或贷	余额											√
月	日	种类	号数		亿	千	百	十	万	千	佰	拾	元	角	分		亿	千	百	十	万	千	佰	拾	元	角	分			亿	千	百	十	万	千	佰	拾	元	角	分	
11	30	汇	1	汇总11月业务					1	9	2	6	6	0	0						1	9	3	5	1	8	5		贷								8	5	8	5	
				本月合计					1	9	2	6	6	0	0						1	9	3	5	1	8	5		贷								8	5	8	5	
12	15	汇	1	汇总记字1-13号					4	6	8	4	9	9	2						6	1	5	0	3	0	0		贷					1	4	7	3	8	9	3	
12	31	汇	2	汇总记字14-21号				1	6	2	9	3	8	9	3					1	4	8	2	0	0	0	0		平									θ			

表2-124

总　分　类　账

一级科目：实收资本　　　　　　　　　　　　　　　　　　　　　　第 16 页

2020年		凭证		摘要	借方											√	贷方											√	借或贷	余额											√
月	日	种类	号数		亿	千	百	十	万	千	佰	拾	元	角	分		亿	千	百	十	万	千	佰	拾	元	角	分			亿	千	百	十	万	千	佰	拾	元	角	分	
11	30	汇	1	汇总11月业务																5	0	0	0	0	0	0	0		贷				5	0	0	0	0	0	0	0	

表2-125

总　分　类　账

一级科目：主营业务收入　　　　　　　　　　　　　　　　　　　　第 20 页

2020年		凭证		摘要	借方											√	贷方											√	借或贷	余额											√
月	日	种类	号数		亿	千	百	十	万	千	佰	拾	元	角	分		亿	千	百	十	万	千	佰	拾	元	角	分			亿	千	百	十	万	千	佰	拾	元	角	分	
11	30	汇	1	汇总11月业务																1	4	8	2	0	0	0	0		贷				1	4	8	2	0	0	0	0	
				本月合计																1	4	8	2	0	0	0	0		贷				1	4	8	2	0	0	0	0	
12	15	汇	1	汇总记字1-13号																4	7	3	1	0	0	0	0		贷				6	2	1	3	0	0	0	0	
12	31	汇	2	汇总记字14-21号															1	1	4	0	0	0	0	0	0		贷			1	7	6	1	3	0	0	0	0	

表2-126

总　分　类　账

一级科目：主营业务成本　　　　　　　　　　　　　　　　　　　　第 21 页

2020年		凭证		摘要	借方											√	贷方											√	借或贷	余额											√
月	日	种类	号数		亿	千	百	十	万	千	佰	拾	元	角	分		亿	千	百	十	万	千	佰	拾	元	角	分			亿	千	百	十	万	千	佰	拾	元	角	分	
11	30	汇	1	汇总11月业务				1	1	1	8	0	0	0	0														借				1	1	1	8	0	0	0	0	
				本月合计				1	1	1	8	0	0	0	0														借				1	1	1	8	0	0	0	0	
12	31	汇	2	汇总记字14-21号			1	2	0	3	3	4	7	1	3														借			1	3	1	5	1	4	7	1	3	

表2-127

总　分　类　账

一级科目：税金及附加　　　　　　　　　　　　　　　　　　　　　第 22 页

2020年		凭证		摘要	借方											√	贷方											√	借或贷	余额											√
月	日	种类	号数		亿	千	百	十	万	千	佰	拾	元	角	分		亿	千	百	十	万	千	佰	拾	元	角	分			亿	千	百	十	万	千	佰	拾	元	角	分	
11	30	汇	1	汇总11月业务								8	5	8	5														借								8	5	8	5	
				本月合计								8	5	8	5														借								8	5	8	5	

表2-128 总 分 类 账

一级科目：销售费用　　　　　　　　第 23 页

2020年		凭证		摘要	借方											√	贷方											√	借或贷	余额											√
月	日	种类	号数		亿	千	百	十	万	千	佰	拾	元	角	分		亿	千	百	十	万	千	佰	拾	元	角	分			亿	千	百	十	万	千	佰	拾	元	角	分	
11	30	汇	1	汇总11月业务					1	0	4	7	2	4	6														借					1	0	4	7	2	4	6	
				本月合计					1	0	4	7	2	4	6														借					1	0	4	7	2	4	6	
12	15	汇	1	汇总记字1-13号					3	3	0	1	8	8	7														借					4	3	4	9	1	3	3	
12	31	汇	2	汇总记字14-21号							4	0	0	0	0														借					4	3	8	9	1	3	3	

表2-129 总 分 类 账

一级科目：管理费用　　　　　　　　第 24 页

2020年		凭证		摘要	借方											√	贷方											√	借或贷	余额											√
月	日	种类	号数		亿	千	百	十	万	千	佰	拾	元	角	分		亿	千	百	十	万	千	佰	拾	元	角	分			亿	千	百	十	万	千	佰	拾	元	角	分	
11	30	汇	1	汇总11月业务					3	9	1	2	5	0	0														借					3	9	1	2	5	0	0	
				本月合计					3	9	1	2	5	0	0														借					3	9	1	2	5	0	0	
12	15	汇	1	汇总记字1-13号						1	7	4	5	1	6														借					4	0	8	7	0	1	6	
12	31	汇	2	汇总记字14-21号						4	4	0	5	4	4														借					4	5	2	7	5	6	0	

表2-130 总 分 类 账

一级科目：财务费用　　　　　　　　第 25 页

2020年		凭证		摘要	借方											√	贷方											√	借或贷	余额											√
月	日	种类	号数		亿	千	百	十	万	千	佰	拾	元	角	分		亿	千	百	十	万	千	佰	拾	元	角	分			亿	千	百	十	万	千	佰	拾	元	角	分	
12	15	汇	1	汇总记字1-13号								5	0	0	0														借								5	0	0	0	

微课

总账的登记

总账是根据科目汇总表登记得到的，由于11月份的全部记账凭证汇总在一张科目汇总表中，11月份的总账只有一行数字，其本月合计数就是该数，因而可以不填写“本月合计”。这里展示的总账账户，有的填写了“本月合计”，有的没有填写，遵循的就是这一规则。此外，与前面日记账和明细账的处理相同，由于11月份是馨怡公司2020年度的第一个月（经营），其本年累计数与本月合计数相同，因而没有填写“本年累计”。

（三）汇总记账凭证账务处理程序下总账的登记

汇总记账凭证账务处理程序示意图，如图2-58所示。

在汇总记账凭证账务处理程序下，首先根据记账凭证编制汇总记账凭证，具体应根据收款业务的记账凭证编制汇总收款凭证，根据付款业务的记账凭证编制汇总付款凭证，根据转账业务的记账凭证编制汇总转账凭证，再根据汇总记账凭证登记总账。汇总的方法可以参考科目汇总表的编制。在实务中，这种方式较少采用，因此这里不进行具体演示。

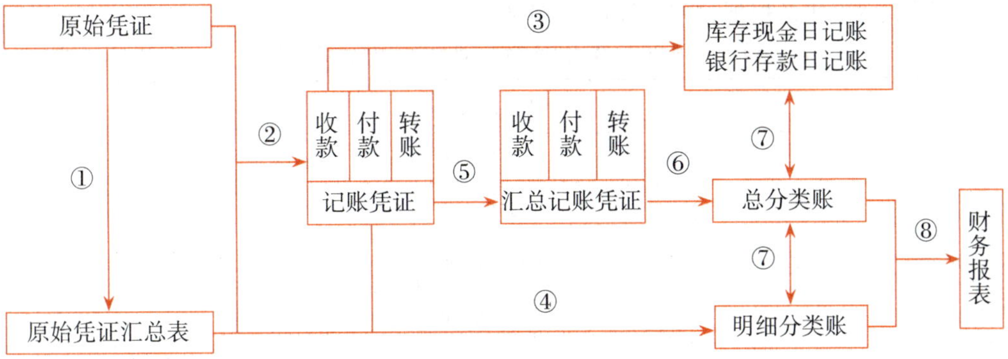

图2-58　汇总记账凭证账务处理程序示意图

【实务世界】月结账的处理

前面演示的馨怡公司11月份的日记账、明细账和总账都进行了月结账，月结账的处理可以总结如下：

（1）日记账和损益类科目明细账需要计算当月发生额和本年累计数，应在最后一笔业务下通栏划一条单红线，在摘要栏填写“本月合计”，并在借方金额栏和贷方金额栏分别填列计算出的当月借方发生额和当月贷方发生额，在余额栏填列期末余额，在下面通栏再划一条单红线。但如果某月只有一笔业务，本月合计数就等于该笔业务的数据，则可以不填写“本月合计”。日记账和损益类科目明细账还需要计算本年累计数，应在“本月合计”下一行的摘要栏填写“本年累计”，并在借方金额栏、贷方金额栏和余额栏分别填列本年借方发生额、本年贷方发生额和期末余额，并在下面通栏再划一条单红线。如果是会计年度的第一个月，由于本年累计数与本月合计数相同，因而可以不填列。在前面的演示中，由于馨怡公司是2020年11月份开始营业的，11月份是该公司2020年度的第一个月（经营），因此，该月的月结账可以不填列“本年累计”。

（2）其他科目的明细账，如“应收账款”“应付职工薪酬”等明细账，不需要计算当月发生额和本年累计发生额，只需在最后一笔业务下通栏划一条单红线。

（3）所有科目的总账都需要计算本月发生额和本年累计发生额，其处理如同第（1）条中日记账和损益类科目明细账的处理。

【实务世界】电算化会计系统按照哪种方式登记总账？

在电算化普及的今天，还存在总账吗？答案是肯定的。首先，财务软件仍具有总账功能。其次，很多单位仍然选择将财务软件系统中的账簿打印出来，包括打印总账。由于财务软件的账簿实际上是根据记账凭证按科目归类得到的，只要执行一个过账命令就能得到日记账、明细账和总账，并不需要像手工账那样经历烦琐的过账环节，所以也就无需考虑减轻登记账簿工作量的问题，采用的是根据记账凭证逐笔生成总账的方式。因此，可以认为电算化会计系统采用的是根据记账凭证登记总账的方式，即采用记账凭证账务处理程序来登记总账。

（四）编制总账的试算平衡表

登记完总账后，也应当编制试算平衡表，以初步验证是否存在过账错误。由于这里仅给出了馨怡公司科目汇总表账务处理程序下总账的完整数据，因而表2-131中展示的总账试算平衡表便是根据这些总账账户编制的。

表2-131 馨怡公司2020年12月31日调整前总账试算平衡表 单位：元

一级科目	借方余额	贷方余额
库存现金	1 563.90	
银行存款	434 350.32	
应收账款	1 822 803.00	
预付账款	42 000.00	
其他应收款	—	
在途物资	—	
库存商品	4 252.87	
固定资产	14 400.00	
短期借款		500 000.00
应付账款		962 520.00
应付职工薪酬		—
应交税费		—
实收资本		500 000.00
主营业务收入		1 761 300.00
主营业务成本	1 315 147.13	
税金及附加	85.85	
销售费用	43 891.33	
管理费用	45 275.60	
财务费用	50.00	
合 计	3 723 820.00	3 723 820.00

表2-131中的借方合计数与贷方合计数相等。该试算平衡表的编制步骤与前面介绍的日记账和明细账试算平衡表的编制步骤相同。其不同的地方在于，前者是根据日记账和明细账进行编制的，而这里的试算平衡表是根据总账进行编制的。

【思政园地】同一科目的总账和明细账可以由同一个人登记吗?

在手工账环境下，同一科目的总账和明细账最好由不同的人来登记。其目的，首先是便于发现账簿登记的错误，由于同一科目的总账和明细账由不同的人来登记，同时发生相同错误的可能性更低，因而可以通过总账和明细账的核对发现错误。其次是可以进行内部牵制，通过总账与明细账的核对预防舞弊。虽然，职业道德要求会计从业人员不得从事做假账等舞弊行为，但通过内部牵制预防舞弊也是必不可少的。另外，内部牵制等内部控制制度的存在，提高了会计舞弊的门槛，有助于有关人员放弃舞弊的念头，更好地遵守会计职业道德。不过，在小型企业中，由于人员有限，要进行这种分工不太现实，而且小型企业的所有者往往亲自参与管理，能够对企业进行有力监督，这也从一定程度上抵消了不能进行细致分工带来的不利影响。

资料来源：ROBERT R M. 新版COSO内部控制实施指南［M］. 秦荣生，张庆龙，韩菲，译. 北京：电子工业出版社，2019.（有改动）

课后练习

一、单项选择题

1. 日记账和明细账账户中的日期应根据记账凭证的（　　）进行登记。
   A. 编号　　B. 摘要　　C. 金额　　D. 日期
2. 库存商品明细账应选用（　　）格式的账页。
   A. 三栏式　　B. 数量金额栏式　　C. 多栏式　　D. 以上都可以
3. 管理费用明细账的格式是（　　）。
   A. 三栏式　　B. 数量金额栏式　　C. 横线式　　D. 多栏式
4. 登记数量金额栏式明细账时，登记的依据是（　　）。
   A. 原始凭证　　B. 记账凭证
   C. 原始凭证和记账凭证　　D. 科目汇总表
5. 南方机电公司的账务处理流程，如图2-59所示。

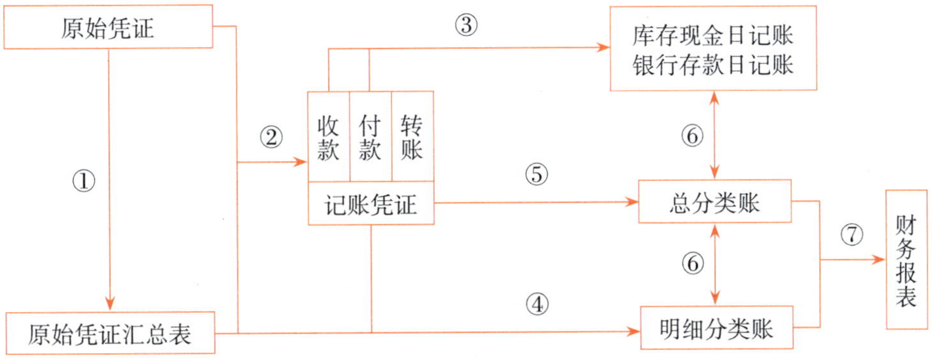

图2-59　南方机电公司账务处理流程图

该公司采用的账务处理程序是（　　）。
   A. 记账凭证账务处理程序　　B. 科目汇总表账务处理程序
   C. 汇总记账凭证账务处理程序　　D. 多栏式日记账账务处理程序

6. 重霖公司采用全月一次加权平均法计算库存商品的发出成本。该公司A产品6月份的期末结存数量为300千克，单价2 100元；7月5日购入A产品500千克，单价2 125元；7月19日以单价2 076元的价格购入A产品800千克，则其平均单价为（　　）元。

A.2 100　　B.2 095.8125　　C.2 125　　D.2 076

二、多项选择题

1.下列应逐日结出余额的账户有（　）。

A.原材料明细账　　B.库存现金日记账

C.原材料总账　　D.银行存款日记账

2.数量金额栏式账簿之所以获得这个名称，是因为其收入、发出和结存三大栏都包括的栏目有（　）。

A.数量　　B.单价　　C.金额　　D.摘要

三、判断题

1.若采用科目汇总表账务处理程序，则应根据科目汇总表登记原材料明细账。（　）

2.“库存现金”科目开设日记账，不需开设明细账。（　）

3.各种账务处理程序的区别是总账的登记依据不同。（　）

4.同一科目的总账和明细账应由同一个人登记，以便统一风格和口径。（　）

5.若试算不平衡，则账簿登记一定有错误。（　）

项目三

期末账务处理程序

任务一　执行调整程序

账务处理程序概览（执行调整程序），如图3-1所示。

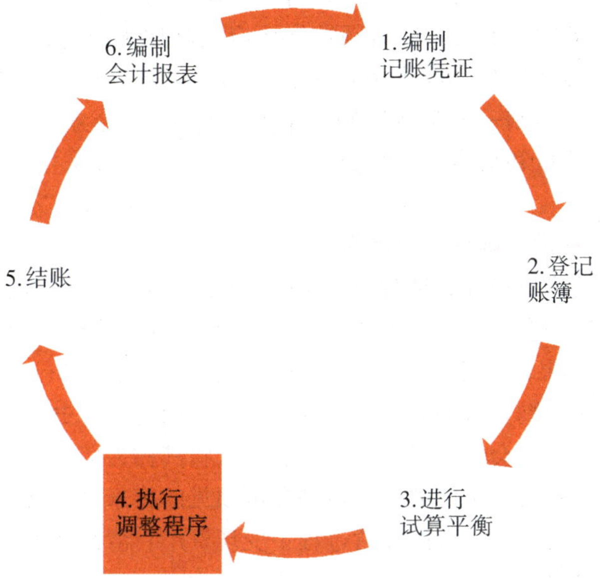

图3-1　账务处理程序概览

学习目标

1.理解权责发生制的含义
2.理解配比原则、持续经营假设和会计分期假设
3.理解调整业务的类型
4.能够编制调整业务记账凭证并过账
5.能够编制调整后日记账与明细账试算平衡表

一、调整程序的性质

（一）调整程序的理论基础：权责发生制

根据记账凭证登记账簿并编制调整前试算平衡表后，还不能立刻编制会计报表，有些账户还应进行期末调整，以便准确地反映会计主体的收入、费用及相关的资产和负债。之所以要进行这种调整，依据的是权责发生制原则，其也是公认会计原则的组成部分。

根据权责发生制的要求，为创造收入的服务已经提供，或销售的货物已经移交给客户后，即使没有收到货款，也应将收入记入账簿中。同样，对于已经发生的费用，即使没有支付款项，也应通过账务处理记入账簿中，以使其最终在会计报表中得到反映。

与权责发生制相对应的是收付实现制，按照其要求，收入只有在收到款项时才能进行确认，费用只有在支付款项时才能进行账务处理。例如，我国的《事业单位会计制度》规定："我国的事业单位采用收付实现制。"

对于一些应收款项和应付款项很少的小型服务业企业，如一家私人诊所，病人在就诊时基本上就要交纳费用，其采用收付实现制进行账务处理得到的结果与采用权责发生制得到的结果出入不大。但对频繁发生应收款项和应付款项的企业而言，采用收付实现制就不能准确反映其收入和费用，从而不能准确反映其利润。因为这个原因，我国的《企业会计准则——基本准则》第九条规定："企业应当以权责发生制为基础进行会计确认、计量和报告。"这意味着，我国的企业都采用权责发生制确认收入和费用。

（二）收入与费用的确认：配比原则

对会计而言，进行账务处理时应遵循的原则之一是历史成本原则，即经济业务的处理是按照其发生时的金额进行记录的，这样，固定资产在账簿中就是按照其购置时的金额进行记录的，如果该企业不能再经营下去，就要将资产进行处置，比如出售变成现金，这时就不能按照购置时的成本确定其价格了。因此，历史成本原则的适用是有前提的，这个前提就是企业会继续经营下去，会计上将其称为持续经营假设。持续经营假设可以正式地表述为：会计主体的经营活动在可预见的将来会继续下去，不拟也不必终止经营或破产清算，可以在正常的经营过程中变现资产、清偿债务。这里的"可预见的将来"一般指十二个月。

会计是向使用者提供会计信息的系统，会计信息是使用者进行决策的重要依据之一。因此，为了让使用者能够有效做出决策，需要及时提供会计信息。对于一个会计主体，如一个企业来说，理论上可以无限持续下去，"百年老店"有可能已经存在了上百年时间，并还可能继续长期存在下去。对于一家"百年老店"，在其存续期限内，该企业有时候可能盈利，有时候可能亏损，其累计盈亏到底如何，只能等到该企业决定终止经营时才能确定，但这显然无法满足决策者及时获得会计信息进行决策的需要。因此，需要人为地将连续不断的"持续经营"期间划分为时间段落，以及时提供会计信息，作为信息使用者进行投资、征税和信贷的决策依据。这种将企业连续不断的经营期间划分为时间段落的做法，称为会计分期假设。

【法规广角】四个会计假设

会计主体假设、持续经营假设、会计分期假设以及货币计量假设共同构成会计工作的基本前提，称为"四个会计假设"。其中，会计主体假设解决了为谁进行会计核算的问题，确定了会计核算工作的空间范围，持续经营假设和会计分期假设确定了会计核算的时间范围，货币计量假设确定了会计核算的手段。我国的《企业会计准则——基本准则》对四个会计假设都有明确的规定。其中，第五条规定："企业应当对其本身发生的交易或者事项进行会计确认、计量和报告。"这条规定中的"其本身"体现的正是会计主体假设。第六条规定："企业会计确认、计量和报告应当以持续经营为前提。"这条规定明确了持续经营假设是正常账务处理的基本前提。第七条规定："企业应当划分会计期间，分期结算账目和编制财务会计报告。”这条规定则是会计分期假设。第八条明确规定：“企业会计应当以货币计量。”这条规定体现的显然是货币计量假设。

根据会计分期假设，会计主体通常按年编制会计报表，提供会计信息，这在会计上称为会计年度。我国的会计年度采用公历年度，即会计年度是从每年的1月1日至12月31日。一个会计年度还可以进一步划分为月度、季度，提供会计信息，例如，按月编制的会计报表称为月度报表，简称月报；按季编制的会计报表称为季度报表，简称季报。月报和季报都是在一个会计年度还没有结束的时候编制的，处于会计年度的中间，因此，这种报表也称为中期报告。

利润表应当反映一个会计期间内所有的收入和费用。按照权责发生制原则，收入应在其实现时记入利润表中。例如，当企业向客户提供了服务时，即便没有收到款项，由于收入已经实现，应将其纳入利润表进行反映。为创造该收入而发生的费用，也应记入相同的会计期间。这种将收入和相应费用记入相同会计期间的做法，称为配比原则。通过将收入和费用进行配比，利润表才能提供准确的盈亏信息，资产负债表才能提供准确的资产和负债信息。

（三）调整程序的处理

会计期末，根据账簿编制调整前试算平衡表以验证所有会计科目的借方合计数与其贷方合计数是否相等。该试算平衡表中很多账户的期末余额是无需调整的，而是直接在会计报表中进行反映。例如，应收票据的余额就直接出现在资产负债表的“应收票据”项目中。但按照权责发生制原则，有些账户需要进行调整更新：

（1）会计期末，有些收入和费用项目没有及时在账务处理中进行记录。例如，某家政公司为客户提供了为期一个月的清洁服务，赚取收入的交易已经完成，但按照合同规定要到下一个月才能进行结算。对费用而言，员工已经为企业工作了一个月，应该记入相应的费用和成本项目，但企业往往在下一个月支付工资，导致没有及时确认员工的工资费用。

（2）有些费用是逐日发生的，但会计上并不逐日进行记录。例如，使用燃气、水电等服务，每使用一天便发生一天的费用，但如果逐日进行会计处理，工作量很大，缺乏效率，也没有必要，会计实务中的做法是定期进行处理，如一个月处理一次。

（3）有些收入和费用是随着时间的推移而逐渐发生的，而不像销售和采购这种交易，是发生时就已经完成的一次性的单独交易。例如，房东可能预收半年的租金，随着租客逐渐地使用房子而逐步赚取租金；公司订阅杂志可能一次性交半年的订阅费用，随着杂志的逐渐投递而变成费用。

对于上述三种情况，应于每个会计期末（月末、季末或年末）进行处理，这种处理方式称为调整程序。调整程序是通过编制调整分录来实现的，与前面演示的经济业务的账务处理一样，调整分录也是以记账凭证为表现形式的。每一项调整业务至少涉及一个利润表账户和一个资产负债表账户，即至少涉及一个收入账户或一个费用账户，以及一个资产账户或一个负债账户。这样，如果未能正确执行调整程序，将导致收入（或费用）和资产（或负债）都发生错误，从而影响利润表和资产负债表的准确性。

（四）调整业务的类型

调整业务可以分为应计和摊销两大类。

当收入已经赚得或费用已经发生但没有进行会计记录时，就发生了应计类型的调整业务。应计业务可以进一步划分为应计收入和应计费用。如果是应计收入，应在会计期末借记“应收账款”科目，贷记“主营业务收入”或“其他业务收入”科目。如果是应计费用，则会计期末应借记费用类科目，贷记“应付账款”科目。

如果预先收到了款项，但赚得收入的活动在此后才逐步完成，则收到款项时记入“预收账款”科目，到期末时，赚得收入的活动已经发生，应将这部分预收账款确认为收入，借记“预收账款”科目，贷记收入类科目。如果预先支付了款项，但费用在此后才逐步发生，则形成了待摊销的费用。对于这种业务，支付款项时，将其记入“预付账款”科目，会计期末，应根据当期受益情况将其确认为费用，借记费用类科目，贷记“预付账款”科目。

应计和摊销业务的处理总结见表3–1。

表3–1　应计和摊销业务的处理总结

项　目	事项描述	初始记录	期末调整分录
应计收入	收入已赚得，款项未收	无记录	借：应收账款 　贷：收入类科目
应计费用	费用已发生，款项未付	无记录	借：费用类科目 　贷：应付账款
收入分摊	款项已预收，收入于收款后逐渐赚得	借：库存现金/银行存款 　贷：预收账款	借：预收账款 　贷：收入类科目
费用分摊	款项已预付，费用于付款后逐渐发生	借：预付账款 　贷：库存现金/银行存款	借：费用类科目 　贷：预付账款

二、应计项目调整分录

应计项目之所以特殊，在于其不会自然而然地产生原始凭证，这与采购、销售等业务是不相同的。例如，将商品以赊销的方式销售给客户，虽然暂时没有收到款项，但在该业务发生的过程中会开具销售发票、送货单和出库通知单等原始凭证，这些原始凭证的存在，会促发编制记账凭证等一系列的账务处理程序。应计项目不会产生这样的原始凭证，其完全是会计人员依据权责发生制原则进行分析和处理的结果，这项工作在会计期末进行。如果不进行这种分析，就可能遗漏应计项目的记录，从而造成会计信息的不准确。应计项目包括应计收入和应计费用，下面分别举例进行说明。

（一）应计收入的调整分录

馨怡公司没有应计收入，为说明应计收入的处理，这里另行举例。例如，2020年12月1日，康美家政有限公司（简称康美公司）与广东三信实业有限公司（简称三信公司）签订协议，从即日起为三信公司提供为期一年的家具保养服务，每个月的家具维护费为2 000元，于次月10日进行结算。康美公司虽然要到2021年1月10日才能向三信公司收款，但每过一天，康美公司便赚得一天的家具维护费，每个月结束便赚取2 000元收入。2020年12月31日，康美公司已赚得2 000元家具维护费，收入增加2 000元，同时，对三信公司的应收账款也增加2 000元。依据借贷记账规则，该业务对会计等式的影响，如图3-2所示。

图3-2　康美公司应计收入调整事项对会计等式的影响

根据图3-2中的丁字账户信息，可以编制该业务的调整分录：

借：应收账款——三信公司　　2 000

　　贷：主营业务收入　　2 000

调整分录的载体也是记账凭证，康美公司也要为这笔调整分录编制记账凭证，其编制方法与项目二中列举的方法相同，这里略去。需要指出的是，这里的“主营业务收入”没有列明明细科目，康美公司应根据具体情况确定明细科目。

从上述会计分录可以看出，如果不编制该调整分录，康美公司2020年的应收账款和主营业务收入都会少记2 000元。“应收账款”是资产负债表科目，“主营业务收入”是利润表科目，这会导致康美公司资产负债表和利润表都不准确。

（二）应计费用的调整分录

企业在赚取收入的过程中会耗用资源，员工的人力资源便是这样一种资源。员工的服务不是无条件的，企业需要向其支付报酬。员工为企业工作一天，企业就应支付员工一天的工资，但工资通常按一定的期限（如一个月），在特定的日期发放。2020年12月31日，馨怡公司的员工已赚得一个月的工资，但馨怡公司的工资支付日是次月的第10天，因此，员工要到2021年1月10日才能获得2020年12月的工资。但对公司而言，其工资费用已经发生，需要进行会计记录，这就是典型的应计费用事项，称为费用的计提。此外，和员工的工资类似，要向政府缴纳的税费往往也是在发生后才缴纳的，因此也要进行计提。接下来，将对馨怡公司2020年12月的应计费用依次进行说明。

【业务3-1】2020年12月31日，计提本月工资，人事部提供了工资计算表。

【分析】员工的工资需要按员工所在的部门记入相应的成本费用项目，通过扫描二维码可以看到，馨怡公司销售部员工12月份的工资为9 542元，这使得“销售费用——工资”科目的金额增加9 542元。其他部门人员的工资合计为38 970元，应记入“管理费用——工资”科目，这使得该科目的金额增加38 970元。工资合计金额为48 512元，意味着“应付职工薪酬——工资、奖金、津贴和补贴”这项负债增加48 512元。按照借贷记账规则，业务3-1对会计等式的影响，如图3-3所示。

业务3-1

原始凭证

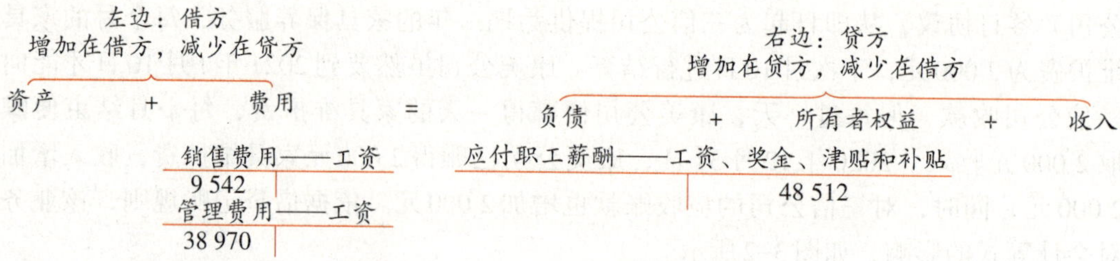

图3-3 业务3-1对会计等式的影响

根据图3-3中的丁字账户信息，先写借方会计科目和金额，再写贷方会计科目和金额，可以编制业务3-1的会计分录：

借：销售费用——工资　　9 542

　　管理费用——工资　　38 970

　　贷：应付职工薪酬——工资、奖金、津贴和补贴　　48 512

业务3-1的记账凭证见表3-2。

表3-2

记 账 凭 证

2020年12月31日　　　　记字第 22 号

摘要	会计科目		借方金额											√	贷方金额											√
	总账科目	明细科目	亿	千	百	十	万	千	佰	拾	元	角	分		亿	千	百	十	万	千	佰	拾	元	角	分	
计提工资	销售费用	工资						9	5	4	2	0	0	√												
计提工资	管理费用	工资					3	8	9	7	0	0	0	√												
计提工资	应付职工薪酬	工资、奖金、津贴和补贴																	4	8	5	1	2	0	0	√
附件2张	合计					¥	4	8	5	1	2	0	0					¥	4	8	5	1	2	0	0	

会计主管：李繁琳　　记账：李繁琳　　出纳：　　审核：李繁琳　　制单：陈凤飞

馨怡公司的这笔业务应接着前面12月份业务的记账凭证顺序编号，前面的记账凭证已编至记字第21号（项目二任务二中的业务2-32对应的记账凭证），因而这里应编为记字第22号。需要说明的是，馨怡公司11月份的业务2-8计提了11月份的工资，也属于应计费用调整业务，其处理方法与该笔业务的处理方法是完全相同的。

【业务3-2】2020年12月31日，计提本月附加税费，其中，计提本月城市维护建设税3 645.2元，计提教育费附加1 562.23元，计提地方教育附加1 041.49元，合计金额为6 248.92元。

【分析】这一业务的发生，使得馨怡公司的费用“税金及附加”增加6 248.92元。同时，馨怡公司对税务部门的负债也增加了，其中，“应交税费——应交城市维护建设税”增加3 645.2元，“应交税费——应交教育费附加”增加1 562.23元，“应交税费——应交地方教育附加”增加1 041.49元。依据借贷记账规则，业务3-2对会计等式的影响，如图3-4所示。

业务3-2

原始凭证

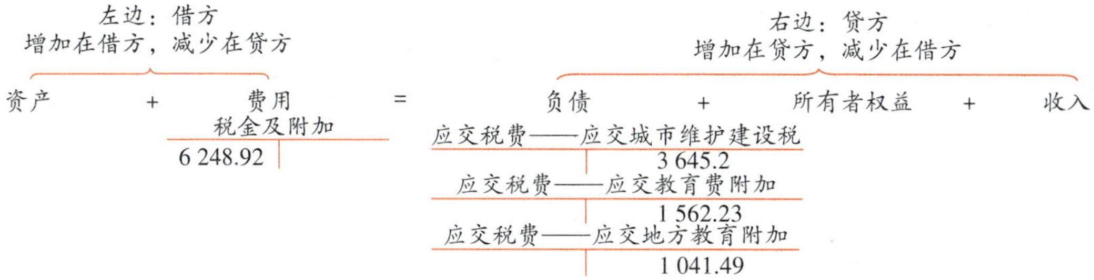

图3-4　业务3-2对会计等式的影响

根据图3-4中的丁字账户信息，先写借方会计科目和金额，再写贷方会计科目和金额，可以编制业务3-2的会计分录：

借：税金及附加　　6 248.92

　　贷：应交税费——应交城市维护建设税　　3 645.2

　　　　　　　　——应交教育费附加　　1 562.23

　　　　　　　　——应交地方教育附加　　1 041.49

业务3-2的记账凭证见表3-3。

表3-3

记　账　凭　证

2020年12月31日　　记字第　23　号

摘　要	会计科目		借方金额											√	贷方金额											√
	总账科目	明细科目	亿	千	百	十	万	千	佰	拾	元	角	分		亿	千	百	十	万	千	佰	拾	元	角	分	
计提本月附加税费	税金及附加							6	2	4	8	9	2	√												
计提本月附加税费	应交税费	应交城市维护建设税																		3	6	4	5	2	0	√
计提本月附加税费	应交税费	应交教育费附加																		1	5	6	2	2	3	√
计提本月附加税费	应交税费	应交地方教育附加																		1	0	4	1	4	9	√
附件1张	合　计						¥	6	2	4	8	9	2						¥	6	2	4	8	9	2	

会计主管：李繁琳　　记账：李繁琳　　出纳：　　审核：李繁琳　　制单：陈凤飞

【法规广角】附加税费

城市维护建设税、教育费附加和地方教育附加等不是独立的税费，其征收要以征收主税为前提。因此，它们常被称为附加税费。国务院2021年施行的《中华人民共和国城市维护建设税法》和2011年修订的《征收教育费附加的暂行规定》分别规定了城市维护建设税和教育费附加征收的依据和税率，其征收依据是纳税人应缴纳的增值税和消费税的税额，其税率见表3-4。地方教育附加的征收以《中华人民共和国教育法》第五十八条为依据，该条款规定：“省、自治区、直辖市人民政府根据国务院的有关规定，可以决定开征用于教育的地方附加费，专款专用。”地方教育附加的征收率由省级人民政府报财政部同意后规定，一般为2%。馨怡公司所在地为广州市，隶属于广东省，根据广东省人民政府2011年颁布的《广东省地方教育附加征收使用管理暂行办法》的规定，地方教育附加的征收率为2%。

表3-4 附加税费的税率

税 种	税 率	备 注
城市维护建设税	7%	市区
	5%	县城、镇
	2%	不在以上区域
教育费附加	3%	
地方教育附加	一般为2%	由省人民政府具体规定

馨怡公司不需要缴纳消费税，因此，其城市维护建设税、教育费附加和地方教育附加的征收依据是该公司需要缴纳的增值税税额，这需要查阅“应交税费——应交增值税”的账户记录（详见“应交增值税”明细账12月份记字第21号凭证所在行的余额，或通过扫描二维码查阅）。

“应交税费——应交增值税”明细账

从馨怡公司的“应交增值税”明细账可以看出，其12月份应缴纳的增值税税额为52 074.27元，再根据城市维护建设税、教育费附加和地方教育附加的税率，就可以计算出该公司12月份应缴纳的附加税费金额。馨怡公司的附加税费计算表（见表3-5），需要作为编制计提附加税费记账凭证的原始凭证。

表3-5 附加税费计算表

编制单位：广东馨怡香精有限公司　　2020年12月31日　　单位：元

税费名称	计提基数	税（费）率	税费金额
城市维护建设税	52 074.27	7%	3 645.20
教育费附加	52 074.27	3%	1 562.23
地方教育附加	52 074.27	2%	1 041.49
合 计			6 248.92

还需指出的是，馨怡公司11月份业务2-11计提附加税费的操作步骤也是相同的，因此，那也是一笔调整业务。

除了计提工资和附加税费，馨怡公司还需计提借款利息。

【业务3-3】2020年12月31日，计提本月短期借款利息2 500元。

业务3-3 原始凭证

【分析】借款是需要支付利息的，馨怡公司12月1日从中国工商银行长湖支行取得半年期借款500 000元，月利率0.5%，该借款每占用一天，就发生一天的利息费用，但银行每天收取利息是缺乏效率的方式，因此，通常的做法是一定期间收取一次利息，比如一个月、一个季度或半年度收取一次，具体应以借贷双方签订的借款合同为依据。馨怡公司12月份的借款利息虽然没有支付，但已经发生，其金额为2 500元（500 000×0.5%）。这一事项使得馨怡公司的费用“财务费用——利息费用”增加2 500元，同时其负债“应付利息——工商银行”也增加2 500元。根据借贷记账规则，业务3-3对会计等式的影响，如图3-5所示。

左边：借方　　　　　　　　　　　　　　　　　　　　　　　　右边：贷方
增加在借方，减少在贷方　　　　　　　　　　　　　　　　　　增加在贷方，减少在借方

资产　+　费用　=　负债　+　所有者权益　+　收入

财务费用——利息费用

2 500	

应付利息——工商银行

	2 500

图3-5　业务3-3对会计等式的影响

根据图3-5中的丁字账户信息，先写借方会计科目和金额，再写贷方会计科目和金额，可以编制业务3-3的会计分录：

借：财务费用——利息费用　　2 500

　　贷：应付利息——工商银行　　2 500

业务3-3的记账凭证见表3-6。

表3-6　**记　账　凭　证**

2020年12月31日　　　　记字第　24　号

摘　要	会计科目		借方金额											√	贷方金额											√
	总账科目	明细科目	亿	千	百	十	万	千	佰	拾	元	角	分		亿	千	百	十	万	千	佰	拾	元	角	分	
计提短期借款利息	财务费用	利息费用						2	5	0	0	0	0	√												
计提短期借款利息	应付利息	工商银行																		2	5	0	0	0	0	√
附件1张	合　计						¥	2	5	0	0	0	0						¥	2	5	0	0	0	0	

会计主管：李繁琳　　记账：李繁琳　　出纳：　　审核：李繁琳　　制单：陈凤飞

如果不进行以上应计费用的账务处理，馨怡公司的费用将少记，具体少记金额见表3-7。

表3-7　**遗漏应计费用业务带来的影响**　　单位：元

业务序号	记账凭证编号	费用名称	金　额
3-1	记字第22号	销售费用——工资	9 542
3-1	记字第22号	管理费用——工资	38 970
3-2	记字第23号	税金及附加	6 248.92
3-3	记字第24号	财务费用——利息费用	2 500
合　计			57 260.92

从表3-7可以看出，费用金额会少记57 260.92元，同时，负债总金额也将少记57 260.92元，在不考虑所得税的情况下，这将导致馨怡公司的资产负债表和利润表都发生金额错误，其具体影响如图3-6所示。

	金额错误数量
利润表	
收入金额正确	¥×××
费用少记	(¥57 260.92)
利润总额多记	¥57 260.92
资产负债表	
资产金额正确	¥×××
负债少记	(¥57 260.92)
所有者权益多记	¥57 260.92
负债与所有者权益合计金额正确	¥×××

图3-6 遗漏费用调整业务对会计报表带来的影响

三、摊销项目调整分录

摊销项目的特点在于已先收取或支付款项，会计期末，需要按照权责发生制将已收取的款项确认为收入，或将已支付的款项确认为费用。

（一）摊销预收收入的调整分录

馨怡公司没有预收收入，但与其发生业务往来的广东日照房产有限公司（简称日照房产）有预收收入。日照房产于2020年12月1日收到馨怡公司预付的半年期房租18 000元和增值税900元，共计18 900元。日照房产收到该款项时，应编制如下会计分录：

借：银行存款　　18 900

　　贷：预收账款——馨怡公司　　18 000

　　　　应交税费——应交增值税（销项税额）　　900

到2020年12月31日，日照房产已为馨怡公司提供了一个月的租房服务，从而已赚得一个月的租金，金额为3 000元（18 000÷6）。此时，应编制如下调整分录：

借：预收账款——馨怡公司　　3 000

　　贷：主营业务收入　　3 000

这里没有提供“主营业务收入”的明细科目，日照房产应根据业务具体情况确定适合的明细科目。

（二）摊销预付费用的调整分录

【业务3-4】2020年12月31日，分摊本月应负担的预付房租3 000元和预付汽车租金8 000元，合计11 000元。

业务3-4

原始凭证

【分析】这两笔预付账款在月初分别记入“预付账款——日照房产”和“预付账款——瑞风汽车”科目，当时，馨怡公司刚开始租用房子和汽车，费用并未发生。随后，房子和汽车每使用一天，就会发生一天的租金费用，在使用了一个月后，就应该确认为公司的相应费用。租用的房子和汽车都用于办公，因而导致“管理费用——办公费”的增加。同时，因为已经使用了房子和汽车各一个月，预付日照房产和瑞风汽车的款项也应相应减少。根据借贷记账规则，上述调整事项对会计等式的影响，如图3-7所示。

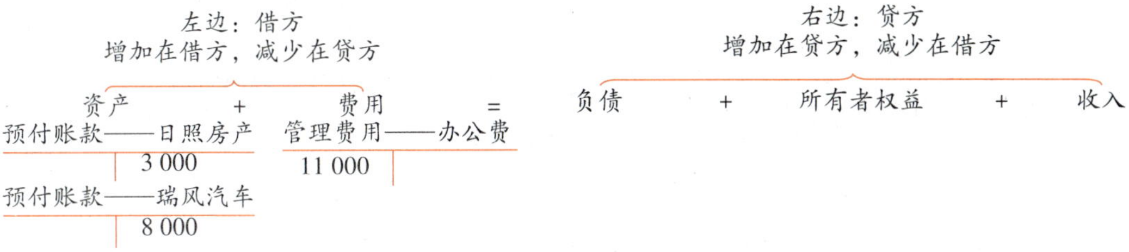

图3-7　业务3-4对会计等式的影响

根据图3-7中的丁字账户信息，先写借方会计科目和金额，再写贷方会计科目和金额，可以编制业务3-4的会计分录：

借：管理费用——办公费　　　　11 000

　　贷：预付账款——日照房产　　　　3 000

　　　　　　　——瑞风汽车　　　　8 000

业务3-4的记账凭证见表3-8。

表3-8

记　账　凭　证

2020年12月31日　　　　记字第　25　号

摘　要	会计科目		借方金额											√	贷方金额											√
	总账科目	明细科目	亿	千	百	十	万	千	佰	拾	元	角	分		亿	千	百	十	万	千	佰	拾	元	角	分	
摊销房租和汽车租金	管理费用	办公费					1	1	0	0	0	0	0	√												
摊销房租	预付账款	日照房产																		3	0	0	0	0	0	√
摊销汽车租金	预付账款	瑞风汽车																		8	0	0	0	0	0	√
附件1张	合　计					¥	1	1	0	0	0	0	0					¥	1	1	0	0	0	0	0	

会计主管：李繁琳　　记账：李繁琳　　出纳：　　审核：李繁琳　　制单：陈凤飞

在编制该笔调整业务的记账凭证之前，可以先编制费用分摊表（见表3-9），并将其作为记字第25号凭证的原始凭证（这正是二维码中原始凭证的由来）。

表3-9　　**2020年12月份费用分摊表**　　金额单位：元

序　号	内　容	金　额	摊销期限（月）	本期分摊金额
1	房租	18 000.00	6	3 000.00
2	汽车租金	24 000.00	3	8 000.00
合　计		42 000.00		11 000.00

审核：李繁琳　　　　制单：陈凤飞

如果不对上述预付费用进行摊销，则馨怡公司的费用会少记11 000元，如果不考虑所得税的影响，这会导致营业利润多记11 000元，进而使得所有者权益也多记。同时，“预付账款”这项资产因未能摊销而多记11 000元。遗漏费用摊销对会计报表的影响，如图3-8所示。

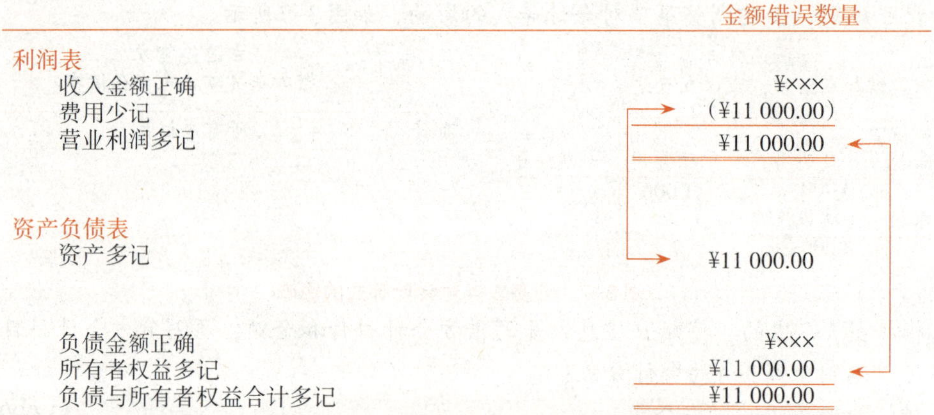

图3-8 遗漏费用摊销对会计报表的影响

四、固定资产折旧

固定资产是企业拥有的使用期限较长、金额达到一定标准以上的有形资产。例如，厂房、机器设备等都属于固定资产。在某种程度上，固定资产是一种长期预付费用。由于固定资产的金额通常较大，使用期限也较长，这里对其单独进行讨论。企业购置固定资产的最终目的是创造收入，就如商业企业购买库存商品的目的是创造收入一样。只是，商品的消耗是显而易见的，而固定资产的使用则不会使其物理形态发生明显的改变。不过，固定资产的使用性能仍会因其使用而逐渐下降，这种使用性能的逐渐损耗称为折旧（depreciation）。由于固定资产的价值损耗即折旧是其在创造收入的过程中产生的，遵循配比原则，其损耗的那部分价值也应当记入费用项目，这种费用称为折旧费用。

会计期末（月末、季末或年末），需要计提折旧费用。一方面，增加（借记）费用或成本，另一方面，减少固定资产的价值。折旧导致的固定资产价值的损耗不直接记入“固定资产”科目，而是使用一个专门的“累计折旧”科目来进行记录。

“累计折旧”科目被称作反向科目（contra accounts）或反向资产科目（contra asset accounts），因为它的金额要从与其关联的“固定资产”科目的金额中扣除。“固定资产”科目的正常余额在借方，“累计折旧”是反向资产科目，因此其正常余额方向在贷方。

这里以馨怡公司的固定资产为例来说明折旧的会计处理。

【业务3-5】2020年12月31日，计提本月固定资产折旧。

业务3-5

原始凭证

【分析】通过查阅“固定资产——电脑”明细账和固定资产卡片可知，馨怡公司共有三台电脑，每台电脑的购入成本为4 800元，使用寿命为4年，折旧方法为直线法，按照这种折旧方法，固定资产的购入成本需要在4年中进行平均摊销，假定这些电脑使用寿命到期时没有任何残余价值，则每年应摊销的金额是1 200元（4 800÷4），每月应摊销的金额是100元（1 200÷12）。馨怡公司三台电脑12月份的折旧额见表3-10。

表 3-10　　**2020 年 12 月份折旧表**　　金额单位：元

资产名称	使用部门	折旧方法	原　值	残值率	折旧年限	累计折旧额	本月折旧额
电脑	行政部	直线法	4 800.00	0	4 年	0	100.00
电脑	财务部	直线法	4 800.00	0	4 年	0	100.00
电脑	销售部	直线法	4 800.00	0	4 年	0	100.00
合　计			14 400.00			0	300.00

销售部的电脑折旧费用应记入“销售费用——折旧”科目，金额为 100 元，行政部和财务部的电脑折旧费用应记入“管理费用——折旧”科目，金额为 200 元，同时，“累计折旧——电脑”科目增加 300 元。需要注意的是，“累计折旧”是反向资产科目，其增加与资产类科目的减少方向相同，在贷方。根据借贷记账规则，这一调整事项对会计等式的影响，如图 3-9 所示。

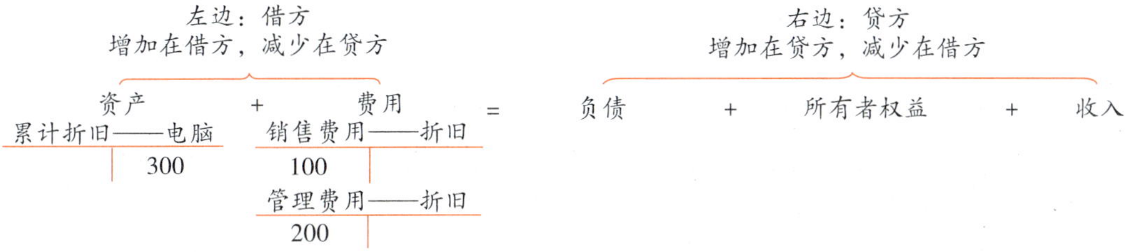

图 3-9　业务 3-5 对会计等式的影响

根据图 3-9 中的丁字账户信息，先写借方会计科目和金额，再写贷方会计科目和金额，可以编制业务 3-5 的会计分录：

借：销售费用——折旧　　100
　　管理费用——折旧　　200
　　贷：累计折旧——电脑　　300

业务 3-5 的记账凭证见表 3-11。

表 3-11　　**记　账　凭　证**

2020 年 12 月 31 日　　记字第　26　号

摘　要	会计科目		借方金额											√	贷方金额											√
	总账科目	明细科目	亿	千	百	十	万	千	佰	拾	元	角	分		亿	千	百	十	万	千	佰	拾	元	角	分	
计提折旧	销售费用	折旧							1	0	0	0	0	√												
计提折旧	管理费用	折旧							2	0	0	0	0	√												
计提折旧	累计折旧	电脑																			3	0	0	0	0	√
附件 1 张	合　计							¥	3	0	0	0	0							¥	3	0	0	0	0	

会计主管：李繁琳　　记账：李繁琳　　出纳：　　审核：李繁琳　　制单：陈凤飞

在计提固定资产折旧之后，由于折旧记入“累计折旧——电脑”科目，因此，“固定资产——电脑”这一账户的余额并没有受到影响，仍然是购入时的入账金额14 400元，其称为固定资产的原值。从该余额中扣除累计折旧300元之后，得到的余额14 100元称为固定资产的账面价值。

对固定资产的定义除了要求使用期限达到一定标准外，还要求其金额达到一定标准，这是因为，如果金额较小而使用期限较长，按照固定资产来进行费用分摊，就会缺乏效率，因为其金额不大，对会计报表的影响也不大，因而可以一次摊销或两次摊销。这种使用期限长，金额却不大的资产，称为周转材料。

随后将展示业务3-1至业务3-5对应的记字第22号至第26号凭证过账后的明细账，因此，这里展示的这些记账凭证都是其过账后的状态，“记账”处都已经签名。另外，由于这些记账凭证是遵循权责发生制进行调整产生的，不涉及货币资金的收付，因此，“出纳”处不需要签字。

【思政园地】违规处理固定资产折旧被监管机构处罚

固定资产折旧影响公司的利润，如果固定资产折旧的账务处理不符合会计准则的要求，可能导致费用和利润的不准确，这往往也是一些上市公司进行会计舞弊的惯用手法，是监管机构关注的事项之一。固定资产折旧账务处理违规案例见表3-12。

表3-12 固定资产折旧账务处理违规案例

违规公司	处罚时间	违规情况	处罚措施
衡阳金荔科技农业股份有限公司	2008年	该公司2006年未对其广州分公司的账面固定资产计提折旧、未对无形资产和长期待摊费用进行摊销，导致2006年年度报告中利润表少记费用2 220万元，虚增利润2 220万元	对公司董事长给予警告，并处以10万元罚款，对其余四名董事进行警告
长春燃气股份有限公司	2015年	该公司在建工程结转固定资产不及时，导致2014年少计提折旧568.8万元，虚增2014年度利润总额568.8万元	责令整改
贵州赤天化股份有限公司	2016年	该公司一项在建工程项目于2013年6月完工并投入使用，此时应予以转入固定资产并计提折旧，但该公司在2015年12月才将其转为固定资产，推迟转为固定资产导致少计提折旧约200万元，从而虚增利润约200万元	责令整改

上市公司应当按照会计准则的要求处理固定资产业务，准确反映公司的经营成果，这样才能维护会计信息使用者的合法利益，这是上市公司及其管理人员应尽的社会责任，也是最基本的职业道德。违反这些基本的责任和道德要求，将受到法律的制裁。我国的《证券法》第七十八条明确规定：“信息披露义务人披露的信息，应当真实、准确、完整，简明清晰，通俗易懂，不得有虚假记载、误导性陈述或者重大遗漏。”第八十五条规定：“信息披露义务人未按照规定披露信息，或者公告的证券发行文件、定期

报告、临时报告及其他信息披露资料存在虚假记载、误导性陈述或者重大遗漏，致使投资者在证券交易中遭受损失的，信息披露义务人应当承担赔偿责任。”第一百九十七条则规定：“信息披露义务人报送的报告或者披露的信息有虚假记载、误导性陈述或者重大遗漏的，责令改正，给予警告，并处以一百万元以上一千万元以下的罚款；对直接负责的主管人员和其他直接责任人员给予警告，并处以五十万元以上五百万元以下的罚款。发行人的控股股东、实际控制人组织、指使从事上述违法行为，或者隐瞒相关事项导致发生上述情形的，处以一百万元以上一千万元以下的罚款；对直接负责的主管人员和其他直接责任人员，处以五十万元以上五百万元以下的罚款。”表3-12中，衡阳金荔科技农业股份有限公司董事长因会计信息造假而被处罚，依据的正是这些法律条款（这里援引的条款是2019年12月28日第十三届全国人民代表大会常务委员会修订的《证券法》的条款，罚款金额与案例中的金额不一致，案件发生时的处罚标准依据的是当时实施的《证券法》的标准）。

资料来源：中国经济金融研究数据库（CSMAR）.

五、调整分录的过账

前面对调整事项的处理是通过编制记账凭证实现的，和其他业务的记账凭证一样，调整业务的记账凭证也要登记到相应的明细账账户中。如果采用的是记账凭证账务处理程序，还需要根据记账凭证登记相应的总账账户。如果采用的是科目汇总表账务处理程序，则需要根据这些记账凭证编制科目汇总表，再据以登记总账。馨怡公司采用科目汇总表账务处理程序进行账务处理，因此，应根据调整业务的记账凭证编制科目汇总表，再依据科目汇总表登记总账。这里仅演示明细账过账后的情况，科目汇总表及总账的登记将在项目三任务三中另行展示。

馨怡公司12月份记字第22号至第26号凭证过账后，相关的明细账账户展示见表3-13至表3-24。

表3-13　预付账款明细账

会计科目：预付账款
明细科目：日照房产

2020年		凭证		摘要	借方											√	贷方											√	借或贷	余额											√
月	日	种类	号数		亿	千	百	十	万	千	佰	拾	元	角	分		亿	千	百	十	万	千	佰	拾	元	角	分			亿	千	百	十	万	千	佰	拾	元	角	分	
12	1	记	2	预付半年房租					1	8	0	0	0	0	0														借					1	8	0	0	0	0	0	
12	31	记	25	摊销房租																		3	0	0	0	0	0		借					1	5	0	0	0	0	0	

表3-14　预付账款明细账

会计科目：预付账款
明细科目：瑞风汽车

2020年		凭证		摘要	借方											√	贷方											√	借或贷	余额											√
月	日	种类	号数		亿	千	百	十	万	千	佰	拾	元	角	分		亿	千	百	十	万	千	佰	拾	元	角	分			亿	千	百	十	万	千	佰	拾	元	角	分	
12	2	记	3	预付三个月轿车租金					2	4	0	0	0	0	0														借					2	4	0	0	0	0	0	
12	31	记	25	摊销汽车租金																		8	0	0	0	0	0		借					1	6	0	0	0	0	0	

表 3-15　　累计折旧明细账

会计科目：累计折旧
明细科目：电脑

2020年		凭证		摘要	借方											√	贷方											√	借或贷	余额											√
月	日	种类	号数		亿	千	百	十	万	千	佰	拾	元	角	分		亿	千	百	十	万	千	佰	拾	元	角	分			亿	千	百	十	万	千	佰	拾	元	角	分	
12	31	记	26	计提折旧																			3	0	0	0	0		贷							3	0	0	0	0	

表 3-16　　应付职工薪酬明细账

会计科目：应付职工薪酬
明细科目：工资、奖金、津贴和补贴

2020年		凭证		摘要	借方											√	贷方											√	借或贷	余额											√
月	日	种类	号数		亿	千	百	十	万	千	佰	拾	元	角	分		亿	千	百	十	万	千	佰	拾	元	角	分			亿	千	百	十	万	千	佰	拾	元	角	分	
11	30	记	8	计提本月工资																	4	8	6	7	8	0	0		贷					4	8	6	7	8	0	0	
12	10	记	11	发放11月工资					4	8	6	7	8	0	0														平									θ			
	31	记	22	计提工资																	4	8	5	1	2	0	0		贷					4	8	5	1	2	0	0	

表 3-17　　应交税费明细账

会计科目：应交税费
明细科目：应交城市维护建设税

2020年		凭证		摘要	借方											√	贷方											√	借或贷	余额											√
月	日	种类	号数		亿	千	百	十	万	千	佰	拾	元	角	分		亿	千	百	十	万	千	佰	拾	元	角	分			亿	千	百	十	万	千	佰	拾	元	角	分	
11	30	记	11	计提本月附加税费																				5	0	0	8		贷								5	0	0	8	
12	7	记	7	缴纳上月附加税费								5	0	0	8														平									θ			
	31	记	23	计提本月附加税费																		3	6	4	5	2	0		贷						3	6	4	5	2	0	

表 3-18　　应交税费明细账

会计科目：应付税费
明细科目：应交教育费附加

2020年		凭证		摘要	借方											√	贷方											√	借或贷	余额											√
月	日	种类	号数		亿	千	百	十	万	千	佰	拾	元	角	分		亿	千	百	十	万	千	佰	拾	元	角	分			亿	千	百	十	万	千	佰	拾	元	角	分	
11	30	记	11	计提本月附加税费																				2	1	4	6		贷								2	1	4	6	
12	7	记	7	缴纳上月附加税费								2	1	4	6														平									θ			
	31	记	23	计提本月附加税费																		1	5	6	2	2	3		贷						1	5	6	2	2	3	

表 3-19　　**应交税费明细账**

会计科目：应交税费

明细科目：应交地方教育费附加

2020年 月	日	凭证 种类	号数	摘要	借方	√	贷方	√	借或贷	余额	√
11	30	记	11	计提本月附加税费			1431		贷	1431	
12	7	记	7	缴纳上月附加税费	1431				平	θ	
	31	记	23	计提本月附加税费			104149		贷	104149	

表 3-20　　**应付利息明细账**

会计科目：应付利息

明细科目：工商银行

2020年 月	日	凭证 种类	号数	摘要	借方	√	贷方	√	借或贷	余额	√
12	31	记	24	计提短期借款利息			250000		贷	250000	

表 3-21　　**税金及附加明细账**

会计科目：税金及附加

明细科目：

2020年 月	日	凭证 种类	号数	摘要	借方	√	贷方	√	借或贷	余额	√
11	30	记	11	计提本月附加税费	8585				借	8585	
				本月合计	8585				借	8585	
				本年累计	8585				借	8585	
12	31	记	23	计提本月附加税费	624892				借	633477	

表 3-22　　**销售费用明细账**

会计科目：销售费用

明细科目：

2020年 月	日	凭证 字	号	摘要	合计	费用项目 差旅费	工资	广告费	招待费	折旧
11	20	记	7	李大忠报销差旅费	91946	91946				
11	30	记	8	计提本月工资	955300		955300			
				本月合计	1047246	91946	955300			
12	7	记	8	支付广告费	3301887			3301887		
	19	记	15	李大忠报销招待费	40000				40000	
				本年借方合计	4389133	91946	955300	3301887	40000	
	31	记	22	计提工资	954200		954200			
	31	记	26	计提折旧	10000					10000
				本月借方合计	4306087		954200	3301887	40000	10000
				本年借方合计	5353333	91946	1909500	3301887	40000	10000

通过"本年借方合计"计算出期末余额，为随后编制调整后试算平衡表做好准备

表 3-23 **管理费用明细账**

会计科目：管理费用

明细科目：

2020年 月	日	凭证 字	号	摘要	合计（百十万千佰拾元角分）	费用项目：工资（百十万千佰拾元角分）	办公费（百十万千佰拾元角分）	差旅费（百十万千佰拾元角分）	折旧（百十万千佰拾元角分）
11	30	记	8	计提本月工资	3912500	3912500			
				本月合计	3912500	3912500			
12	4	记	5	行政部报销办公用品费用	89610		89610		
	13	记	12	支付电话费	84906		84906		
	17	记	14	柯语云报销差旅费	239764			239764	
	23	记	17	支付自来水费用	81780		81780		
	30	记	19	支付电费	119000		119000		
				本年借方合计	4527560	3912500	375296	239764	
	31	记	22	计提工资	3897000	3897000			
	31	记	25	摊销房租和汽车租金	1100000		1100000		
	31	记	26	计提折旧	20000				20000
				本月借方合计	5632060	3897000	1475296	239764	20000
				本年借方合计	9544560	7809500	1475296	239764	20000

表 3-24 **财务费用明细账**

会计科目：财务费用

明细科目：

2020年 月	日	凭证 字	号	摘要	合计（百十万千佰拾元角分）	费用项目：手续费（百十万千佰拾元角分）	利息费用（百十万千佰拾元角分）	（百十万千佰拾元角分）	（百十万千佰拾元角分）
12	15	记	13	支付银行手续费	5000	5000			
12	31	记	24	计提短期借款利息	250000		250000		
				本年借方合计	255000	5000	250000		

调整业务记账凭证过账后的账户，有以下几点值得注意：

（1）由于“累计折旧——电脑”和“应付利息——工商银行”科目此前没有发生业务，从而没有开设明细账账户，这里新开设了两个科目的明细账。

（2）为了编制调整后试算平衡表，需要计算各个账户的调整后余额。“销售费用”“管理费用”“财务费用”三个只有借方的多栏式账户通过“本年借方合计”计算出它们的余额。“销售费用”和“管理费用”两个账户有11月份和12月份的业务，12月份还通过“本月借方合计”计算出其发生额。

六、所得税的账务处理

根据《中华人民共和国企业所得税法》的规定，企业应就其应纳税所得额缴纳企业所得税，这构成企业的一项费用，因此，为准确反映企业的净利润，应计提企业所得税费用。企业所得税的计算公式为：

企业所得税 = 应纳税所得额 × 所得税税率

因此，要计算企业所得税，就要确定应纳税所得额和所得税税率。在不考虑纳税调整事项的情况下，应纳税所得额就是利润总额。馨怡公司没有纳税调整事项，通过查阅损益类账户的余额，计算利润总额（见表3-25）。

表3-25　利润总额计算表　单位：元

科目名称	借　方	贷　方
主营业务收入		1 761 300.00
主营业务成本	1 315 147.13	
税金及附加	6 334.77	
销售费用	53 533.33	
管理费用	95 445.60	
财务费用	2 550.00	
合　计	**1 473 010.83**	**1 761 300.00**
利润总额		**288 289.17**

企业所得税法规定的基本税率是25%，但国家税务总局可以制定税收优惠政策。根据国家税务总局2019年第2号公告《国家税务总局关于实施小型微利企业普惠性所得税减免政策有关问题的公告》的规定，对小型微利企业实行所得税优惠。小型微利企业除不能从事国家限制或禁止的行业外（馨怡公司没有从事这些行业），还需满足以下三个条件：

（1）年度应纳税所得额不超过300万元。根据表3-25的计算结果可知，馨怡公司年度应纳税所得额为288 289.17元，低于3 000 000元。

（2）从业人数不超过300人。根据馨怡公司的工资发放表可知，该公司只有10人，低于300人的标准。

（3）资产总额不超过5 000万元。馨怡公司资产总额为2 308 070.09元，也满足了标准。

因此，馨怡公司符合小型微利企业的标准，可以享受优惠政策。根据该优惠政策的规定，应纳税所得额不超过100万元的部分，减按25%计算应纳税所得额，馨怡公司的应纳税所得额（也就是利润总额，这里使用这个名称，便于将“所得税费用计算表”中的两个名称进行区分）是288 289.17元，乘以25%，得到72 072.29元。按照国家税务总局的规定，所得税税率是20%，因此，所得税费用计算表见表3-26。

表3-26　所得税费用计算表

所属期间：2020年11月至12月　金额单位：元

利润总额	应纳税所得额	所得税税率	所得税
288 289.17	72 072.29	20%	14 414.46

需要说明的是，国家税务总局2019年第2号公告是有时效性的，其有效期限从2019年1月1日至2021年12月31日。该政策有效期结束以后，应按照新的政策确定所得税税率。

经过计算，馨怡公司需要缴纳所得税14 414.46元，与前面讲述的计提附加税费、计提短期借款利息等业务一样，这也是一项应计提的费用。

【业务3-6】2020年12月31日，计提本季度企业所得税。

【分析】该笔应计事项，一方面使得馨怡公司的“所得税费用”增加14 414.46元，另一方面使得“应交税费——应交所得税”这项负债增加14 414.46元。业务3-6对会计等式的影响，如图3-10所示。

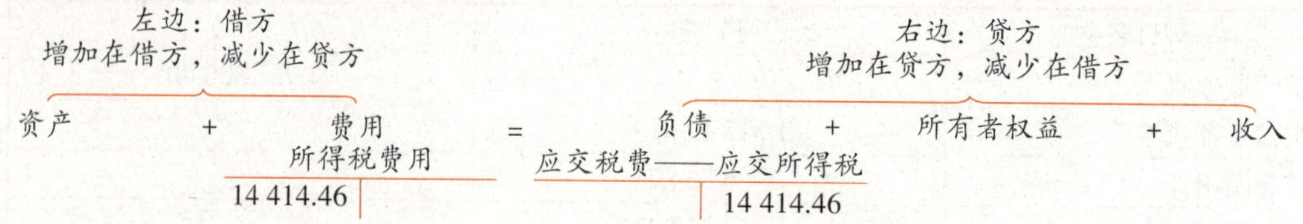

图3-10 业务3-6对会计等式的影响

根据图3-10中的丁字账户信息，先写借方会计科目和金额，再写贷方会计科目和金额，可以编制业务3-6的会计分录：

借：所得税费用 14 414.46

　贷：应交税费——应交所得税 14 414.46

业务3-6的记账凭证见表3-27。

表3-27

记 账 凭 证

2020年12月31日　　　　记字第 27 号

摘要	会计科目		借方金额											√	贷方金额											√
	总账科目	明细科目	亿	千	百	十	万	千	佰	拾	元	角	分		亿	千	百	十	万	千	佰	拾	元	角	分	
计提所得税	所得税费用						1	4	4	1	4	4	6	√												
计提所得税	应交税费	应交所得税																	1	4	4	1	4	4	6	√
附件1张	合计					¥	1	4	4	1	4	4	6					¥	1	4	4	1	4	4	6	

会计主管：李繁琳　记账：李繁琳　出纳：　审核：李繁琳　制单：陈凤飞

微课

所得税的计算与账务处理

记字第27号凭证也需要登记明细账。由于馨怡公司此前没有发生所得税业务，因而没有开设“所得税费用”和“应交税费——应交所得税”账户，需要先开设这两个账户，再进行登记，其具体情况见表3-28和表3-29。

表3-28

应交税费明细账

会计科目：应交税费

明细科目：应交所得税

2020年		凭证		摘要	借方											√	贷方											√	借或贷	余额											√
月	日	种类	号数		亿	千	百	十	万	千	佰	拾	元	角	分		亿	千	百	十	万	千	佰	拾	元	角	分			亿	千	百	十	万	千	佰	拾	元	角	分	
12	31	记	27	计提所得税																	1	4	4	1	4	4	6		贷					1	4	4	1	4	4	6	

表3-29

所得税费用明细账

会计科目：所得税费用

明细科目：

2020年		凭证		摘要	借方											√	贷方											√	借或贷	余额											√
月	日	种类	号数		亿	千	百	十	万	千	佰	拾	元	角	分		亿	千	百	十	万	千	佰	拾	元	角	分			亿	千	百	十	万	千	佰	拾	元	角	分	
12	31	记	27	计提所得税					1	4	4	1	4	4	6														借					1	4	4	1	4	4	6	

七、编制日记账与明细账调整后试算平衡表

在将调整业务的记账凭证过账之后，为了验证其初步正确性，可以编制试算平衡表。因为该试算平衡表是在进行了调整程序后编制的，所以称为调整后试算平衡表。馨怡公司2020年12月31日日记账与明细账调整后试算平衡表见表3-30。

表3-30　馨怡公司2020年12月31日日记账与明细账调整后试算平衡表

单位：元

一级科目	二级科目	借方余额	贷方余额
库存现金		1 563.90	
银行存款	工商银行	434 350.32	
应收账款		**1 822 803.00**	
	洁柔公司	—	
	华瑞日化	534 603.00	
	声蜚日化	1 288 200.00	
预付账款		**31 000.00**	
	日照房产	15 000.00	
	瑞风汽车	16 000.00	
其他应收款	柯语云	—	
在途物资	香精	—	
库存商品	香精	4 252.87	
固定资产	电脑	14 400.00	
累计折旧	电脑		300.00
短期借款	工商银行		500 000.00
应付账款	东森公司		962 520.00
应付职工薪酬	工资、奖金、津贴和补贴		48 512.00
应交税费			**20 663.38**
	应交增值税		—
	应交城市维护建设税		3 645.20
	应交教育费附加		1 562.23
	应交地方教育费附加		1 041.49
	应交所得税		14 414.46
应付利息	工商银行		2 500.00
实收资本			**500 000.00**
	张得飞		250 000.00
	李长宇		250 000.00
主营业务收入	香精		1 761 300.00
主营业务成本	香精	1 315 147.13	
税金及附加		6 334.77	
销售费用		**53 533.33**	
	差旅费	919.46	
	工资	19 095.00	
	广告费	33 018.87	
	招待费	400.00	
	折旧	100.00	
管理费用		**95 445.60**	
	工资	78 095.00	
	办公费	14 752.96	
	差旅费	2 397.64	
	折旧	200.00	
财务费用		**2 550.00**	
	手续费	50.00	
	利息费用	2 500.00	
所得税费用		14 414.46	
合　计		3 795 795.38	3 795 795.38

调整后试算平衡表的编制方法与此前讲述的调整前试算平衡表的编制方法相同。从该试算平衡表可以看到，借方合计数与贷方合计数相等。

需要指出的是，表3-30中的各科目余额仍然来自日记账和明细账，由于调整分录的过账，有些明细账受到影响，因而表3-30中采用的是这些明细账账户的调整后余额，对于未受影响的日记账和明细账，其余额与调整前试算平衡表中的账户余额相同。

课后练习

一、单项选择题

1.2020年11月1日，宜适家具公司与三信公司签订协议，为三信公司提供家具保养服务，每月维护费用2 000元，每季度结束后的第10天结算一次。2020年11月30日，宜适家具公司在未收到三信公司款项的情况下，记录了2 000元的收入，这属于（　　）的应用。

A.成本概念　　B.权责发生制原则

C.货币计量假设　　D.会计分期假设

2.三信公司于2020年6月10日向邮局支付了下半年的报刊征订费600元，则6月份应摊销的金额为（　　）元。

A.600　　B.100　　C.50　　D.0

二、多项选择题

1.调整分录的类型包括（　　）。

A.分摊本期已赚得的收入　　B.分摊本期应负担的费用

C.计提本期已赚得的收入　　D.计提本期应负担的费用

2.以下应当执行调整程序的事项包括（　　）。

A.已经播放，但按照合同下个月才付款的广告业务

B.已经交付，但尚未收到货款的销售业务

C.燃气公司三个月前预收的一年燃气费

D.物业公司半年前预收的一年期租金

三、判断题

1."累计折旧"科目也被称为反向资产科目。（　　）

2."累计折旧"科目的正常余额在借方。（　　）

3.调整分录所代表的业务也需要登记到账簿中。（　　）

4.费用是为创造收入而发生的，因此，收入记入什么期间，费用也应记入什么期间。这种将相应的收入和费用记入相同会计期间的原则，就是配比原则。（　　）

5.与权责发生制相对应的另一种收入和费用的确认原则，称为收付实现制。（　　）

6.我国企业采用收付实现制进行会计确认、计量和报告。（　　）

任务二　结账

账务处理程序概览（结账），如图3-11所示。

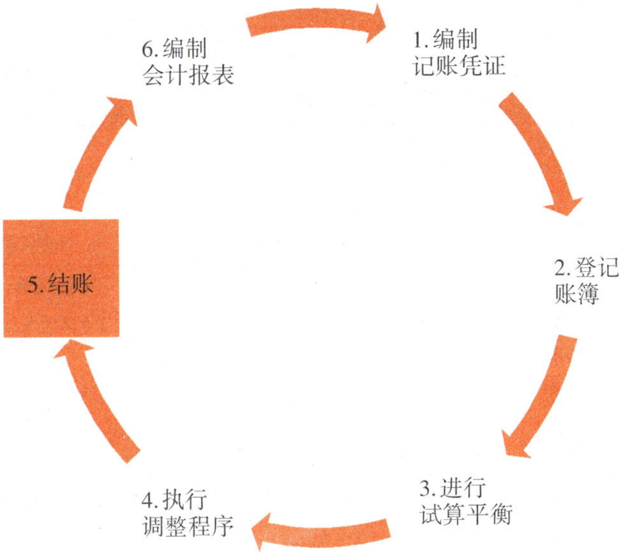

图3-11　账务处理程序概览

学习目标

1.理解对账的内容
2.能够进行账证核对、账账核对与账实核对
3.能够进行关账
4.能够正确结账
5.能够编制结账后日记账与明细账试算平衡表和总账试算平衡表

一、对账

在完成调整程序之后，就可以进行结账了。但在结账之前，为了保证账户记录的准确性，应先进行对账。财政部颁布的《会计基础工作规范》第六十二条明确要求定期进行对账，并规定每年至少要进行一次对账。对账包括账证核对、账账核对和账实核对。

（一）账证核对

账证核对就是核对会计账簿记录与原始凭证、记账凭证的时间、凭证字号、内容、金额是否一致，记账方向是否相符。因此，账证核对就是根据账簿记录找出相应的记账凭证及所附的原始凭证，核对账簿记录是否与凭证内容相一致。以馨怡公司的“应付职工薪酬——工资、奖金、津贴和补贴”明细账为例，该账户结账前的情况，如图3-12所示。其中，第一笔业务是11月份的记字第8号凭证，找到这张凭证进行核对，其具体过程如图3-12所示。

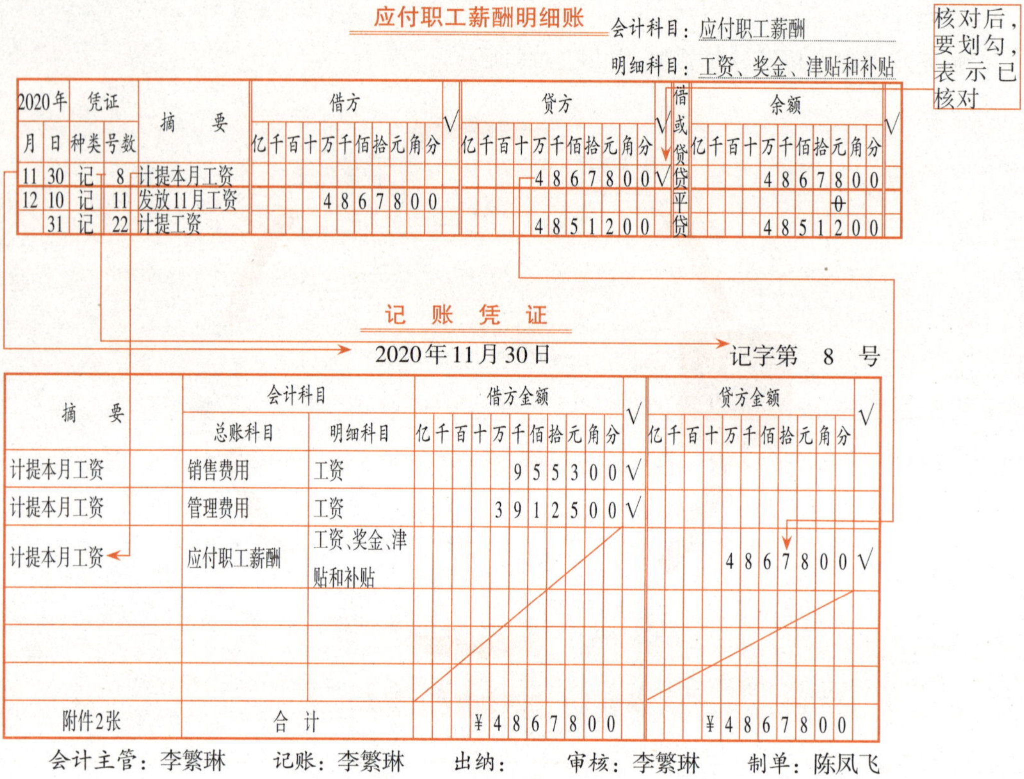

图3-12 账证核对的具体内容

图3-12中核对的内容包括凭证字号、日期、摘要、金额及其方向，核对后，应在账户中的对账栏划“√”，表示已经核对，这称为对账符号。该账户其他记账凭证也按这样的方法进行核对，日记账账户与其他明细账账户的账证核对方法也与这里展示的方法相同。对于“原材料”“库存商品”等明细账，账证核对时还应将账簿中的数量、单价与原始凭证的相应栏目进行核对。

总账也要进行账证核对，如果采用的是记账凭证账务处理程序，需要核对总账与记账凭证是否相一致；如果采用的是科目汇总表账务处理程序，则核对总账与科目汇总表是否相一致；如果采用的是汇总记账凭证账务处理程序，核对的就是总账与汇总记账凭证的一致性。

（二）账账核对

账账核对是核对不同会计账簿之间的账簿记录是否相符，具体包括：总账有关账户余额的核对，总账与明细账的核对，总账与日记账的核对，会计部门的财产物资明细账与财产物资保管和使用部门的有关明细账核对等。

对于总账有关账户余额的核对，可以通过编制总账试算平衡表来检验各总账借方合计数与贷方合计数是否相等，前面编制的调整前总账试算平衡表即有这一功能。

总账与明细账的核对就是检验某科目的总账余额与该科目下明细科目账户余额的合计数是否相等。以馨怡公司11月末的“实收资本”账户为例，该公司采用科目汇总表账务处理程序，其11月末的“实收资本”总账见表3-31。

表3-31　总　分　类　账

一级科目：实收资本　　第 16 页

2020年		凭证		摘要	借方											√	贷方											√	借或贷	余额											√
月	日	种类	号数		亿	千	百	十	万	千	佰	拾	元	角	分		亿	千	百	十	万	千	佰	拾	元	角	分			亿	千	百	十	万	千	佰	拾	元	角	分	
11	30	汇	1	汇总11月业务																5	0	0	0	0	0	0	0		贷				5	0	0	0	0	0	0	0	

“实收资本”有两个明细科目，其明细账见表3-32和表3-33。

表3-32　实收资本明细账

会计科目：实收资本

明细科目：张得飞

2020年		凭证		摘要	借方											√	贷方											√	借或贷	余额											√
月	日	种类	号数		亿	千	百	十	万	千	佰	拾	元	角	分		亿	千	百	十	万	千	佰	拾	元	角	分			亿	千	百	十	万	千	佰	拾	元	角	分	
11	1	记	1	收到股东投资款																2	5	0	0	0	0	0	0		贷				2	5	0	0	0	0	0	0	

表3-33　实收资本明细账

会计科目：实收资本

明细科目：李长宇

2020年		凭证		摘要	借方											√	贷方											√	借或贷	余额											√
月	日	种类	号数		亿	千	百	十	万	千	佰	拾	元	角	分		亿	千	百	十	万	千	佰	拾	元	角	分			亿	千	百	十	万	千	佰	拾	元	角	分	
11	1	记	1	收到股东投资款																2	5	0	0	0	0	0	0		贷				2	5	0	0	0	0	0	0	

从中可以看出，“实收资本——张得飞”和“实收资本——李长宇”两个明细账的账户余额都是250 000元，合计500 000元，与表3-31中“实收资本”总账的余额相等，说明“实收资本”的总账与明细账核对相符。

总账与明细账的核对相符，还应包括某科目总账的期初余额、借方合计数、贷方合计数与该科目下全部明细账的期初余额合计数、借方合计数、贷方合计数相等。在本例中，“实收资本”总账和两个明细账的期初余额都是0，总账11月份只有贷方发生额，为500 000元，两个明细账的贷方发生额都是250 000元，其合计数与总账的贷方发生额也相等。

（三）账实核对

根据《会计基础工作规范》的规定，账实核对就是核对会计账簿记录与财产实有数额是否相符，具体包括：库存现金日记账账面余额与现金实际库存数相核对；银行存款日记账账面余额定期与银行对账单相核对；各种财物明细账账面余额与财物实存数额相核对；各种应收、应付款明细账账面余额与有关债务、债权单位或者个人核对等。

对于有实物形态的资产，其账实核对要对实物资产进行盘点，以获取其实有数，再与相应的账户金额进行核对。以馨怡公司2020年12月31日的库存现金为例，查阅其库存现金日记账（为方便起见可以扫描二维码查阅），最后一笔业务的日期为2020年12月

库存现金日记账

19日，此后再无其他业务发生，期末余额不再发生变化。这意味着2020年12月31日的库存现金账面余额就是2020年12月19日计算出的余额，为1 563.9元。

馨怡公司2020年12月31日对库存现金进行盘点，并编制库存现金盘点表（见表3-34）。从中可以看出，馨怡公司2020年12月31日的库存现金实有数为1 563.9元，与库存现金日记账的账面数是核对相符的。

表3-34 馨怡公司库存现金盘点表

一、	盘点日期：2020年12月31日		
二、	清点现金情况：		
	面值（币种RMB）	张数	金额（元）
1	100元	9	900
2	50元	7	350
3	20元	13	260
4	10元	4	40
5	5元	2	10
6	2元	1	2
7	1元	1	1
8	5角	1	0.5
9	2角	1	0.2
10	1角	2	0.2
	盘点日库存现金实有金额合计：		1 563.9
三、	盘点日库存现金账面金额：		
	盘点日现金账面金额：		1 563.9
	+ 至盘点日未入账现金收入：		0
	− 至盘点日未入账现金支出：		0
	= 盘点日库存现金账面金额：		1 563.9
四、	账面与实有金额差异：		0
五、	差异原因说明：		
	盘点参加人员签字：		
	单位财务负责人：李馨琳	出纳人员：陈凤飞	
	单位负责人：张得飞	监盘人员：李长宇	

查阅库存现金日记账得到

【思政园地】工作不到一年即贪腐，25岁女干部竟贪40余万元

2018年7月17日，贵州省铜仁市思南县人民法院第一审判法庭公开审理了张艺涉嫌犯贪污罪一案。张艺出生于1992年9月5日，苗族，文化程度为本科，2016年9月参加工作，任思南县社会保险事业局城乡居民养老保险股会计。从2017年7月开始，张艺利用职务之便虚构王某某等10人在思南县参加城乡居民社会养老保险的事实，又以王某某等10人参加其他社会养老保险为由申请城乡退保，骗取社保资金，同时还侵吞杨某某等89人退回重复领取养老保险待遇金，涉案金额共计40余万元。案发时，张艺年仅25周岁，是迄今为止铜仁市查办的最年轻的职务犯罪被告人。案发后，张艺被以贪

污罪追究其刑事责任。

张艺贪污固然有其个人主观方面的原因，职业道德低下是导致她犯罪的根本原因，但显然她所处的工作环境的制度缺陷给她的违法行为提供了便利。她担任的职务是会计，却能接触款项的收付业务，这属于出纳的职责。《会计基础工作规范》第十二条规定：“出纳人员不得兼管稽核、会计档案保管和收入、费用、债权债务账目的登记工作。”如果张艺所在的单位能够严格落实这一制度，不让身为会计的张艺接触款项的收付，则她也就无法实施贪污行为。会计人员有遵守职业道德的责任，不贪污是这种责任的基本要求。职业道德应与制度建设相并举，完善的制度可以增加舞弊的难度，从而起到预防舞弊的作用，这也将增强会计人员遵守职业道德的意识，而职业道德意识能够增强会计人员遵守制度的自觉性，对二者同等重视，可以起到互相加强的作用。

资料来源：搜狐网．“90后”女干部落马，案发时不过25岁却已涉嫌贪污40余万元［EB/OL］.［2021-05-17］.https://www.sohu.com/a/245398890_715254.（有改动）

二、错账的更正方法

通过试算平衡和对账，如果发现账簿记录有错误，应当对错误进行更正。《会计基础工作规范》第六十一条规定，账簿记录发生错误时，不得涂改、挖补、刮擦或者用药水消除字迹后再重新抄写，而必须按照规范的方法进行更正，这些方法包括划线更正法、红字冲销法和补充登记法。

（一）划线更正法

如果记账凭证正确，但登记账簿时将文字或数字登记错误，应当将错误的文字或者数字划红线注销，但必须使原有字迹仍可辨认；然后在划线上方填写正确的文字或者数字，并由记账人员在更正处盖章。对于数字的错误，应当全部划红线更正，不得只更正其中的错误数字。对于文字的错误，可以只划去错误的部分。

举例来说，假如馨怡公司依据的11月份记字第1号凭证正确（见表3-35），但在登记银行存款日记账时发生了错误（见表3-36）。

表3-35

记　账　凭　证

2020年11月1日　　　　记字第　1　号

摘要	会计科目		借方金额											√	贷方金额											√
	总账科目	明细科目	亿	千	百	十	万	千	佰	拾	元	角	分		亿	千	百	十	万	千	佰	拾	元	角	分	
收到股东投资款	银行存款	工商银行				5	0	0	0	0	0	0	0	√												
收到股东投资款	实收资本	张得飞																2	5	0	0	0	0	0	0	√
收到股东投资款	实收资本	李长宇																2	5	0	0	0	0	0	0	√
附件4张	合　计				¥	5	0	0	0	0	0	0	0				¥	5	0	0	0	0	0	0	0	

会计主管：李繁琳　　记账：李繁琳　　出纳：陈凤飞　　审核：李繁琳　　制单：陈凤飞

表 3-36

银行存款日记账

数字错误要将整个数字全部划线

文字错误只需将错误的文字划线

开户银行 中国工商银行长湖支行

账　　号 538653800152

2020年 月	日	凭证 种类	号数	摘　要	借方（亿千百十万千佰拾元角分）	√	贷方（亿千百十万千佰拾元角分）	√	借或贷	余额（亿千百十万千佰拾元角分）	√
				收 陈凤飞	50000000	陈凤飞			陈凤飞	50000000	
11	1	记	1	受到股东投资款	~~5000000~~				借	~~5000000~~	
	3	记	2	提取现金			5500000		借	44500000	
	5	记	3	购入香精,支付货款			14565000		借	29935000	
	10	记	5	购买电脑三台			1627200		借	28307800	
	30	记	10	缴纳本月增值税			71546		借	28236254	
				本月合计	50000000		21763746		借	28236254	

从表3-36可以看出，更正的文字或者数字写在错误的文字或者数字上方。这也解释了为什么在登记账簿时数字和文字的书写只能占用格子的一半，因为另一半要留作发生错误时的更正空间。此外，更正处应由更正人加盖其个人印章，如果没有印章，也可以签字。

（二）红字冲销法

记账凭证的核心内容是会计分录，即会计科目和金额。过账后，如果发现记账凭证的会计科目填写错误，可以用红字填写一张与原内容相同的记账凭证（称为冲销凭证），在摘要栏注明“注销某月某日某号凭证”字样，同时再用蓝字重新填制一张正确的记账凭证（称为更正凭证），并注明“订正某月某日某号凭证”字样，将冲销凭证和更正凭证进行过账。如果会计科目正确，只是金额多记，则只需用红字填制凭证，将多记的金额进行冲销并过账即可。

1. 会计科目错误的更正方法

假如馨怡公司在11月末结账前的对账环节发现，11月份记字第1号凭证将“实收资本”记入了“资本公积”，并已登记入账，其错误的记账凭证及相应的账户见表3-37至表3-39。

表 3-37

记　账　凭　证

2020年11月1日　　　　记字第　1　号

摘　要	会计科目 总账科目	明细科目	借方金额（亿千百十万千佰拾元角分）	√	贷方金额（亿千百十万千佰拾元角分）	√
收到股东投资款	银行存款	工商银行	50000000	√		
收到股东投资款	资本公积				50000000	√
附件4张	合　计		¥50000000		¥50000000	

会计主管：李繁琳　　记账：李繁琳　　出纳：陈凤飞　　审核：李繁琳　　制单：陈凤飞

表 3-38　　　　**银行存款日记账**　　　　开户银行　中国工商银行长湖支行

账　　号　538653800152

2020年		凭证		摘要	借方											√	贷方											√	借或贷	余额											√
月	日	种类	号数		亿	千	百	十	万	千	佰	拾	元	角	分		亿	千	百	十	万	千	佰	拾	元	角	分			亿	千	百	十	万	千	佰	拾	元	角	分	
11	1	记	1	收到股东投资款				5	0	0	0	0	0	0	0														借				5	0	0	0	0	0	0	0	
	3	记	2	提取现金																	5	5	0	0	0	0	0		借				4	4	5	0	0	0	0	0	
	5	记	3	购入香精,支付货款																1	4	5	6	5	0	0	0		借				2	9	9	3	5	0	0	0	
	10	记	5	购买电脑三台																	1	6	2	7	2	0	0		借				2	8	3	0	7	8	0	0	
	30	记	10	缴纳本月增值税																			7	1	5	4	6		借				2	8	2	3	6	2	5	4	

表 3-39　　　　**资本公积明细账**　　　　会计科目：资本公积

明细科目：

2020年		凭证		摘要	借方											√	贷方											√	借或贷	余额											√
月	日	种类	号数		亿	千	百	十	万	千	佰	拾	元	角	分		亿	千	百	十	万	千	佰	拾	元	角	分			亿	千	百	十	万	千	佰	拾	元	角	分	
11	1	记	1	收款股东投资款																5	0	0	0	0	0	0	0		贷				5	0	0	0	0	0	0	0	

其更正方法如下：

（1）编制红字冲销凭证。冲销凭证的会计科目与要冲销的11月份记字第1号凭证相同，但金额要用红字填写，由于此时馨怡公司11月份已编制了11张记账凭证，最后一张记账凭证的编号为记字第11号凭证，因此，这张冲销凭证应当顺序编号为记字第12号凭证，具体见表3-40。

表 3-40　　　　**记　账　凭　证**

2020年11月30日　　　　记字第　12　号

摘要	会计科目		借方金额											√	贷方金额											√
	总账科目	明细科目	亿	千	百	十	万	千	佰	拾	元	角	分		亿	千	百	十	万	千	佰	拾	元	角	分	
注销11月1日记字1号凭证	银行存款	工商银行				5	0	0	0	0	0	0	0	√												
注销11月1日记字1号凭证	资本公积																	5	0	0	0	0	0	0	0	√
附件0张	合计				¥	5	0	0	0	0	0	0	0				¥	5	0	0	0	0	0	0	0	

会计主管：李繁琳　　记账：李繁琳　　出纳：陈凤飞　　审核：李繁琳　　制单：陈凤飞

【注意】红字冲销凭证只有数字是红色的，其表示负数，其他内容如凭证日期、编号、摘要等是不能用红字填写的。

（2）编写正确的记账凭证，其编号为记字第13号凭证（见表3-41）。

表3-41

记 账 凭 证

2020年11月30日　　　　记字第 13 号

摘 要	会计科目		借方金额	√	贷方金额	√
	总账科目	明细科目	亿千百十万千佰拾元角分		亿千百十万千佰拾元角分	
订正11月1日记字1号凭证	银行存款	工商银行	50000000	√		
订正11月1日记字1号凭证	实收资本	张得飞			2500000	√
订正11月1日记字1号凭证	实收资本	李长宇			2500000	√
附件0张	合 计		¥50000000		¥5000000	

会计主管：李繁琳　　记账：李繁琳　　出纳：陈凤飞　　审核：李繁琳　　制单：陈凤飞

【注意】记字第12号凭证和记字第13号凭证是因为记字第1号凭证发生错误而产生的，因此没有原始凭证，附件张数填写“附件0张”。

（3）将记字第12号凭证和记字第13号凭证过账，过账后的有关账户见表3-42至表3-45。

表3-42

银行存款日记账

开户银行 中国工商银行长湖支行

账　　号 538653800152

2020年		凭证		摘 要	借方	√	贷方	√	借或贷	余额	√
月	日	种类	号数		亿千百十万千佰拾元角分		亿千百十万千佰拾元角分			亿千百十万千佰拾元角分	
11	1	记	1	收到股东投资款	50000000				借	50000000	
	3	记	2	提取现金			5500000		借	44500000	
	5	记	3	购入香精,支付货款			14565000		借	29935000	
	10	记	5	购买电脑三台			1627200		借	28307800	
	30	记	10	缴纳本月增值税			71546		借	28236254	
	30	记	12	注销11月1日记字1号凭证	50000000						
	30	记	13	订正11月1日记字1号凭证	50000000				借	28236254	
				本月合计	50000000		21763746		借	28236254	

表 3-43　　**资本公积明细账**

会计科目：资本公积

明细科目：

2020年 月	日	凭证 种类	号数	摘要	借方 亿千百十万千佰拾元角分	√	贷方 亿千百十万千佰拾元角分	√	借或贷	余额 亿千百十万千佰拾元角分	√
11	1	记	1	收到股东投资款			50000000		贷	50000000	
	30	记	12	注销11月1日记字1号凭证			50000000		平	θ	

表 3-44　　**实收资本明细账**

会计科目：实收资本

明细科目：张得飞

2020年 月	日	凭证 种类	号数	摘要	借方 亿千百十万千佰拾元角分	√	贷方 亿千百十万千佰拾元角分	√	借或贷	余额 亿千百十万千佰拾元角分	√
11	30	记	13	订正11月1日记字1号凭证			25000000		贷	25000000	

表 3-45　　**实收资本明细账**

会计科目：实收资本

明细科目：李长宇

2020年 月	日	凭证 种类	号数	摘要	借方 亿千百十万千佰拾元角分	√	贷方 亿千百十万千佰拾元角分	√	借或贷	余额 亿千百十万千佰拾元角分	√
11	30	记	13	订正11月1日记字1号凭证			25000000		贷	25000000	

2. 金额多记的更正方法

仍以馨怡公司11月份记字第1号凭证为例，假如将金额500 000元错误地记录为5 000 000元，并已登记入账（见表3-46至表3-49）。

表 3-46　　**记　账　凭　证**

2020年11月1日　　　　记字第　1　号

摘要	会计科目 总账科目	明细科目	借方金额 亿千百十万千佰拾元角分	√	贷方金额 亿千百十万千佰拾元角分	√
收到股东投资款	银行存款	工商银行	500000000	√		
收到股东投资款	实收资本	张得飞			2500000000	√
收到股东投资款	实收资本	李长宇			2500000000	√
附件4张	合　计		¥500000000		¥5000000000	

会计主管：李繁琳　　记账：李繁琳　　出纳：陈凤飞　　审核：李繁琳　　制单：陈凤飞

表3-47

银行存款日记账

开户银行 中国工商银行长湖支行

账　　号 538653800152

2020年		凭证		摘　要	借方											√	贷方											√	借或贷	余额											√
月	日	种类	号数		亿	千	百	十	万	千	佰	拾	元	角	分		亿	千	百	十	万	千	佰	拾	元	角	分			亿	千	百	十	万	千	佰	拾	元	角	分	
11	1	记	1	收到股东投资款			5	0	0	0	0	0	0	0	0														借			5	0	0	0	0	0	0	0	0	
	3	记	2	提取现金																	5	5	0	0	0	0	0		借			4	9	4	5	0	0	0	0	0	
	5	记	3	购入香精,支付货款																1	4	5	6	5	0	0	0		借			4	7	9	9	3	5	0	0	0	
	10	记	5	购买电脑三台																	1	6	2	7	2	0	0		借			4	7	8	3	0	7	8	0	0	
	30	记	10	缴纳本月增值税																			7	1	5	4	6		借			4	7	8	2	3	6	2	5	4	

表3-48

实收资本明细账

会计科目：实收资本

明细科目：张得飞

2020年		凭证		摘　要	借方											√	贷方											√	借或贷	余额											√
月	日	种类	号数		亿	千	百	十	万	千	佰	拾	元	角	分		亿	千	百	十	万	千	佰	拾	元	角	分			亿	千	百	十	万	千	佰	拾	元	角	分	
11	1	记	1	收到股东投资款															2	5	0	0	0	0	0	0	0		贷			2	5	0	0	0	0	0	0	0	

表3-49

实收资本明细账

会计科目：实收资本

明细科目：李长宇

2020年		凭证		摘　要	借方											√	贷方											√	借或贷	余额											√
月	日	种类	号数		亿	千	百	十	万	千	佰	拾	元	角	分		亿	千	百	十	万	千	佰	拾	元	角	分			亿	千	百	十	万	千	佰	拾	元	角	分	
11	1	记	1	收到股东投资款															2	5	0	0	0	0	0	0	0		贷			2	5	0	0	0	0	0	0	0	

假如这一错误在11月份的对账环节被发现，需要通过红字冲销法进行更正。由于记字第1号凭证多记了4 500 000元，其中，“银行存款——工商银行”多记了4 500 000元，“实收资本——张得飞”和“实收资本——李长宇”各多记了2 250 000元，则需要编制记字第12号红字冲销凭证（见表3-50），将多记的金额进行冲销。

表3-50

记　账　凭　证

2020年11月30日　　　　记字第　12　号

摘　要	会计科目		借方金额											√	贷方金额											√
	总账科目	明细科目	亿	千	百	十	万	千	佰	拾	元	角	分		亿	千	百	十	万	千	佰	拾	元	角	分	
冲销11月1日记字1号凭证多记金额	银行存款	工商银行			4	5	0	0	0	0	0	0	0	√												
冲销11月1日记字1号凭证多记金额	实收资本	张得飞															2	2	5	0	0	0	0	0	0	√
冲销11月1日记字1号凭证多记金额	实收资本	李长宇															2	2	5	0	0	0	0	0	0	√
附件0张	合　计			¥	4	5	0	0	0	0	0	0	0			¥	4	5	0	0	0	0	0	0	0	

会计主管：李繁琳　　记账：李繁琳　　出纳：陈凤飞　　审核：李繁琳　　制单：陈凤飞

将记字第12号凭证过账，登记账簿（见表3-51至表3-53）。

表3-51　　**银行存款日记账**　　开户银行　中国工商银行长湖支行

账　　号　538653800152

2020年		凭证		摘要	借方											√	贷方											√	借或贷	余额											√
月	日	种类	号数		亿	千	百	十	万	千	佰	拾	元	角	分		亿	千	百	十	万	千	佰	拾	元	角	分			亿	千	百	十	万	千	佰	拾	元	角	分	
11	1	记	1	收到股东投资款			5	0	0	0	0	0	0	0	0														借			5	0	0	0	0	0	0	0	0	
	3	记	2	提取现金																	5	5	0	0	0	0	0		借			4	9	4	5	0	0	0	0	0	
	5	记	3	购入香精,支付货款																1	4	5	6	5	0	0	0		借			4	7	9	9	3	5	0	0	0	
	10	记	5	购买电脑三台																	1	6	2	7	2	0	0		借			4	7	8	3	0	7	8	0	0	
	30	记	10	缴纳本月增值税																			7	1	5	4	6		借			4	7	8	2	3	6	2	5	4	
	30	记	12	冲销11月1日记字1号凭证多记金额			4	5	0	0	0	0	0	0	0														借				2	8	2	3	6	2	5	4	
				本月合计				5	0	0	0	0	0	0	0					2	1	7	6	3	7	4	6		借				2	8	2	3	6	2	5	4	

表3-52　　**实收资本明细账**　　会计科目：实收资本

明细科目：张得飞

2020年		凭证		摘要	借方											√	贷方											√	借或贷	余额											√
月	日	种类	号数		亿	千	百	十	万	千	佰	拾	元	角	分		亿	千	百	十	万	千	佰	拾	元	角	分			亿	千	百	十	万	千	佰	拾	元	角	分	
11	1	记	1	收到股东投资款															2	5	0	0	0	0	0	0	0		贷			2	5	0	0	0	0	0	0	0	
	30	记	12	冲销11月1日记字1号凭证多记金额															2	2	5	0	0	0	0	0	0		贷				2	5	0	0	0	0	0	0	

表3-53　　**实收资本明细账**　　会计科目：实收资本

明细科目：李长宇

2020年		凭证		摘要	借方											√	贷方											√	借或贷	余额											√
月	日	种类	号数		亿	千	百	十	万	千	佰	拾	元	角	分		亿	千	百	十	万	千	佰	拾	元	角	分			亿	千	百	十	万	千	佰	拾	元	角	分	
11	1	记	1	收到股东投资款															2	5	0	0	0	0	0	0	0		贷			2	5	0	0	0	0	0	0	0	
	30	记	12	冲销11月1日记字1号凭证多记金额															2	2	5	0	0	0	0	0	0		贷				2	5	0	0	0	0	0	0	

（三）补充登记法

如果会计科目没有错误，但金额少记了，则应当编制一张蓝字记账凭证，将少记的金额进行补充登记，因而，这种更正方法被称为补充登记法。

仍以馨怡公司11月份记字第1号凭证为例，假如将11月份的业务全部登记完毕后，在对账环节发现误将记字第1号凭证的金额500 000元记成了400 000元，其中，“银行存款——工商银行”少记了100 000元，“实收资本——张得飞”和“实收资本——李长宇”各将250 000元误记为200 000元，都少记了50 000元，其记账凭证及相应账户见表3-54至表3-57。

表3-54

记 账 凭 证

2020年11月1日　　　　记字第 1 号

摘要	会计科目		借方金额											√	贷方金额											√
	总账科目	明细科目	亿	千	百	十	万	千	佰	拾	元	角	分		亿	千	百	十	万	千	佰	拾	元	角	分	
收到股东投资款	银行存款	工商银行				4	0	0	0	0	0	0	0	√												
收到股东投资款	实收资本	张得飞																2	0	0	0	0	0	0	0	√
收到股东投资款	实收资本	李长宇																2	0	0	0	0	0	0	0	√
附件4张	合计				¥	4	0	0	0	0	0	0	0				¥	4	0	0	0	0	0	0	0	

会计主管：李繁琳　　记账：李繁琳　　出纳：陈凤飞　　审核：李繁琳　　制单：陈凤飞

表3-55

银行存款日记账

开户银行　中国工商银行长湖支行

账　　号　538653800152

2020年		凭证		摘要	借方											√	贷方											√	借或贷	余额											√
月	日	种类	号数		亿	千	百	十	万	千	佰	拾	元	角	分		亿	千	百	十	万	千	佰	拾	元	角	分			亿	千	百	十	万	千	佰	拾	元	角	分	
11	1	记	1	收到股东投资款				4	0	0	0	0	0	0	0														借				4	0	0	0	0	0	0	0	
	3	记	2	提取现金																	5	5	0	0	0	0	0		借				3	4	5	0	0	0	0	0	
	5	记	3	购入香精,支付货款																1	4	5	6	5	0	0	0		借				1	9	9	3	5	0	0	0	
	10	记	5	购买电脑三台																	1	6	2	7	2	0	0		借				1	8	3	0	7	8	0	0	
	30	记	10	缴纳本月增值税																			7	1	5	4	6		借				1	8	2	3	6	2	5	4	

表3-56

实收资本明细账

会计科目：实收资本

明细科目：张得飞

2020年		凭证		摘要	借方											√	贷方											√	借或贷	余额											√
月	日	种类	号数		亿	千	百	十	万	千	佰	拾	元	角	分		亿	千	百	十	万	千	佰	拾	元	角	分			亿	千	百	十	万	千	佰	拾	元	角	分	
11	1	记	1	收到股东投资款																2	0	0	0	0	0	0	0		贷				2	0	0	0	0	0	0	0	

表3-57

实收资本明细账

会计科目：实收资本

明细科目：李长宇

2020年		凭证		摘要	借方											√	贷方											√	借或贷	余额											√
月	日	种类	号数		亿	千	百	十	万	千	佰	拾	元	角	分		亿	千	百	十	万	千	佰	拾	元	角	分			亿	千	百	十	万	千	佰	拾	元	角	分	
11	1	记	1	收到股东投资款																2	0	0	0	0	0	0	0		贷				2	0	0	0	0	0	0	0	

此时，应按照如下步骤进行更正：

（1）编制一张记账凭证，将“银行存款——工商银行”少记的100 000元和“实收资本——张得飞”与“实收资本——李长宇”各少记的50 000元进行补充。该记账凭证见表3-58中的记字第12号凭证。

表3-58

记　账　凭　证

2020年11月30日　　　　记字第　12　号

摘　要	总账科目	明细科目	借方金额（亿千百十万千佰拾元角分）	√	贷方金额（亿千百十万千佰拾元角分）	√
补充11月1日记字1号凭证少记金额	银行存款	工商银行	10000000	√		
补充11月1日记字1号凭证少记金额	实收资本	张得飞			5000000	√
补充11月1日记字1号凭证少记金额	实收资本	李长宇			5000000	√
附件0张	合　计		¥10000000		¥10000000	

会计主管：李繁琳　　记账：李繁琳　　出纳：陈凤飞　　审核：李繁琳　　制单：陈凤飞

（2）将记字第12号凭证过账后，涉及的三个账户情况见表3-59至表3-61。

表3-59

银行存款日记账

开户银行　中国工商银行长湖支行

账　　号　538653800152

2020年 月	日	凭证 种类	号数	摘　要	借方（亿千百十万千佰拾元角分）	√	贷方（亿千百十万千佰拾元角分）	√	借或贷	余额（亿千百十万千佰拾元角分）	√
11	1	记	1	收到股东投资款	40000000				借	40000000	
	3	记	2	提取现金			5500000		借	34500000	
	5	记	3	购入香精,支付货款			14565000		借	19935000	
	10	记	5	购买电脑三台			1627200		借	18307800	
	30	记	10	缴纳本月增值税			71546		借	18236254	
	30	记	12	补充11月1日记字1号凭证少记金额	10000000				借	28236254	
				本月合计	50000000		21763746		借	28236254	

表3-60

实收资本明细账

会计科目：实收资本

明细科目：张得飞

2020年 月	日	凭证 种类	号数	摘　要	借方（亿千百十万千佰拾元角分）	√	贷方（亿千百十万千佰拾元角分）	√	借或贷	余额（亿千百十万千佰拾元角分）	√
11	1	记	1	收到股东投资款			20000000		贷	20000000	
	30	记	12	补充11月1日记字1号凭证少记金额			5000000		贷	25000000	

表3-61 实收资本明细账

会计科目：实收资本

明细科目：李长宇

2020年		凭证		摘要	借方											√	贷方											√	借或贷	余额											√
月	日	种类	号数		亿	千	百	十	万	千	佰	拾	元	角	分		亿	千	百	十	万	千	佰	拾	元	角	分			亿	千	百	十	万	千	佰	拾	元	角	分	
11	1	记	1	收到股东投资款																2	0	0	0	0	0	0	0		贷				2	0	0	0	0	0	0	0	
	30	记	12	补充11月1日记字1号凭证少记金额																	5	0	0	0	0	0	0		贷				2	5	0	0	0	0	0	0	

需要注意的是，这里的错账及其更正都是假设的，目的在于演示各种账簿登记错误时该如何更正，并不是案例中的实际业务，因此不包括在后面结账部分的账户中。

三、结账

（一）结账的要求

将本期发生的业务登记入账，并执行调整程序后，就可以进行结账了。财政部颁布的《会计基础工作规范》第六十三条规定："各单位应当按照规定定期结账。"无论是日记账、明细账，还是总账，都需要结账。

《会计基础工作规范》还规定如下：

结账时，应当结出每个账户的期末余额。需要结出当月发生额的，应当在摘要栏注明"本月合计"字样，并在下面通栏划单红线。需要结出本年累计发生额的，应当在摘要栏注明"本年累计"字样，并在下面通栏划单红线；12月末的"本年累计"就是全年累计发生额，全年累计发生额下面应当通栏划双红线。年度终了结账时，所有总账账户都应当结出全年发生额和年末余额。

年度终了，要把各账户的余额结转到下一会计年度，并在摘要栏注明"结转下年"字样；在下一会计年度新建有关会计账簿的第一行余额栏填写上年结转的余额，并在摘要栏注明"上年结转"字样。

那么，哪些账户是需要结出当月发生额的呢？哪些账户是需要结出本年累计发生额的呢？

登记账簿的重要目的之一是为编制报表提供依据。利润表、所有者权益变动表和现金流量表是反映一定期间财务状况的报表，其中，利润表依据损益类科目的账户进行编制，所有者权益变动表依据利润分配账户进行编制，现金流量表依据库存现金、银行存款账户进行编制。因此，损益类科目明细账、利润分配明细账和库存现金、银行存款日记账需要结出当月发生额和本年累计发生额，其余明细账账户不需结计当月发生额和本年累计发生额。

其具体操作如下：

（1）库存现金、银行存款日记账和损益类科目明细账，需要按月结计发生额，每月结账时，要在最后一笔经济业务记录下面划一条通栏单红线，结出本月发生额和余额，在摘要栏注明"本月合计"字样，在下面再划一条通栏单红线。这些科目的账户同时也需要结计本年累计发生额，1月至11月每月结账时，还应在"本月合计"所在行的下面结计自年初起至当月末止的累计发生额，登记在月份发生额下面，在摘要栏注明"本年累计”字样，并在下面再划一条通栏单红线，这称为月结账，简称月结。由于每个会计年度第一个月的本月合计数与本年累计数相等，因此可以不结计本年累计发生额。12月末的“本年累计”就是全年累计发生额，要在全年累计发生额下面通栏划双红线，这称为年结账，简称年结。

以上账户如果本月只发生一笔经济业务，由于这笔记录的金额就是本月发生额，结账时，只需在此行记录下面划一条通栏单红线，以示与下个月的经济业务分开，不需另行结出“本月合计”数。如果是年结，则通栏划双红线，不需另行结出“本年累计”数。

（2）对于库存现金、银行存款和损益类科目之外的明细账账户，由于不需要按月结计本期发生额，每次记账后，都要随时结出余额，每月最后一笔余额即为月末余额。也就是说，月末余额就是本月最后一笔经济业务记录的同一行内的余额。月末结账时，只需要在最后一笔经济业务记录之下划一条通栏单红线，不需要再结计一次余额。12月末进行年末结账时，只需要在最后一笔经济业务记录之下通栏划双红线即可。

（3）由于《会计基础工作规范》规定所有总账账户都应当结出全年发生额，所以，所有会计科目的总账账户都要结计本月发生额和本年累计发生额。结账时，需要结出期末余额，具体步骤如下：

每月结账时，应将账户的月末余额填写在本月最后一笔经济业务记录的同一行内。对于库存现金、银行存款日记账和需要结计当月发生额的损益类科目明细账，还应在“本月合计”所在行填写本月发生额和月末余额，其月末余额是由账户记录中的月初余额加或减本期发生额计算得到的，应当与上一行的期末余额相一致。在“本年累计”所在行除应填写本年累计发生额外，还应将年初余额加或减本年累计发生额计算出余额，这个余额应当与上面两行的余额相一致。

（二）结账的准备工作：关账

对于资产负债表账户，其余额要从一个会计年度结转到下一个会计年度，展现为一种永久存在的形式，因而被称为永久性账户，也称为实账户。“库存现金”“银行存款”“短期借款”“实收资本”等账户都属于永久性账户。对于利润表账户，其余额在一个会计年度结束之后，不会结转到下一个会计年度，其只在一个会计年度内临时存在，因而被称为临时性账户，也称为虚账户。例如，馨怡公司“主营业务收入——香精”账户2020年12月31日的余额为1 761 300元，其是馨怡公司2020年11月至12月形成的收入，与2021年没有关系，因而不应结转到2021会计年度。

在下一个会计年度开始时，临时性账户的余额应该为零。为了达到这一目标，会计期末应将临时性账户的余额结转到永久性账户中，这一过程称为关账程序，简称关账。关账是通过编制关账分录来实现的，关账分录也以编制记账凭证的方式进行。

关账的步骤如下：

（1）将收入类账户的余额转入“本年利润”科目；

（2）将费用类账户的余额转入“本年利润”科目；

（3）将“本年利润”转入“利润分配——未分配利润”账户；

（4）将“利润分配”账户下除“未分配利润”之外的明细账的余额转入“利润分配——未分配利润”账户。

关账的具体过程，如图3-13所示。

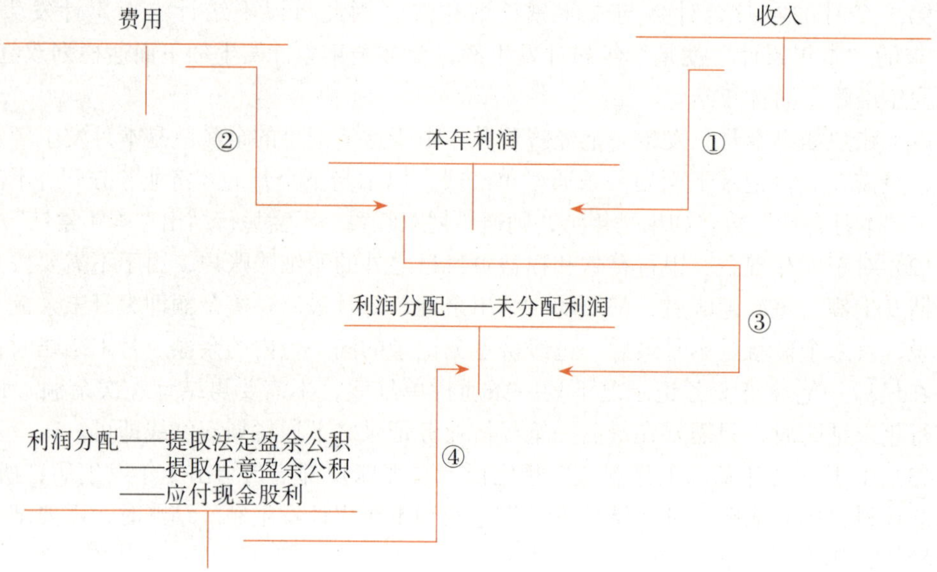

图3-13 关账的步骤

以上关账的步骤中的第四步将在后文演示，这里以馨怡公司2020年12月31日的情况为例，演示如何按照图3-13所示的前三个步骤进行关账，具体过程如下：

（1）收入类账户结转本年利润。

“主营业务收入——香精”明细账

首先，要查阅收入类科目明细账，馨怡公司只有“主营业务收入——香精”这个收入类明细账，其余额为1 761 300元（为方便起见可以扫描二维码查阅）。

按照关账的步骤，应将“主营业务收入——香精”账户的余额转入“本年利润”账户的贷方，通过编制表3-62所示的记账凭证即可实现。此前，业务3-6记账凭证的编号为“记字第27号”，接续前面的记账凭证，该记账凭证的编号为“记字第28号”，具体见表3-62。

表3-62

记 账 凭 证

2020年12月31日　　记字第 28 号

摘要	会计科目		借方金额											√	贷方金额											√
	总账科目	明细科目	亿	千	百	十	万	千	佰	拾	元	角	分		亿	千	百	十	万	千	佰	拾	元	角	分	
结转本年利润	主营业务收入	香精			1	7	6	1	3	0	0	0	0	√												
结转本年利润	本年利润																1	7	6	1	3	0	0	0	0	√
附件 张	合 计			¥	1	7	6	1	3	0	0	0	0			¥	1	7	6	1	3	0	0	0	0	

会计主管：李繁琳　　记账：李繁琳　　出纳：　　审核：李繁琳　　制单：陈凤飞

（2）费用类账户结转本年利润。

在将费用类科目的余额结转到本年利润之前，先要查阅费用类科目明细账，弄清楚各个费用类明细账的余额（即“主营业务成本——香精”“税金及附加”“销售费用”“管理费用”“财务费用”“所得税费用”明细账的余额）。为方便起见，可以扫描二维码查阅这些费用类明细账的余额。

费用类科目明细账

费用类账户关账的记账凭证见表3-63至表3-65。

表3-63

记　账　凭　证

2020年12月31日　　　　记字第　$29\frac{1}{3}$　号

摘　要	会计科目		借方金额											√	贷方金额											√
	总账科目	明细科目	亿	千	百	十	万	千	佰	拾	元	角	分		亿	千	百	十	万	千	佰	拾	元	角	分	
结转本年利润	本年利润				1	4	8	7	4	2	5	2	9	√												
结转本年利润	主营业务成本	香精															1	3	1	5	1	4	7	1	3	√
结转本年利润	税金及附加																			6	3	3	4	7	7	√
结转本年利润	销售费用	差旅费																			9	1	9	4	6	√
结转本年利润	销售费用	工资																	1	9	0	9	5	0	0	√
结转本年利润	销售费用	广告费																	3	3	0	1	8	8	7	√
附件　张	合　计																									

会计主管：李繁琳　　记账：李繁琳　　出纳：　　审核：李繁琳　　制单：陈凤飞

表3-64

记　账　凭　证

2020年12月31日　　　　记字第　$29\frac{2}{3}$　号

摘　要	会计科目		借方金额											√	贷方金额											√
	总账科目	明细科目	亿	千	百	十	万	千	佰	拾	元	角	分		亿	千	百	十	万	千	佰	拾	元	角	分	
结转本年利润	销售费用	招待费																			4	0	0	0	0	√
结转本年利润	销售费用	折旧																			1	0	0	0	0	√
结转本年利润	管理费用	工资																	7	8	0	9	5	0	0	√
结转本年利润	管理费用	办公费																	1	4	7	5	2	9	6	√
结转本年利润	管理费用	差旅费																		2	3	9	7	6	4	√
结转本年利润	管理费用	折旧																			2	0	0	0	0	√
附件　张	合　计																									

会计主管：李繁琳　　记账：李繁琳　　出纳：　　审核：李繁琳　　制单：陈凤飞

表3-65

记　账　凭　证

2020年12月31日　　　　记字第　$29\frac{3}{3}$　号

摘　要	会计科目		借方金额											√	贷方金额											√
	总账科目	明细科目	亿	千	百	十	万	千	佰	拾	元	角	分		亿	千	百	十	万	千	佰	拾	元	角	分	
结转本年利润	财务费用	手续费																				5	0	0	0	√
结转本年利润	财务费用	利息费用																		2	5	0	0	0	0	√
结转本年利润	所得税费用																		1	4	4	1	4	4	6	√
附件　张	合　计			¥	1	4	8	7	4	2	5	2	9			¥	1	4	8	7	4	2	5	2	9	

会计主管：李繁琳　　记账：李繁琳　　出纳：　　审核：李繁琳　　制单：陈凤飞

同前面讲述的日常业务记账凭证和调整业务记账凭证一样，关账产生的记账凭证也要登记相应的明细账账簿。表3-62至表3-65展示的均为过账后的记账凭证，“记账”处有记账人员的签名。将记字第28号凭证和记字第29号凭证登记账簿后，“本年利润”明细账见表3-66。

表3-66 本年利润明细账

会计科目：本年利润

明细科目：

2020年		凭证		摘要	借方											√	贷方											√	借或贷	余额											√
月	日	种类	号数		亿	千	百	十	万	千	佰	拾	元	角	分		亿	千	百	十	万	千	佰	拾	元	角	分			亿	千	百	十	万	千	佰	拾	元	角	分	
12	31	记	28	结转本年利润															1	7	6	1	3	0	0	0	0		贷			1	7	6	1	3	0	0	0	0	
12	31	记	$29\frac{1}{3}$	结转本年利润			1	4	8	7	4	2	5	2	9														贷				2	7	3	8	7	4	7	1	

（3）本年利润结转利润分配。

根据“本年利润”账户的余额编制记字第30号凭证（见表3-67），将“本年利润”账户的余额结转到“利润分配——未分配利润”账户。

表3-67 记 账 凭 证

2020年12月31日 记字第 30 号

摘要	会计科目		借方金额											√	贷方金额											√
	总账科目	明细科目	亿	千	百	十	万	千	佰	拾	元	角	分		亿	千	百	十	万	千	佰	拾	元	角	分	
结转本年净利润	本年利润					2	7	3	8	7	4	7	1	√												
结转本年净利润	利润分配	未分配利润																2	7	3	8	7	4	7	1	√
附件 张	合 计				¥	2	7	3	8	7	4	7	1				¥	2	7	3	8	7	4	7	1	

会计主管：李繁琳 记账：李繁琳 出纳： 审核：李繁琳 制单：陈凤飞

将记字第30号凭证登记入账后，“本年利润”账户的余额变为零（见表3-68）。

表3-68 本年利润明细账

会计科目：本年利润

明细科目：

2020年		凭证		摘要	借方											√	贷方											√	借或贷	余额											√
月	日	种类	号数		亿	千	百	十	万	千	佰	拾	元	角	分		亿	千	百	十	万	千	佰	拾	元	角	分			亿	千	百	十	万	千	佰	拾	元	角	分	
12	31	记	28	结转本年利润															1	7	6	1	3	0	0	0	0		贷			1	7	6	1	3	0	0	0	0	
12	31	记	$29\frac{1}{3}$	结转本年利润			1	4	8	7	4	2	5	2	9														贷				2	7	3	8	7	4	7	1	
12	31	记	30	结转本年净利润				2	7	3	8	7	4	7	1														平									0			

从表3-62至表3-68可以看出，“本年利润”账户是一个临时性账户，仅用来清除损益类账户的余额。关账前，该账户余额为零，而关账结束后，该账户余额重新变为

零。由于“本年利润”账户具有清除收入和费用类账户余额的功能，因此，该账户也称为清除账户（clearing accounts）。

对于记字第28号至第30号关账记账凭证，有以下两点值得注意：

（1）这些记账凭证是没有原始凭证的，因为它们是依据会计程序而产生的凭证，而不是像采购、销售或报销差旅费之类的真实经济业务。《会计基础工作规范》第五十一条第四款明确规定，这种为结清损益类账户余额的记账凭证不需要原始凭证。

微课

关账（1）

（2）记字第29号记账凭证有三张，这种一笔业务的会计分录超过一张记账凭证的，其编号可以使用分数，这里三张记账凭证的编号依次为$29\frac{1}{3}$、$29\frac{2}{3}$、$29\frac{3}{3}$。根据北京市财政局制定的《会计基础工作规范实施细则》的规定，合计数只写在最后一张凭证上，其余凭证的合计数处用“/”划掉。在实务中，也有在每页计算出合计数，并在摘要栏填写“过次页”，在下一页的第一行照抄前一页最后一行的合计数，并在摘要栏填写“承前页”的做法。

微课

关账（2）

【实务世界】关账的表结法与账结法

在实务中，关账有两种具体的操作方法，称为表结法和账结法。表结法就是对于损益类账户，1月至11月的每个月末只需在账簿中进行月结处理，计算出每个月的月末余额，将其填入利润表的“本月数”栏目，同时将截至当月的本年累计数填入利润表的“本年累计数”栏目，在利润表中计算出当月的利润，以及截至当月的本年利润，不需编制记账凭证，将损益类账户的余额转入“本年利润”账户。账结法则是在每个月的月末编制记账凭证，将损益类账户的余额转入“本年利润”账户。这里演示的馨怡公司的案例中，2020年11月份没有将损益类账户结转到“本年利润”账户，因此，其采用的是表结法。表3-69是采用表结法时使用的简化利润表。

表3-69　　表结法使用的简化利润表

编制单位：　　　　年　月　　　　单位：元

项　目	本月数	本年累计数
一、营业收入		
减：营业成本		
税金及附加		
销售费用		
管理费用		
财务费用		
加：其他收益		
投资收益（损失以“-”号填列）		
公允价值变动收益（损失以“-”号填列）		
信用减值损失（损失以“-”号填列）		
资产减值损失（损失以“-”号填列）		
二、营业利润（亏损以“-”号填列）		
加：营业外收入		
减：营业外支出		
三、利润总额（亏损总额以“-”号填列）		
减：所得税费用		
四、净利润（净亏损以“-”号填列）		

资料来源：财政部会计资格评价中心.初级会计实务［M］. 北京：经济科学出版社，2021：277.（有改动）

（三）利润分配

在将本年利润结转到“利润分配——未分配利润”账户之后，就可以进行利润分配的决策和账务处理了。

【法规广角】利润的分配程序

利润应当按照《中华人民共和国公司法》（简称《公司法》）的规定进行分配。《公司法》第一百六十六条规定：“公司分配当年税后利润时，应当提取利润的百分之十列入公司法定公积金。”当公司法定公积金累计额达到公司注册资本的百分之五十以上时，可以不再提取。此外，《公司法》规定在提取法定盈余公积后，经股东或者股东大会决议，还可以从税后利润中提取任意盈余公积。在提取法定公积金和任意公积金后，净利润可以用于向股东支付股利。按照《公司法》的规定，股利分配的程序是：董事会提出分配方案，由股东大会批准后付诸实施。

董事会只能在一个会计年度已经结束并计算出利润后，才能提出利润分配方案，股东大会也只能在会计年度结束后才能对利润分配方案进行表决，因此，本年度的利润分配业务只能在下一年度进行，这意味着本年度分配的其实是上一年度的利润，而本年度的利润要到下一年度才能分配。这可以用上市公司的利润分配情况来进行印证，例如，广州白云国际机场股份有限公司（简称白云机场）2019年年度报告中披露：“报告期内，公司已于2019年8月9日完成2018年度的利润分配工作。”广深铁路股份有限公司（简称广深铁路）2019年年度报告中披露：“报告期内，公司实施了2018年度利润分配，即以2018年年末总股本为基数，向全体股东每10股派发现金股利人民币0.60元（含税），共计派发股息人民币425 012 220元。”因此，馨怡公司2020年度的利润分配应该在2021年度才能进行，但为了演示利润分配业务，这里假定该公司于2020年12月31日进行了利润分配。

【业务3-7】2020年12月31日，分配本年利润，按净利润的10%提取法定盈余公积。法定盈余公积计算表见表3-70。

表3-70 法定盈余公积计算表

2020年12月31日 金额单位：元

项目	净利润	提取比例	提取金额
法定盈余公积	273 874.71	10%	27 387.47

【分析】该业务使得“盈余公积——法定盈余公积”科目增加27 387.47元，同时，使得未分配利润减少27 387.47元，需要通过“利润分配——提取法定盈余公积”科目来进行记录，这些科目都属于所有者权益类科目。根据借贷记账规则，这笔业务对会计等式的影响，如图3-14所示。

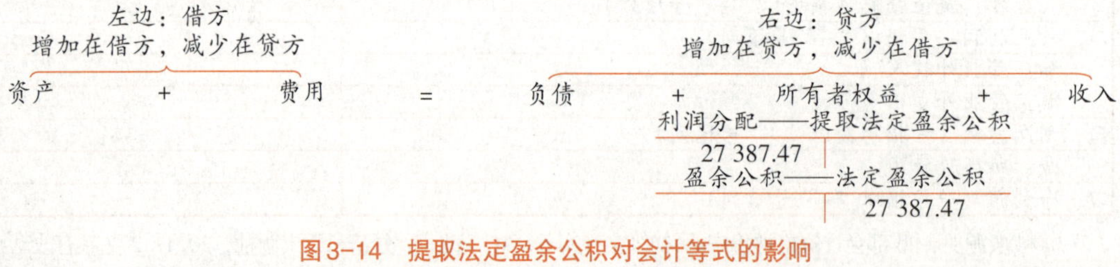

图3-14 提取法定盈余公积对会计等式的影响

根据图3-14中的丁字账户信息，先写借方会计科目和金额，再写贷方会计科目和金额，可以编制业务3-7的会计分录：

借：利润分配——提取法定盈余公积　　　　27 387.47

　　贷：盈余公积——法定盈余公积　　　　27 387.47

业务3-7的记账凭证见表3-71。

表3-71　　记 账 凭 证

2020年12月31日　　　　记字第 31 号

摘　要	会计科目		借方金额											√	贷方金额											√
	总账科目	明细科目	亿	千	百	十	万	千	佰	拾	元	角	分		亿	千	百	十	万	千	佰	拾	元	角	分	
提取法定盈余公积	利润分配	提取法定盈余公积					2	7	3	8	7	4	7	√												
提取法定盈余公积	盈余公积	法定盈余公积																	2	7	3	8	7	4	7	√
附件1张	合　计					¥	2	7	3	8	7	4	7					¥	2	7	3	8	7	4	7	

会计主管：李繁琳　　记账：李繁琳　　出纳：　　审核：李繁琳　　制单：陈凤飞

【业务3-8】2020年12月31日，决定向张得飞和李长宇各按净利润的5%分配利润。应付股利计算表见表3-72。

表3-72　　应付股利计算表

2020年12月31日　　　　金额单位：元

项　目	净利润	提取比例	提取金额
应付股利——张得飞	273 874.71	5%	13 693.74
应付股利——李长宇	273 874.71	5%	13 693.74

【分析】该业务使得“应付股利——张得飞”和“应付股利——李长宇”两个负债类科目分别增加13 693.74元，同时，使得未分配利润减少27 387.48元，需要记录在“利润分配——应付现金股利”科目中，其属于所有者权益类科目。根据借贷记账规则，这笔业务对会计等式的影响，如图3-15所示。

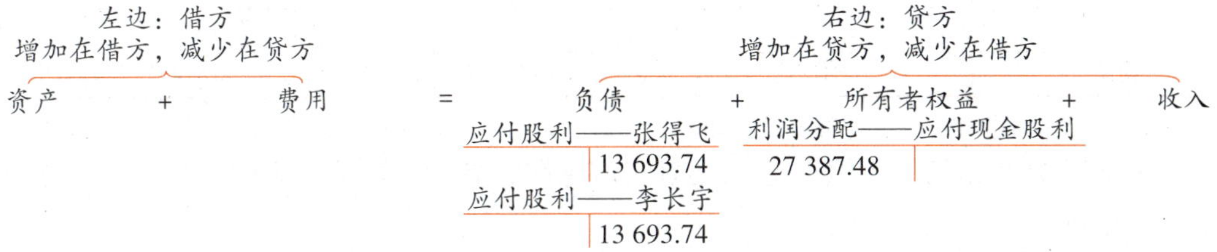

图3-15　计提应付股利对会计等式的影响

根据图3-15中的丁字账户信息，先写借方会计科目和金额，再写贷方会计科目和金额，可以编制业务3-8的会计分录：

借：利润分配——应付现金股利　　27 387.48

　　贷：应付股利——张得飞　　13 693.74

　　　　　　　　——李长宇　　13 693.74

业务3-8的记账凭证见表3-73。

表3-73

记 账 凭 证

2020年12月31日　　记字第 32 号

摘要	会计科目		借方金额											√	贷方金额											√
	总账科目	明细科目	亿	千	百	十	万	千	佰	拾	元	角	分		亿	千	百	十	万	千	佰	拾	元	角	分	
宣告股利	利润分配	应付现金股利					2	7	3	8	7	4	8	√												
宣告股利	应付股利	张得飞																	1	3	6	9	3	7	4	√
宣告股利	应付股利	李长宇																	1	3	6	9	3	7	4	√
附件1张	合计					¥	2	7	3	8	7	4	8					¥	2	7	3	8	7	4	8	

会计主管：李繁琳　记账：李繁琳　出纳：　审核：李繁琳　制单：陈凤飞

记字第31号和第32号凭证中的“利润分配”科目需要结转到“利润分配——未分配利润”科目，这也是关账业务的一部分，即图3-13中关于关账步骤的第四步，相关记账凭证见表3-74。接续前面的记账凭证进行编号，该记账凭证编为“记字第33号”。和前面的损益类科目结转本年利润的记账凭证一样，记字第33号凭证没有原始凭证。

表3-74

记 账 凭 证

2020年12月31日　　记字第 33 号

摘要	会计科目		借方金额											√	贷方金额											√
	总账科目	明细科目	亿	千	百	十	万	千	佰	拾	元	角	分		亿	千	百	十	万	千	佰	拾	元	角	分	
结转利润分配	利润分配	未分配利润					5	4	7	7	4	9	5	√												
结转利润分配	利润分配	提取法定盈余公积																	2	7	3	8	7	4	7	√
结转利润分配	利润分配	应付现金股利																	2	7	3	8	7	4	8	√
附件 张	合计					¥	5	4	7	7	4	9	5					¥	5	4	7	7	4	9	5	

会计主管：李繁琳　记账：李繁琳　出纳：　审核：李繁琳　制单：陈凤飞

记字第31号至第33号凭证也需要登记明细账，登记后的明细账账户展示在下面结账后的账户中。

值得一提的是，业务3-8的记账凭证（记字第32号）的摘要栏使用“宣告股利”这样的表述，原因在于公司只是决定向股东分配股利，但还没有实际支付，实际支付时间由公司根据自身情况具体决定。

（四）结账

在将损益类账户关账之后，就可以进行结账了。如前所述，对于资产负债表账户，其余额在年结结账时要结转到下一年度；而利润表账户，经过关账后，其余额结转进入“本年利润”账户后变为零，不存在结转下一年度的问题。

1. 日记账与明细账的结账

结账后的日记账与明细账账户见表3-75至表3-113。

表3-75　　库存现金日记账

2020年		凭证		摘要	借方											√	贷方											√	借或贷	余额											√
月	日	种类	号数		亿	千	百	十	万	千	佰	拾	元	角	分		亿	千	百	十	万	千	佰	拾	元	角	分			亿	千	百	十	万	千	佰	拾	元	角	分	
11	3	记	2	提取现金					5	5	0	0	0	0	0														借					5	5	0	0	0	0	0	
	20	记	7	李大忠报销差旅费																			9	4	8	0	0		借					5	4	0	5	2	0	0	
	30			本月合计					5	5	0	0	0	0	0								9	4	8	0	0		借					5	4	0	5	2	0	0	
	30			本年累计					5	5	0	0	0	0	0								9	4	8	0	0		借					5	4	0	5	2	0	0	
12	4	记	5	行政部报销办公用品费用																			8	9	6	1	0		借					5	3	1	5	5	9	0	
	7	记	9	柯语云借支差旅费																		2	0	0	0	0	0		借					5	1	1	5	5	9	0	
	10	记	11	发放11月工资																	4	8	6	7	8	0	0		借						2	4	7	7	9	0	
	17	记	14	柯语云报销差旅费																			5	1	4	0	0		借						1	9	6	3	9	0	
	19	记	15	李大忠报销招待费																			4	0	0	0	0		借						1	5	6	3	9	0	
	31			本月合计																	5	2	4	8	8	1	0		借						1	5	6	3	9	0	
	31			本年累计					5	5	0	0	0	0	0						5	3	4	3	6	1	0		借						1	5	6	3	9	0	
				结转下年																								借						1	5	6	3	9	0	

月结

年结

年度终了，余额结转下年

表3-76　　银行存款日记账

开户银行　中国工商银行长湖支行

账　　号　538653800152

2020年		凭证		摘要	借方											√	贷方											√	借或贷	余额											√
月	日	种类	号数		亿	千	百	十	万	千	佰	拾	元	角	分		亿	千	百	十	万	千	佰	拾	元	角	分			亿	千	百	十	万	千	佰	拾	元	角	分	
11	1	记	1	收到股东投资款				5	0	0	0	0	0	0	0														借				5	0	0	0	0	0	0	0	
	3	记	2	提取现金																	5	5	0	0	0	0	0		借				4	4	5	0	0	0	0	0	
	5	记	3	购入香精,支付货款																1	4	5	6	5	0	0	0		借				2	9	9	3	5	0	0	0	
	10	记	5	购买电脑三台																	1	6	2	7	2	0	0		借				2	8	3	0	7	8	0	0	
	30	记	10	缴纳本月增值税																			7	1	5	4	6		借				2	8	2	3	6	2	5	4	
				本月合计				5	0	0	0	0	0	0	0					2	1	7	6	3	7	4	6		借				2	8	2	3	6	2	5	4	
12	1	记	1	从工行取得半年期贷款				5	0	0	0	0	0	0	0														借				7	8	2	3	6	2	5	4	
	1	记	2	预付半年房租																	1	8	9	0	0	0	0		借				7	6	3	4	6	2	5	4	
				本日合计				5	0	0	0	0	0	0	0						1	8	9	0	0	0	0		借				7	6	3	4	6	2	5	4	
	2	记	3	预付三个月轿车租金																	2	4	0	0	0	0	0		借				7	3	9	4	6	2	5	4	
	3	记	4	收到洁柔公司前欠货款				1	6	7	4	6	6	0	0														借				9	0	6	9	2	8	5	4	
	7	记	6	购入香精并支付货款																3	8	2	2	3	2	0	0		借				5	2	4	6	9	6	5	4	
	7	记	7	缴纳上月附加税费																				8	5	8	5		借				5	2	4	6	1	0	6	9	
	7	记	8	支付广告费																	3	5	0	0	0	0	0		借				4	8	9	6	1	0	6	9	
				本日合计																4	1	7	3	1	7	8	5		借				4	8	9	6	1	0	6	9	
				过次页			1	1	6	7	4	6	6	0	0					6	7	7	8	5	5	3	1		借				4	8	9	6	1	0	6	9	

表3-77 **银行存款日记账**

开户银行 中国工商银行长湖支行

账　　号 538653800152

2020年 月	日	凭证 种类	号数	摘要	借方（亿千百十万千佰拾元角分）	√	贷方（亿千百十万千佰拾元角分）	√	借或贷	余额（亿千百十万千佰拾元角分）	√
				承前页	116746600		67785531		借	48961069	
12	13	记	12	支付电话费			90000		借	48871069	
	15	记	13	支付银行手续费			5000		借	48866069	
	23	记	17	支付自来水费用			89140		借	48776929	
	30	记	19	支付电费			134470		借	48642459	
	31	记	21	缴纳本月增值税			5207427		借	43435032	
				本月合计	66746600		51547822		借	43435032	
				本年累计	116746600		73311568		借	43435032	
				结转下年					借	43435032	

表3-78 **应收账款明细账**

会计科目：应收账款

明细科目：洁柔公司

2020年 月	日	凭证 种类	号数	摘要	借方（亿千百十万千佰拾元角分）	√	贷方（亿千百十万千佰拾元角分）	√	借或贷	余额（亿千百十万千佰拾元角分）	√
11	15	记	6	销售香精，货款未收	16746600				借	16746600	
12	3	记	4	收到洁柔公司前欠货款			16746600		平	θ	

表3-79 **应收账款明细账**

会计科目：应收账款

明细科目：华瑞日化

2020年 月	日	凭证 种类	号数	摘要	借方（亿千百十万千佰拾元角分）	√	贷方（亿千百十万千佰拾元角分）	√	借或贷	余额（亿千百十万千佰拾元角分）	√
12	8	记	10	销售香精，货款未收	53460300				借	53460300	
	31			结转下年					借	53460300	

表3-80 **应收账款明细账**

会计科目：应收账款

明细科目：声蜚日化

2020年 月	日	凭证 种类	号数	摘要	借方（亿千百十万千佰拾元角分）	√	贷方（亿千百十万千佰拾元角分）	√	借或贷	余额（亿千百十万千佰拾元角分）	√
12	26	记	18	销售香精，货款未收	128820000				借	128820000	
	31			结转下年					借	128820000	

表 3-81　**预付账款明细账**　会计科目：预付账款　明细科目：日照房产

2020年 月	日	凭证 种类	号数	摘要	借方（亿千百十万千佰拾元角分）	√	贷方（亿千百十万千佰拾元角分）	√	借或贷	余额（亿千百十万千佰拾元角分）	√
12	1	记	2	预付半年房租	1800000				借	1800000	
12	31	记	25	摊销房租			300000		借	1500000	
				结转下年					借	1500000	

表 3-82　**预付账款明细账**　会计科目：预付账款　明细科目：瑞风汽车

2020年 月	日	凭证 种类	号数	摘要	借方（亿千百十万千佰拾元角分）	√	贷方（亿千百十万千佰拾元角分）	√	借或贷	余额（亿千百十万千佰拾元角分）	√
12	2	记	3	预付三个月轿车租金	2400000				借	2400000	
12	31	记	25	摊销汽车租金			800000		借	1600000	
				结转下年					借	1600000	

表 3-83　**其他应收款明细账**　会计科目：其他应收款　明细科目：柯语云

2020年 月	日	凭证 种类	号数	摘要	借方（亿千百十万千佰拾元角分）	√	贷方（亿千百十万千佰拾元角分）	√	借或贷	余额（亿千百十万千佰拾元角分）	√
12	7	记	9	柯语云借支差旅费	200000				借	200000	
12	17	记	14	柯语云报销差旅费，冲抵借款			200000		平	0	

表 3-84　**在途物资明细账**　会计科目：在途物资　明细科目：香精

2020年 月	日	凭证 种类	号数	摘要	借方（亿千百十万千佰拾元角分）	√	贷方（亿千百十万千佰拾元角分）	√	借或贷	余额（亿千百十万千佰拾元角分）	√
11	5	记	3	购入香精	12900000				借	12900000	
11	7	记	4	香精入库			12900000		平	0	

表 3-85 **库存商品明细账**

名称：香精-梦幻巴黎

规格：______ 计量单位：千克

2020年 月	日	凭证 种类	号数	摘要	收入 数量	收入 单价	收入 金额	发出 数量	发出 单价	发出 金额	结存 数量	结存 单价	结存 金额
11	7	记	4	香精入库	300	430	12900000				300	430	12900000
	30	记	9	结转本月销售成本				260	430	11180000	40	430	1720000
12	7	记	6	购入香精并支付货款	800	423	33840000						
	22	记	16	采购香精，货款未付	2 000	426	85200000				2 840	425.211	120760000
	31	记	20	结转本月销售成本				2 830	425.211	120334713	10	425.211	425287
				结转下年							10	425.211	425287

表 3-86 **固定资产明细账**

会计科目：固定资产

明细科目：电脑

2020年 月	日	凭证 种类	号数	摘要	借方	贷方	借或贷	余额
11	10	记	5	购买电脑三台	1440000		借	1440000
12	31			结转下年			借	1440000

表 3-87 **累计折旧明细账**

会计科目：累计折旧

明细科目：电脑

2020年 月	日	凭证 种类	号数	摘要	借方	贷方	借或贷	余额
12	31	记	26	计提固定资产折旧		30000	贷	30000
				结转下年			贷	30000

表 3-88 **短期借款明细账**

会计科目：短期借款

明细科目：工商银行

2020年 月	日	凭证 种类	号数	摘要	借方	贷方	借或贷	余额
12	1	记	1	从工行取得半年期贷款		50000000	贷	50000000
	31			结转下年			贷	50000000

表 3-89

应付账款明细账

会计科目：应付账款

明细科目：东森公司

2020年 月	日	凭证 种类	号数	摘要	借方	√	贷方	√	借或贷	余额	√
12	22	记	16	采购香精，货款未付			9625200		贷	9625200	
	31			结转下年					贷	9625200	

表 3-90

应付职工薪酬明细账

会计科目：应付职工薪酬

明细科目：工资、奖金、津贴和补贴

2020年 月	日	凭证 种类	号数	摘要	借方	√	贷方	√	借或贷	余额	√
11	30	记	8	计提本月工资			4867800	√	贷	4867800	
12	10	记	11	发放11月工资	4867800				平	0	
	31	记	22	计提工资			4851200		贷	4851200	
				结转下年					贷	4851200	

表 3-91

应交增值税明细账

2020年 月	日	凭证 字	号	摘要	借方 合计	借方 进项税额	借方 已交税金	贷方 合计	贷方 销项税额	借或贷	余额
11	5	记	3	购入香精	1665000	1665000				借	1665000
11	10	记	5	购买电脑三台	187200	187200				借	1852200
11	15	记	6	销售香精，货款未收				1926600	1926600	贷	74400
11	20	记	7	李大忠报销差旅费	2854	2854				贷	71546
11	30	记	10	缴纳本月增值税	71546		71546			平	0
12	1	记	2	预付半年房租	90000	90000				借	90000
12	7	记	6	购入香精并支付货款	4383200	4383200				借	4473200
12	7	记	8	支付广告费	198113	198113				借	4671313
12	8	记	10	销售香精，货款未收				6150300	6150300	贷	1478987
12	13	记	12	支付电话费	5094	5094				贷	1473893
12	17	记	14	柯语云报销差旅费	11636	11636				贷	1462257
12	22	记	16	销售香精，货款未收	11052000	11052000				借	9589743
12	23	记	17	支付自来水费用	7360	7360				借	9597103
12	26	记	18	销售香精，货款未收				14820000	14820000	贷	5222897
				过次页	17674003	17602457	71546	22896900	22896900	贷	5222897

表 3-92

应交增值税明细账

2020年 月	日	凭证 字	号	摘要	借方 合计	借方 进项税额	借方 已交税金	贷方 合计	贷方 销项税额	借或贷	余额
				承前页	17674003	17602457	71546	22896900	22896900	贷	5222897
12	30	记	19	支付电费	15470	15470				贷	5207427
12	31	记	21	缴纳本月增值税	5207427		5207427			平	0

表 3-93 **应交税费明细账** 会计科目：应交税费

明细科目：应交城市维护建设税

2020年		凭证		摘要	借方											√	贷方											√	借或贷	余额											√
月	日	种类	号数		亿	千	百	十	万	千	佰	拾	元	角	分		亿	千	百	十	万	千	佰	拾	元	角	分			亿	千	百	十	万	千	佰	拾	元	角	分	
11	30	记	11	计提本月附加税费																				5	0	0	8		贷								5	0	0	8	
12	7	记	7	缴纳上月附加税费								5	0	0	8														平									θ			
	31	记	23	计提本月附加税费																		3	6	4	5	2	0		贷						3	6	4	5	2	0	
				结转下年																									贷						3	6	4	5	2	0	

表 3-94 **应交税费明细账** 会计科目：应交税费

明细科目：应交教育费附加

2020年		凭证		摘要	借方											√	贷方											√	借或贷	余额											√
月	日	种类	号数		亿	千	百	十	万	千	佰	拾	元	角	分		亿	千	百	十	万	千	佰	拾	元	角	分			亿	千	百	十	万	千	佰	拾	元	角	分	
11	30	记	11	计提本月附加税费																				2	1	4	6		贷								2	1	4	6	
12	7	记	7	缴纳上月附加税费								2	1	4	6														平									θ			
	31	记	23	计提本月附加税费																		1	5	6	2	2	3		贷						1	5	6	2	2	3	
				结转下年																									贷						1	5	6	2	2	3	

表 3-95 **应交税费明细账** 会计科目：应交税费

明细科目：应交地方教育费附加

2020年		凭证		摘要	借方											√	贷方											√	借或贷	余额											√
月	日	种类	号数		亿	千	百	十	万	千	佰	拾	元	角	分		亿	千	百	十	万	千	佰	拾	元	角	分			亿	千	百	十	万	千	佰	拾	元	角	分	
11	30	记	11	计提本月附加税费																				1	4	3	1		贷								1	4	3	1	
12	7	记	7	缴纳上月附加税费								1	4	3	1														平									θ			
	31	记	23	计提本月附加税费																		1	0	4	1	4	9		贷						1	0	4	1	4	9	
				结转下年																									贷						1	0	4	1	4	9	

表 3-96 **应交税费明细账** 会计科目：应交税费

明细科目：应交所得税

2020年		凭证		摘要	借方											√	贷方											√	借或贷	余额											√
月	日	种类	号数		亿	千	百	十	万	千	佰	拾	元	角	分		亿	千	百	十	万	千	佰	拾	元	角	分			亿	千	百	十	万	千	佰	拾	元	角	分	
12	31	记	27	计提所得税																	1	4	4	1	4	4	6		贷					1	4	4	1	4	4	6	
				结转下年																									贷					1	4	4	1	4	4	6	

表 3-97　　**应付利息明细账**　　会计科目：应付利息

明细科目：工商银行

2020年		凭证		摘要	借方											√	贷方											√	借或贷	余额											√
月	日	种类	号数		亿	千	百	十	万	千	佰	拾	元	角	分		亿	千	百	十	万	千	佰	拾	元	角	分			亿	千	百	十	万	千	佰	拾	元	角	分	
12	31	记	24	计提短期借款利息																		2	5	0	0	0	0		贷						2	5	0	0	0	0	
				结转下年																									贷						2	5	0	0	0	0	

表 3-98　　**应付股利明细账**　　会计科目：应付股利

明细科目：张得飞

2020年		凭证		摘要	借方											√	贷方											√	借或贷	余额											√
月	日	种类	号数		亿	千	百	十	万	千	佰	拾	元	角	分		亿	千	百	十	万	千	佰	拾	元	角	分			亿	千	百	十	万	千	佰	拾	元	角	分	
12	31	记	32	宣告股利																	1	3	6	9	3	7	4		贷					1	3	6	9	3	7	4	
				结转下年																									贷					1	3	6	9	3	7	4	

表 3-99　　**应付股利明细账**　　会计科目：应付股利

明细科目：李长宇

2020年		凭证		摘要	借方											√	贷方											√	借或贷	余额											√
月	日	种类	号数		亿	千	百	十	万	千	佰	拾	元	角	分		亿	千	百	十	万	千	佰	拾	元	角	分			亿	千	百	十	万	千	佰	拾	元	角	分	
12	31	记	32	宣告股利																	1	3	6	9	3	7	4		贷					1	3	6	9	3	7	4	
				结转下年																									贷					1	3	6	9	3	7	4	

表 3-100　　**实收资本明细账**　　会计科目：实收资本

明细科目：张得飞

2020年		凭证		摘要	借方											√	贷方											√	借或贷	余额											√
月	日	种类	号数		亿	千	百	十	万	千	佰	拾	元	角	分		亿	千	百	十	万	千	佰	拾	元	角	分			亿	千	百	十	万	千	佰	拾	元	角	分	
11	1	记	1	收到股东投资款																2	5	0	0	0	0	0	0		贷				2	5	0	0	0	0	0	0	
12	31			结转下年																									贷				2	5	0	0	0	0	0	0	

表 3-101　　**实收资本明细账**　　会计科目：实收资本

明细科目：李长宇

2020年		凭证		摘要	借方											√	贷方											√	借或贷	余额											√
月	日	种类	号数		亿	千	百	十	万	千	佰	拾	元	角	分		亿	千	百	十	万	千	佰	拾	元	角	分			亿	千	百	十	万	千	佰	拾	元	角	分	
11	1	记	1	收到股东投资款																2	5	0	0	0	0	0	0		贷				2	5	0	0	0	0	0	0	
12	31			结转下年																									贷				2	5	0	0	0	0	0	0	

表3-102 **盈余公积明细账**

会计科目：盈余公积

明细科目：法定盈余公积

2020年		凭证		摘要	借方											√	贷方											√	借或贷	余额											√
月	日	种类	号数		亿	千	百	十	万	千	佰	拾	元	角	分		亿	千	百	十	万	千	佰	拾	元	角	分			亿	千	百	十	万	千	佰	拾	元	角	分	
12	31	记	31	提取法定盈余公积																	2	7	3	8	7	4	7		贷					2	7	3	8	7	4	7	
				结转下年																									贷					2	7	3	8	7	4	7	

表3-103 **本年利润明细账**

会计科目：本年利润

明细科目：

2020年		凭证		摘要	借方											√	贷方											√	借或贷	余额											√
月	日	种类	号数		亿	千	百	十	万	千	佰	拾	元	角	分		亿	千	百	十	万	千	佰	拾	元	角	分			亿	千	百	十	万	千	佰	拾	元	角	分	
12	31	记	28	结转本年利润															1	7	6	1	3	0	0	0	0		贷			1	7	6	1	3	0	0	0	0	
12	31	记	$29\frac{1}{3}$	结转本年利润			1	4	8	7	4	2	5	2	9														贷				2	7	3	8	7	4	7	1	
12	31	记	30	结转本年净利润				2	7	3	8	7	4	7	1														平									0			

表3-104 **利润分配明细账**

会计科目：利润分配

明细科目：提取法定盈余公积

2020年		凭证		摘要	借方											√	贷方											√	借或贷	余额											√
月	日	种类	号数		亿	千	百	十	万	千	佰	拾	元	角	分		亿	千	百	十	万	千	佰	拾	元	角	分			亿	千	百	十	万	千	佰	拾	元	角	分	
12	31	记	31	提取法定盈余公积					2	7	3	8	7	4	7														借					2	7	3	8	7	4	7	
12	31	记	33	结转利润分配																	2	7	3	8	7	4	7		平									0			
				本月合计					2	7	3	8	7	4	7						2	7	3	8	7	4	7		平									0			

表3-105 **利润分配明细账**

会计科目：利润分配

明细科目：应付现金股利

2020年		凭证		摘要	借方											√	贷方											√	借或贷	余额											√
月	日	种类	号数		亿	千	百	十	万	千	佰	拾	元	角	分		亿	千	百	十	万	千	佰	拾	元	角	分			亿	千	百	十	万	千	佰	拾	元	角	分	
12	31	记	32	宣告股利					2	7	3	8	7	4	8														借					2	7	3	8	7	4	8	
12	31	记	33	结转利润分配																	2	7	3	8	7	4	8		平									0			
				本月合计					2	7	3	8	7	4	8						2	7	3	8	7	4	8		平									0			

表 3-106　　利润分配明细账

会计科目：利润分配

明细科目：未分配利润

2020年		凭证		摘要	借方											√	贷方											√	借或贷	余额											√
月	日	种类	号数		亿	千	百	十	万	千	佰	拾	元	角	分		亿	千	百	十	万	千	佰	拾	元	角	分			亿	千	百	十	万	千	佰	拾	元	角	分	
12	31	记	30	结转本年净利润																2	7	3	8	7	4	7	1		贷				2	7	3	8	7	4	7	1	
12	31	记	33	结转利润分配					5	4	7	7	4	9	5														贷				2	1	9	0	9	9	7	6	
				本月合计					5	4	7	7	4	9	5					2	7	3	8	7	4	7	1		贷				2	1	9	0	9	9	7	6	
				结转下年																									贷				2	1	9	0	9	9	7	6	

表 3-107　　主营业务收入明细账

会计科目：主营业务收入

明细科目：香精

2020年		凭证		摘要	借方											√	贷方											√	借或贷	余额											√
月	日	种类	号数		亿	千	百	十	万	千	佰	拾	元	角	分		亿	千	百	十	万	千	佰	拾	元	角	分			亿	千	百	十	万	千	佰	拾	元	角	分	
11	15	记	6	销售香精，货款未收																1	4	8	2	0	0	0	0		贷				1	4	8	2	0	0	0	0	
	30			本月合计																1	4	8	2	0	0	0	0		贷				1	4	8	2	0	0	0	0	
	30			本年累计																1	4	8	2	0	0	0	0		贷				1	4	8	2	0	0	0	0	
12	8	记	10	销售香精，货款未收																4	7	3	1	0	0	0	0		贷				6	2	1	3	0	0	0	0	
12	26	记	18	销售香精，货款未收															1	1	4	0	0	0	0	0	0		贷			1	7	6	1	3	0	0	0	0	
12	31	记	28	结转本年利润			1	7	6	1	3	0	0	0	0														平									θ			
				本月合计			1	7	6	1	3	0	0	0	0				1	6	1	3	1	0	0	0	0		平									θ			
				本年累计			1	7	6	1	3	0	0	0	0				1	7	6	1	3	0	0	0	0		平									θ			

损益类账户的余额转入"本年利润"账户，结转不下年

表 3-108　　主营业务成本明细账

会计科目：主营业务成本

明细科目：香精

2020年		凭证		摘要	借方											√	贷方											√	借或贷	余额											√
月	日	种类	号数		亿	千	百	十	万	千	佰	拾	元	角	分		亿	千	百	十	万	千	佰	拾	元	角	分			亿	千	百	十	万	千	佰	拾	元	角	分	
11	30	记	9	结转本月销售成本				1	1	1	8	0	0	0	0														借				1	1	1	8	0	0	0	0	
				本月合计				1	1	1	8	0	0	0	0														借				1	1	1	8	0	0	0	0	
				本年累计				1	1	1	8	0	0	0	0														借				1	1	1	8	0	0	0	0	
12	31	记	20	结转本月销售成本			1	2	0	3	3	4	7	1	3														借			1	3	1	5	1	4	7	1	3	
12	31	记	29 1/3	结转本年利润															1	3	1	5	1	4	7	1	3		平									θ			
				本月合计			1	2	0	3	3	4	7	1	3				1	3	1	5	1	4	7	1	3		平									θ			
				本年累计			1	3	1	5	1	4	7	1	3				1	3	1	5	1	4	7	1	3		平									θ			

表3-109 税金及附加明细账

会计科目：税金及附加

明细科目：

2020年 月	日	凭证 种类	号数	摘要	借方	√	贷方	√	借或贷	余额	√
11	30	记	11	计提本月附加税费	8585				借	8585	
				本月合计	8585				借	8585	
				本年累计	8585				借	8585	
12	31	记	23	计提本月附加税费	624892				借	633477	
	31	记	$29\frac{1}{3}$	结转本年利润			633477		平	θ	
				本月合计	624892		633477		平	θ	
				本年累计	633477		633477		平	θ	

表3-110 销售费用明细账

会计科目：销售费用

明细科目：

2020年 月	日	凭证 字	号	摘要	合计	费用项目 差旅费	工资	广告费	招待费	折旧
11	20	记	7	李大忠报销差旅费	91946	91946				
11	30	记	8	计提本月工资	955300		955300			
				本月合计	1047246	91946	955300			
12	7	记	8	支付广告费	3301887			3301887		
	19	记	15	李大忠报销招待费	40000				40000	
				本年借方合计	4389133	91946	955300	3301887	40000	
	31	记	22	计提工资	954200		954200			
	31	记	26	计提折旧	10000					10000
				本月借方合计	4306087		954200	3301887	40000	10000
				本年借方合计	5353333	91946	1909500	3301887	40000	10000
	31	记	$29\frac{1}{3}$	结转本年利润	5353333	91946	1909500	3301887	40000	10000
				本年累计	θ	θ	θ	θ	θ	θ

表 3-111　　　　**管理费用明细账**

会计科目：管理费用
明细科目：

2020年 月	日	凭证 字	号	摘　要	合计	费用项目 工资	办公费	差旅费	折旧
11	30	记	8	计提本月工资	3912500	3912500			
				本月合计	3912500	3912500			
12	4	记	5	行政部报销办公用品费用	89610		89610		
	13	记	12	支付电话费	84906		84906		
	17	记	14	柯语云报销差旅费	239764			239764	
	23	记	17	支付自来水费用	81780		81780		
	30	记	19	支付电费	119000		119000		
				本年借方合计	4527560	3912500	375296	239764	
	31	记	22	计提工资	3897000	3897000			
	31	记	25	摊销房租和汽车租金	1100000		1100000		
	31	记	26	计提折旧	20000				20000
				本月借方合计	5632060	3897000	1475296	239764	20000
				本年借方合计	9544560	7809500	1475296	239764	20000
	31	记	$29\frac{2}{3}$	结转本年利润	9544560	7809500	1475296	239764	20000
				本年累计	θ	θ	θ	θ	θ

（金额栏分为百、十、万、千、佰、拾、元、角、分各位）

表 3-112　　　　**财务费用明细账**

会计科目：财务费用
明细科目：

2020年 月	日	凭证 字	号	摘　要	合计	费用项目 手续费	利息费用		
12	15	记	13	支付银行手续费	5000	5000			
12	31	记	24	计提短期借款利息	250000		250000		
				本年借方合计	255000	5000	250000		
12	31	记	$29\frac{3}{3}$	结转本年利润	255000	5000	250000		
				本月合计	θ	θ	θ		
				本年累计	θ	θ	θ		

（金额栏分为百、十、万、千、佰、拾、元、角、分各位）

表 3-113　　所得税费用明细账

会计科目：所得税费用
明细科目：

2020年		凭证		摘要	借方											√	贷方											√	借或贷	余额											√
月	日	种类	号数		亿	千	百	十	万	千	佰	拾	元	角	分		亿	千	百	十	万	千	佰	拾	元	角	分			亿	千	百	十	万	千	佰	拾	元	角	分	
12	31	记	27	计提所得税					1	4	4	1	4	4	6														借					1	4	4	1	4	4	6	
	31	记	29$\frac{2}{3}$	结转本年利润																	1	4	4	1	4	4	6		平									θ			
				本月合计					1	4	4	1	4	4	6						1	4	4	1	4	4	6		平									θ			
				本年累计					1	4	4	1	4	4	6						1	4	4	1	4	4	6		平									θ			

【注意】销售费用、管理费用和财务费用采用的是多栏式明细账格式，只有借方，没有贷方，而关账分录中这些科目在贷方，因此采用了红字登记的方法。红字登记只有数字用红字，日期、凭证字号等其他内容仍然用蓝字。

2. 总账的结账

如果采用的是记账凭证账务处理程序，总账的登记依据是记账凭证，其登记过程与前面演示的相同，此处不再赘述。馨怡公司采用的是科目汇总表账务处理程序，对于关账和利润分配产生的记账凭证，需要继续在总账中进行登记。根据调整分录和关账分录的凭证，编制科目汇总表见表3-114。

表 3-114　　科目汇总表

编号：汇字　3　号

2020年12月31日至12月31日　　记字 22 号至 33 号

会计科目	账页	借方金额											√	贷方金额											√
		亿	千	百	十	万	千	佰	拾	元	角	分		亿	千	百	十	万	千	佰	拾	元	角	分	
预付账款																		1	1	0	0	0	0	0	
累计折旧																				3	0	0	0	0	
应付职工薪酬																		4	8	5	1	2	0	0	
应交税费																		2	0	6	6	3	3	8	
应付利息																			2	5	0	0	0	0	
应付股利																		2	7	3	8	7	4	8	
盈余公积																		2	7	3	8	7	4	7	
本年利润				1	7	6	1	3	0	0	0	0				1	7	6	1	3	0	0	0	0	
利润分配					1	0	9	5	4	9	9	0					3	2	8	6	4	9	6	6	
主营业务收入				1	7	6	1	3	0	0	0	0													
主营业务成本																1	3	1	5	1	4	7	1	3	
积金及附加							6	2	4	8	9	2							6	3	3	4	7	7	
销售费用							9	6	4	2	0	0						5	3	5	3	3	3	3	
管理费用						5	0	1	7	0	0	0						9	5	4	4	5	6	0	
财务费用							2	5	0	0	0	0							2	5	5	0	0	0	
所得税费用						1	4	4	1	4	4	6						1	4	4	1	4	4	6	
合　计			¥	3	7	1	5	1	2	5	2	8			¥	3	7	1	5	1	2	5	2	8	

会计主管：李繁琳　　记账：李繁琳　　复核：周四全　　制单：陈凤飞

根据“汇字3号”科目汇总表将涉及的总账账户登记完毕，并按照结账的要求进行结账，得到总账账户见表3-115至表3-140。

表3-115 **总 分 类 账**

一级科目：库存现金　　　　第 1 页

2020年 月	日	凭证 种类	号数	摘要	借方（亿千百十万千佰拾元角分）	√	贷方（亿千百十万千佰拾元角分）	√	借或贷	余额（亿千百十万千佰拾元角分）	√
11	30	记	1	汇总11月业务	5500000		94800		借	5405200	
				本月合计	5500000		94800		借	5405200	
12	15	汇	1	汇总记字1-13号			5157410		借	247790	
12	31	汇	2	汇总记字14-21号			91400		借	156390	
				本月合计			5248810		借	156390	
				本年累计	5500000		5343610		借	156390	
				结转下年					借	156390	

表3-116 **总 分 类 账**

一级科目：银行存款　　　　第 2 页

2020年 月	日	凭证 种类	号数	摘要	借方（亿千百十万千佰拾元角分）	√	贷方（亿千百十万千佰拾元角分）	√	借或贷	余额（亿千百十万千佰拾元角分）	√
11	30	汇	1	汇总11月业务	50000000		21763746		借	28236254	
				本月合计	50000000		21763746		借	28236254	
12	15	汇	1	汇总记字1-13号	66746600		46116785		借	48866069	
12	31	汇	2	汇总记字14-21号			5431037		借	43435032	
				本月合计	66746600		51547822		借	43435032	
				本年累计	116746600		73311568		借	43435032	
				结转下年					借	43435032	

表3-117 **总 分 类 账**

一级科目：应收账款　　　　第 3 页

2020年 月	日	凭证 种类	号数	摘要	借方（亿千百十万千佰拾元角分）	√	贷方（亿千百十万千佰拾元角分）	√	借或贷	余额（亿千百十万千佰拾元角分）	√
11	30	汇	1	汇总11月业务	16746600				借	16746600	
				本月合计	16746600				借	16746600	
12	15	汇	1	汇总记字1-13号	53460300		16746600		借	53460300	
12	31	汇	2	汇总记字14-21号	128820000				借	182280300	
				本月合计	182280300		16746600		借	182280300	
				本年累计	199026900		16746600		借	182280300	
				结转下年					借	182280300	

表 3-118

总 分 类 账

一级科目：预付账款　　　　第 4 页

2020年 月	日	凭证 种类	号数	摘要	借方	√	贷方	√	借或贷	余额	√
12	15	汇	1	汇总记字1-13号	4200000				借	4200000	
12	31	汇	3	汇总记字22-33号			1100000		借	3100000	
				本月合计	4200000		1100000		借	3100000	
				本年累计	4200000		1100000		借	3100000	
				结转下年					借	3100000	

表 3-119

总 分 类 账

一级科目：其他应收款　　　　第 5 页

2020年 月	日	凭证 种类	号数	摘要	借方	√	贷方	√	借或贷	余额	√
12	15	汇	1	汇总记字1-13号	200000				借	200000	
12	31	汇	2	汇总记字14-21号			200000		平	θ	
				本月合计	200000		200000		平	θ	
				本年累计	200000		200000		平	θ	

表 3-120

总 分 类 账

一级科目：在途物资　　　　第 6 页

2020年 月	日	凭证 种类	号数	摘要	借方	√	贷方	√	借或贷	余额	√
11	30	汇	1	汇总11月业务	12900000		12900000		平	θ	
				本月合计	12900000		12900000		平	θ	
				本年累计	12900000		12900000		平	θ	

表 3-121

总 分 类 账

一级科目：库存商品　　　　第 7 页

2020年 月	日	凭证 种类	号数	摘要	借方	√	贷方	√	借或贷	余额	√
11	30	汇	1	汇总11月业务	12900000		11180000		借	1720000	
				本月合计	12900000		11180000		借	1720000	
12	15	汇	1	汇总记字1-13号	33840000				借	35560000	
12	31	汇	2	汇总记字14-21号	8520000		120334713		借	425287	
				本月合计	119040000		120334713		借	425287	
				本年累计	131940000		131514713		借	425287	
				结转下年					借	425287	

表 3-122　　**总　分　类　账**

一级科目：固定资产　　　　第 8 页

2020年 月	日	凭证 种类	号数	摘要	借方	√	贷方	√	借或贷	余额	√
11	30	汇	1	汇总11月业务	1440000				借	1440000	
12	31			结转下年					借	1440000	

表 3-123　　**总　分　类　账**

一级科目：累计折旧　　　　第 9 页

2020年 月	日	凭证 种类	号数	摘要	借方	√	贷方	√	借或贷	余额	√
12	31	汇	3	汇总记字22-33号			30000		贷	30000	
				结转下年					贷	30000	

表 3-124　　**总　分　类　账**

一级科目：短期借款　　　　第 10 页

2020年 月	日	凭证 种类	号数	摘要	借方	√	贷方	√	借或贷	余额	√
12	15	汇	1	汇总记字1-13号			50000000		贷	50000000	
				结转下年					贷	50000000	

表 3-125　　**总　分　类　账**

一级科目：应付账款　　　　第 11 页

2020年 月	日	凭证 种类	号数	摘要	借方	√	贷方	√	借或贷	余额	√
12	31	汇	2	汇总记字14-21号			96252000		贷	96252000	
				结转下年					贷	96252000	

只有一行数字，可以不进行本月合计和本年累计。月结时，在最后一笔业务下划一条通栏单红线，年结时，再划一条通栏单红线，变成通栏双红线

表 3-126　　**总　分　类　账**

一级科目：应付职工薪酬　　　　第 12 页

2020年 月	日	凭证 种类	号数	摘要	借方	√	贷方	√	借或贷	余额	√
11	30	汇	1	汇总11月业务			4867800		贷	4867800	
				本月合计			4867800		贷	4867800	
12	15	汇	1	汇总记字1-13号	4867800				平	θ	
	31	汇	3	汇总记字22-33号			4851200		贷	4851200	
				本月合计	4867800		4851200		贷	4851200	
				本年累计	4867800		9719000		贷	4851200	
				结转下年					贷	4851200	

表 3-127 **总 分 类 账**

一级科目：应交税费 第 13 页

2020年 月	日	凭证 种类	号数	摘要	借方（亿千百十万千佰拾元角分）	√	贷方（亿千百十万千佰拾元角分）	√	借或贷	余额（亿千百十万千佰拾元角分）	√
11	30	汇	1	汇总11月业务	1926600		1935185		贷	8585	
				本月合计	1926600		1935185		贷	8585	
12	15	汇	1	汇总记字1-13号	4684992		6150300		贷	1473893	
	31	汇	2	汇总记字14-21号	16293893		14820000		平	θ	
	31	汇	3	汇总记字22-33号			2066338		贷	2066338	
				本月合计	20978885		23036638		贷	2066338	
				本年累计	22905485		24971823		贷	2066338	

表 3-128 **总 分 类 账**

一级科目：应付利息 第 14 页

2020年 月	日	凭证 种类	号数	摘要	借方（亿千百十万千佰拾元角分）	√	贷方（亿千百十万千佰拾元角分）	√	借或贷	余额（亿千百十万千佰拾元角分）	√
12	31	汇	3	汇总记字22-33号			250000		贷	250000	
				结转下年					贷	250000	

表 3-129 **总 分 类 账**

一级科目：应付股利 第 15 页

2020年 月	日	凭证 种类	号数	摘要	借方（亿千百十万千佰拾元角分）	√	贷方（亿千百十万千佰拾元角分）	√	借或贷	余额（亿千百十万千佰拾元角分）	√
12	31	汇	3	汇总记字22-33号			2738748		贷	2738748	
				结转下年					贷	2738748	

表 3-130 **总 分 类 账**

一级科目：实收资本 第 16 页

2020年 月	日	凭证 种类	号数	摘要	借方（亿千百十万千佰拾元角分）	√	贷方（亿千百十万千佰拾元角分）	√	借或贷	余额（亿千百十万千佰拾元角分）	√
11	30	汇	1	汇总11月业务			50000000		贷	50000000	
				结转下年					贷	50000000	

表 3-131 **总 分 类 账**

一级科目：盈余公积 第 17 页

2020年 月	日	凭证 种类	号数	摘要	借方（亿千百十万千佰拾元角分）	√	贷方（亿千百十万千佰拾元角分）	√	借或贷	余额（亿千百十万千佰拾元角分）	√
12	31	汇	3	汇总记字22-33号			2738747		贷	2738747	
				结转下年					贷	2738747	

表 3-132　　**总　分　类　账**

一级科目：本年利润　　　　第 18 页

2020年 月	日	凭证 种类	号数	摘要	借方	√	贷方	√	借或贷	余额	√
12	31	汇	3	汇总记字22-33号	176130000		176130000		平	θ	

表 3-133　　**总　分　类　账**

一级科目：利润分配　　　　第 19 页

2020年 月	日	凭证 种类	号数	摘要	借方	√	贷方	√	借或贷	余额	√
12	31	汇	3	汇总记字22-33号	10954990		32864966		贷	21909976	
				结转下年					贷	21909976	

表 3-134　　**总　分　类　账**

一级科目：主营业务收入　　　　第 20 页

2020年 月	日	凭证 种类	号数	摘要	借方	√	贷方	√	借或贷	余额	√
11	30	汇	1	汇总11月业务			14820000		贷	14820000	
				本月合计			14820000		贷	14820000	
12	15	汇	1	汇总记字1-13号			47310000		贷	62130000	
	31	汇	2	汇总记字14-21号			114000000		贷	176130000	
	31	汇	3	汇总记字22-33号	176130000				平	θ	
				本月合计	176130000		161310000		平	θ	
				本年累计	176130000		176130000		平	θ	

表 3-135　　**总　分　类　账**

一级科目：主营业务成本　　　　第 21 页

2020年 月	日	凭证 种类	号数	摘要	借方	√	贷方	√	借或贷	余额	√
11	30	汇	1	汇总11月业务	11180000				借	11180000	
				本月合计	11180000				借	11180000	
12	31	汇	2	汇总记字14-21号	120334713				借	131514713	
	31	汇	3	汇总记字22-33号			131514713		平	θ	
				本月合计	120334713		131514713		平	θ	
				本年累计	131514713		131514713		平	θ	

表3-136

总 分 类 账

一级科目：税金及附加　　　　第 22 页

2020年		凭证		摘要	借方										√	贷方										√	借或贷	余额										√
月	日	种类	号数		亿	千	百	十	万	千	佰	拾	元	角	分		亿	千	百	十	万	千	佰	拾	元	角	分			亿	千	百	十	万	千	佰	拾	元	角	分	
11	30	汇	1	汇总11月业务							8	5	8	5													借							8	5	8	5	
				本月合计							8	5	8	5													借							8	5	8	5	
12	31	汇	3	汇总记字22-33号					6	2	4	8	9	2						6	3	3	4	7	7		平								θ			
				本月合计					6	2	4	8	9	2						6	3	3	4	7	7		平								θ			
				本年累计					6	3	3	4	7	7						6	3	3	4	7	7		平								θ			

表3-137

总 分 类 账

一级科目：销售费用　　　　第 23 页

2020年		凭证		摘要	借方										√	贷方										√	借或贷	余额										√
月	日	种类	号数		亿	千	百	十	万	千	佰	拾	元	角	分		亿	千	百	十	万	千	佰	拾	元	角	分			亿	千	百	十	万	千	佰	拾	元	角	分	
11	30	汇	1	汇总11月业务				1	0	4	7	2	4	6													借				1	0	4	7	2	4	6	
				本月合计				1	0	4	7	2	4	6													借				1	0	4	7	2	4	6	
12	15	汇	1	汇总记字1-13号				3	3	0	1	8	8	7													借				4	3	4	9	1	3	3	
	31	汇	2	汇总记字14-21号						4	0	0	0	0													借				4	3	8	9	1	3	3	
	31	汇	3	汇总记字22-33号					9	6	4	2	0	0					5	3	5	3	3	3	3		平								θ			
				本月合计				4	3	0	6	0	8	7					5	3	5	3	3	3	3		平								θ			
				本年累计				5	3	5	3	3	3	3					5	3	5	3	3	3	3		平								θ			

表3-138

总 分 类 账

一级科目：管理费用　　　　第 24 页

2020年		凭证		摘要	借方										√	贷方										√	借或贷	余额										√
月	日	种类	号数		亿	千	百	十	万	千	佰	拾	元	角	分		亿	千	百	十	万	千	佰	拾	元	角	分			亿	千	百	十	万	千	佰	拾	元	角	分	
11	30	汇	1	汇总11月业务				3	9	1	2	5	0	0													借				3	9	1	2	5	0	0	
				本月合计				3	9	1	2	5	0	0													借				3	9	1	2	5	0	0	
12	15	汇	1	汇总记字1-13号					1	7	4	5	1	6													借				4	0	8	7	0	1	6	
12	31	汇	2	汇总记字14-21号					4	4	0	5	4	4													借				4	5	2	7	5	6	0	
12	31	汇	3	汇总记字22-33号				5	0	1	7	0	0	0					9	5	4	4	5	6	0		平								θ			
				本月合计				5	6	3	2	0	6	0					9	5	4	4	5	6	0		平								θ			
				本年累计				9	5	4	4	5	6	0					9	5	4	4	5	6	0		平								θ			

表 3-139　　　　**总　分　类　账**

一级科目：财务费用　　　　　　　　　　　　　　　　　　　　　　第　25　页

2020年		凭证		摘要	借方											√	贷方											√	借或贷	余额											√
月	日	种类	号数		亿	千	百	十	万	千	佰	拾	元	角	分		亿	千	百	十	万	千	佰	拾	元	角	分			亿	千	百	十	万	千	佰	拾	元	角	分	
12	15	汇	1	汇总记字1-13号								5	0	0	0														借								5	0	0	0	
	31	汇	3	汇总记字22-33号						2	5	0	0	0	0							2	5	5	0	0	0		平									θ			
				本月合计						2	5	5	0	0	0							2	5	5	0	0	0		平									θ			
				本年累计						2	5	5	0	0	0							2	5	5	0	0	0		平									θ			

表 3-140　　　　**总　分　类　账**

一级科目：所得税费用　　　　　　　　　　　　　　　　　　　　　第　26　页

2020年		凭证		摘要	借方											√	贷方											√	借或贷	余额											√
月	日	种类	号数		亿	千	百	十	万	千	佰	拾	元	角	分		亿	千	百	十	万	千	佰	拾	元	角	分			亿	千	百	十	万	千	佰	拾	元	角	分	
12	31	汇	3	汇总记字22-33号					1	4	4	1	4	4	6						1	4	4	1	4	4	6		平									θ			

上述总账账户是按照各个总账账户会计科目编码的先后顺序排列的，并假定所有的总账账户只有一页，以此为总账账户编制页码。

四、编制结账后试算平衡表

在结账之后，就可以依据结账后的账户编制结账后试算平衡表了。也就是说，依据结账后的日记账和明细账编制结账后日记账与明细账试算平衡表，依据结账后的总账编制结账后总账试算平衡表，编制方法和前面演示的调整前及调整后的试算平衡表是完全相同的。

馨怡公司2020年12月31日结账后的日记账与明细账试算平衡表见表3-141。

表 3-141　　**馨怡公司 2020 年 12 月 31 日结账后日记账与明细账试算平衡表**　　　单位：元

一级科目	二级科目	借方余额	贷方余额
库存现金		1 563.90	
银行存款	工商银行	434 350.32	
应收账款		**1 822 803.00**	
	华瑞日化	534 603.00	
	声蜚日化	1 288 200.00	
预付账款		**31 000.00**	
	日照房产	15 000.00	
	瑞风汽车	16 000.00	
库存商品	香精	4 252.87	
固定资产	电脑	14 400.00	
累计折旧	电脑		300.00
短期借款	工商银行		500 000.00
应付账款	东森公司		962 520.00
应付职工薪酬	工资、奖金、津贴和补贴		48 512.00
应交税费			**20 663.38**
	应交城市维护建设税		3 645.20
	应交教育费附加		1 562.23

续表

一级科目	二级科目	借方余额	贷方余额
	应交地方教育费附加		1 041.49
	应交所得税		14 414.46
应付利息	工商银行		2 500.00
应付股利			**27 387.48**
	张得飞		13 693.74
	李长宇		13 693.74
实收资本			**500 000.00**
	张得飞		250 000.00
	李长宇		250 000.00
盈余公积	法定盈余公积		27 387.47
利润分配	未分配利润		219 099.76
合　计		2 308 370.09	2 308 370.09

馨怡公司2020年12月31日结账后的总账试算平衡表见表3-142。

表3-142　馨怡公司2020年12月31日结账后总账试算平衡表　单位：元

一级科目	借方发生额	贷方发生额	借方余额	贷方余额
库存现金	55 000.00	53 436.10	1 563.90	
银行存款	1 167 466.00	733 115.68	434 350.32	
应收账款	1 990 269.00	167 466.00	1 822 803.00	
预付账款	42 000.00	11 000.00	31 000.00	
其他应收款	2 000.00	2 000.00		
在途物资	129 000.00	129 000.00		
库存商品	1 319 400.00	1 315 147.13	4 252.87	
固定资产	14 400.00		14 400.00	
累计折旧		300.00		300.00
短期借款		500 000.00		500 000.00
应付账款		962 520.00		962 520.00
应付职工薪酬	48 678.00	97 190.00		48 512.00
应交税费	229 054.85	249 718.23		20 663.38
应付利息		2 500.00		2 500.00
应付股利		27 387.48		27 387.48
实收资本		500 000.00		500 000.00
盈余公积		27 387.47		27 387.47
本年利润	1 761 300.00	1 761 300.00		
利润分配	109 549.90	328 649.66		219 099.76
主营业务收入	1 761 300.00	1 761 300.00		
主营业务成本	1 315 147.13	1 315 147.13		
税金及附加	6 334.77	6 334.77		
销售费用	53 533.33	53 533.33		
管理费用	95 445.60	95 445.60		
财务费用	2 550.00	2 550.00		
所得税费用	14 414.46	14 414.46		
合　计	10 116 843.04	10 116 843.04	2 308 370.09	2 308 370.09

微课

编制结账后试算平衡表

馨怡公司的总账试算平衡表除了有借方余额和贷方余额外，由于所有的总账账户都计算了本年累计数，因而试算平衡表中还有借方发生额与贷方发生额，它们分别是所涵盖的会计期间（馨怡公司是2020年11月1日至2020年12月31日）记账凭证的借方合计数和贷方合计数，由于每一笔记账凭证的借方和贷方相等，因而借方发生额和贷方发生额也相等。试算平衡表还可以增加期初借方余额和期初贷方余额，由于馨怡公司是新开办的公司，没有期初余额，因而表3-142中将其略去。

课后练习

一、单项选择题

1.需要结出本月合计数和本年累计数的账户是（　　）。

A.主营业务收入　　B.应收账款

C.应付账款　　D.实收资本

2.对于记账凭证正确而账簿登记发生错误的情况，应采用（　　）进行更正。

A.红字冲销法　　B.划线更正法

C.补充登记法　　D.挖补更正法

3.会计主管王天在进行账证核对时，发现记字第3号凭证中“应收账款”科目的金额为1 000元，但在账簿中被误记为10 000元，则其应采用（　　）进行更正。

A.红字冲销法　　B.划线更正法

C.补充登记法　　D.挖补更正法

4.年末结账时，不需将余额结转下年的账户是（　　）。

A.主营业务收入　　B.应付账款

C.原材料　　D.盈余公积

5.下列各项属于虚账户的科目是（　　）。

A.固定资产　　B.累计折旧

C.应收账款　　D.管理费用

6.对于只有借方的多栏式账页，登记其贷方的方法是（　　）。

A.强行增加贷方　　B.使用蓝色圆珠笔登记

C.用负数登记　　D.用红字登记

二、多项选择题

1.对账包括（　　）。

A.账证核对　　B.账账核对

C.账实核对　　D.科目汇总表与记账凭证核对

2.下列各项属于账账核对的有（　　）。

A.库存现金日记账与其总账核对

B.库存现金日记账余额与盘点金额核对

C.银行存款日记账与其总账核对

D.银行存款日记账余额与银行对账单核对

3.总账与明细账核对相符是指（　　）。

A.借方合计数相一致　　B.贷方合计数相一致

C.期末余额相一致　　D.期初余额相一致

4.年末结账时，应将余额结转下年的账户包括（　　）。

A. 主营业务收入　　B. 应付账款

C. 原材料　　D. 盈余公积

5. 下列必须计算本月合计数的账户有（　　）。

A. 主营业务收入明细账　　B. 主营业务收入总账

C. 应收账款明细账　　D. 应收账款总账

6. 年末结账时，不需结转下年的账户包括（　　）。

A. 主营业务收入　　B. 主营业务成本

C. 税金及附加　　D. 销售费用

7. 下列需要关账的账户包括（　　）。

A. 财务费用　　B. 管理费用

C. 利润分配——提取法定盈余公积　　D. 利润分配——应付现金股利

三、判断题

1. 年末，损益类科目的账户要全部结转到所有者权益类科目，其余额不结转到下一年度。（　　）

2. 红字冲销凭证仅有金额是红字的，其余部分如日期、摘要等内容仍使用正常的蓝字。（　　）

3. “本年利润”账户被称为清除账户。（　　）

任务三　编制会计报表

账务处理程序概览（编制会计报表），如图3-16所示。

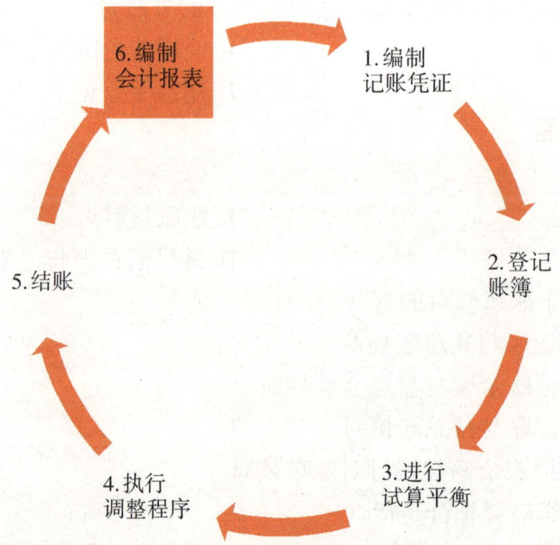

图3-16　账务处理程序概览

学习目标

1. 了解会计报表包含的要素和各会计报表的格式
2. 理解利润表项目与利润表科目、资产负债表项目与资产负债表科目之间的对应关系
3. 理解利润表、所有者权益变动表、资产负债表和现金流量表之间的对应关系
4. 能够编制利润表
5. 能够编制所有者权益变动表
6. 能够编制资产负债表
7. 能够编制现金流量表台账和现金流量表

结账后，可以直接根据总账和明细账的累计发生额和期末余额编制会计报表，也可以根据结账后试算平衡表编制会计报表。由于结账后试算平衡表的编制依据是结账后的总账和明细账，因此，会计报表的最终编制依据仍然是结账后的总账和明细账。

会计报表包括利润表、所有者权益变动表、资产负债表、现金流量表及会计报表附注。这里不对会计报表附注进行讲述，其将在财务会计中进行讲解。

一、利润表

利润表也称损益表，其反映会计主体在一定会计期间的收入、费用和利润，依据损益类科目进行编制。由于损益类科目是编制利润表的依据，因而该表也被称为利润表科目。

（一）利润表的格式

根据财政部《关于修订印发2019年度一般企业财务报表格式的通知》的规定，利润表的格式见表3-143。

表3-143　利润表

编制单位：　　　　年　月　　　　单位：元

项　目	本期金额	上期金额
一、营业收入		
减：营业成本		
税金及附加		
销售费用		
管理费用		
研发费用		
财务费用		
其中：利息费用		
利息收入		
加：其他收益		
投资收益（损失以“-”号填列）		

续表

项 目	本期金额	上期金额
其中：对联营企业和合营企业的投资收益		
以摊余成本计量的金融资产终止确认收益（损失以“-”号填列）		
净敞口套期收益（损失以“-”号填列）		
公允价值变动收益（损失以“-”号填列）		
信用减值损失（损失以“-”号填列）		
资产减值损失（损失以“-”号填列）		
资产处置收益（损失以“-”号填列）		
二、营业利润（亏损以“-”号填列）		
加：营业外收入		
减：营业外支出		
三、利润总额（亏损总额以“-”号填列）		
减：所得税费用		
四、净利润（净亏损以“-”号填列）		
（一）持续经营净利润（净亏损以“-”号填列）		
（二）终止经营净利润（净亏损以“-”号填列）		
五、其他综合收益的税后净额		
（一）不能重分类进损益的其他综合收益		
1．重新计量设定受益计划变动额		
2．权益法下不能转损益的其他综合收益		
3．其他权益工具投资公允价值变动		
4．企业自身信用风险公允价值变动		
……		
（二）将重分类进损益的其他综合收益		
1．权益法下可转损益的其他综合收益		
2．其他债权投资公允价值变动		
3．金融资产重分类计入其他综合收益的金额		
4．其他债权投资信用减值准备		
5．现金流量套期储备		
6．外币财务报表折算差额		
……		
六、综合收益总额		
七、每股收益：		
（一）基本每股收益		
（二）稀释每股收益		

（二）利润表项目与损益类科目的对应关系

利润表应根据利润表账户进行编制，利润表与利润表账户之间存在着密切的对应关系（见表3-144）。

表3-144　利润表项目与损益类会计科目的对应关系

损益类会计科目	利润表项目
主营业务收入 其他业务收入	**一、营业收入**
主营业务成本 其他业务成本	减：营业成本
税金及附加	税金及附加
销售费用	销售费用
管理费用	管理费用
根据“管理费用”科目下的“研发费用”明细科目的发生额，以及“管理费用”科目下的“无形资产摊销”明细科目填列	研发费用
财务费用	财务费用
“财务费用”科目下的“利息费用”明细科目	其中：利息费用
“财务费用”科目下的“利息收入”明细科目	利息收入
	二、营业利润（亏损以“-”号填列）
营业外收入	加：营业外收入
营业外支出	减：营业外支出
	三、利润总额（亏损总额以“-”号填列）
所得税费用	减：所得税费用
	四、净利润（净亏损以“-”号填列）
	（一）持续经营净利润（净亏损以“-”号填列）
	（二）终止经营净利润（净亏损以“-”号填列）

从表3-144可以看出，利润表项目与损益类会计科目之间存在着明显的对应关系。有些是直接的一一对应关系，如利润表中的“税金及附加”“销售费用”“营业外收入”等项目直接与相同的会计科目相对应。有些是间接的对应关系，如利润表中的“营业收入”项目是根据“主营业务收入”和“其他业务收入”科目的账户进行相加得到的。同样的道理，利润表中的“营业成本”项目是由“主营业务成本”和“其他业务成本”两个科目相加得到的。

另外，有些报表项目列示了明细信息，如“财务费用”项目就列出了其中的利息收入和利息支出，这需要根据“财务费用”明细账进行填列。因此，编制利润表除了要以损益类科目的总账为依据，还要以损益类科目的明细账为依据。

（三）利润表的编制

这里仍以馨怡公司的数据为例，演示如何依据结账后总账试算平衡表中损益类账户的本期发生额来编制利润表。由于这些数据来自账户，因此也可以直接依据账簿资料进行填列。为了方便利润表和所有者权益变动表的编制，这里使用的结账后总账试算平衡表同时列示了损益类账户和利润分配账户明细账的本期发生额。根据前面介绍的利润表项目与损益类会计科目的对应关系，可以编制馨怡公司2020年度的利润表（如图3-17所示）。

广东馨怡香精有限公司2020年12月31日结账后总账试算平衡表

一级科目	二级科目	借方发生额	贷方发生额	借方余额	贷方余额
库存现金		55 000.00	53 436.10	1 563.90	
银行存款		1 167 466.00	733 115.68	434 350.32	
应收账款		1 990 269.00	167 466.00	1 822 803.00	
预付账款		42 000.00	11 000.00	31 000.00	
其他应收款		2 000.00	2 000.00		
在途物资		129 000.00	129 000.00		
库存商品		1 319 400.00	1 315 147.13	4 252.87	
固定资产		14 400.00		14 400.00	
累计折旧			300.00		300.00
短期借款			500 000.00		500 000.00
应付账款			962 520.00		962 520.00
应付职工薪酬		48 678.00	97 190.00		48 512.00
应交税费		229 054.85	249 718.23		20 663.38
应付利息			2 500.00		2 500.00
应付股利			27 387.48		27 387.48
实收资本			500 000.00		500 000.00
盈余公积			27 387.47		27 387.47
本年利润		1 761 300.00	1 761 300.00		
利润分配		109 549.90	328 649.66		219 099.76
	提取法定盈余公积	27 387.47	27 387.47		
	应付现金股利	27 387.48	27 387.48		
	未分配利润	54 774.95	273 874.71		219 099.76
主营业务收入		1 761 300.00	1 761 300.00		
主营业务成本		1 315 147.13	1 315 147.13		
税金及附加		6 334.77	6 334.77		
销售费用		53 533.33	53 533.33		
管理费用		95 445.60	95 445.60		
	工资	78 095.00	78 095.00		
	办公费	14 752.96	14 752.96		
	差旅费	2 397.64	2 397.64		
	折旧	200.00	200.00		
财务费用		2 550.00	2 550.00		
	手续费	50.00	50.00		
	利息费用	2 500.00	2 500.00		
所得税费用		14 414.46	14 414.46		
合　计		10 063 309.71	10 063 309.71	2 308 370.09	2 308 370.09

利润表

编制单位：广东馨怡香精有限公司　2020年度　　单位：元

项　目	本期金额	上期金额
一、营业收入	1 761 300.00	
减：营业成本	1 315 147.13	
税金及附加	6 334.77	
销售费用	53 533.33	
管理费用	95 445.60	
研发费用		
财务费用	2 550.00	
其中：利息费用	2 500.00	
利息收入		
加：其他收益		
投资收益（损失以“-”号填列）		
二、营业利润（亏损以“-”号填列）	288 289.17	
加：营业外收入		
减：营业外支出		
三、利润总额（亏损总额以“-”号填列）	288 289.17	
减：所得税费用	14 414.46	
四、净利润（净亏损以“-”号填列）	273 874.71	
（一）持续经营净利润（净亏损以“-”号填列）	273 874.71	
（二）终止经营净利润（净亏损以“-”号填列）		

法定代表人：张得飞　　会计主管：李繁琳

所有者权益变动表

编制单位：广东馨怡香精有限公司　2020年度　　单位：元

项　目	本年金额			
	实收资本(或股本)	盈余公积	未分配利润	所有者权益合计
一、上年年末余额				
加：会计政策变更				
前期差错更正				
其他				
二、本年年初余额				
三、本年增减变动金额（减少以“-”号填列）	500 000.00	27 387.47	219 099.76	746 487.23
（一）综合收益总额	0		273 874.71	273 874.71
（二）所有者投入和减少资本	500 000.00			500 000.00
1. 所有者投入的普通股	500 000.00			500 000.00
2. 其他权益工具持有者投入资本				
3. 股份支付计入所有者权益的金额				
4. 其他				
（三）利润分配		27 387.47	-54 774.95	-27 387.48
1. 提取盈余公积		27 387.47	-27 387.47	0
2. 对所有者（或股东）的分配			-27 387.48	-27 387.48
3. 其他				
（四）所有者权益内部结转				
四、本年年末余额	500 000.00	27 387.47	219 099.76	746 487.23

通往资产负债表

法定代表人：张得飞　　会计主管：李繁琳

图3-17　根据结账后总账试算平衡表编制利润表和所有者权益变动表

从结账部分的内容可知，收入类账户的业务发生额都在贷方，费用类账户的业务发生额都在借方，收入类账户的借方发生额和费用类账户的贷方发生额是由关账引起的，因此，编制利润表的依据是收入类账户的贷方发生额和费用类账户的借方发生额，图3-17中将其以红色字体显示，表示这是编制利润表的依据。图3-17显示，根据馨怡公司结账后试算平衡表中利润表科目的发生额填入利润表各项目后，计算出的该公司2020年度的净利润为273 874.71元。

需要注意的是，图3-17中的利润表表尾部分应由相关责任人签名。按照《会计基础工作规范》第七十条的规定："会计报表应由单位领导人、总会计师、会计机构负责人、会计主管人员签名或者盖章。"馨怡公司的会计主管是李繁琳，单位领导人就是法定代表人，即张得飞，二人应在会计报表的底部签名。

微课

编制利润表

二、所有者权益变动表

所有者权益变动表反映一定期间（如一年、一个月或一个季度）内所有者权益的增加和减少。导致所有者权益发生变化的事项包括：股东增加或减少投资，经营导致的盈利或亏损，以及利润分配等。

（一）所有者权益变动表的格式

所有者权益变动表的格式见表3-145。从中可以看出，该表包括"本年金额"和"上年金额"两大栏，栏目是完全相同的。"上年金额"是照抄上年的所有者权益变动表得到的，因此，只需弄清楚"本年金额"的填制方法就能够掌握所有者权益变动表的编制。由于该原因，这里只展示"本年金额"栏。再来看表格中行的内容，标示了"一""二""三""四"四项，分别是"上年年末余额""本年年初余额""本年增减变动金额""本年年末余额"四部分。第一部分"上年年末余额"经过调整得到"本年年初余额"，本年年初余额+本年增减变动金额=本年年末余额。第二部分"本年年初余额"，是根据第一部分"上年年末余额"调整得到的。第三部分"本年增减变动金额"，具体又包括四项，分别是"综合收益总额""所有者投入和减少资本""利润分配""所有者权益内部结转"项目，这些项目中除"综合收益总额"之外，都有一些下级项目。编制所有者权益变动表时，应从最末级开始填入数据，再逐渐往上计算，得到最终的所有者权益变动表数据。

（二）所有者权益变动表的编制

根据利润表和结账后试算平衡表，可以编制所有者权益变动表。馨怡公司2020年度的所有者权益变动表的编制展示在图3-17中，为了演示方便，该图中的所有者权益变动表删减了没有数据的项目。

1."本年年初余额"部分的填列

"本年年初余额"是以"上年年末余额"为基础，经过调整得到的。馨怡公司是2020年11月开办的，2020年度是该公司第一年编制所有者权益变动表，因此，第一部分"上年年末余额"和第二部分"本年年初余额"均没有数据。

表3-145

所有者权益变动表

编制单位：　　　　　　　　　　　　　年度　　　　　　　　　　　　　单位：元

项目	本年金额											上年金额										
	实收资本(或股本)	其他权益工具			资本公积	减：库存股	其他综合收益	专项储备	盈余公积	未分配利润	所有者权益合计	实收资本(或股本)	其他权益工具			资本公积	减：库存股	其他综合收益	专项储备	盈余公积	未分配利润	所有者权益合计
		优先股	永续债	其他									优先股	永续债	其他							
一、上年年末余额																						
加：会计政策变更																						
前期差错更正																						
其他																						
二、本年年初余额																						
三、本年增减变动金额（减少以“-”号填列）																						
（一）综合收益总额																						
（二）所有者投入和减少资本																						
1.所有者投入的普通股																						
2.其他权益工具持有者投入资本																						
3.股份支付计入所有者权益的金额																						
4.其他																						
（三）利润分配																						
1.提取盈余公积																						
2.对所有者（或股东）的分配																						
3.其他																						
（四）所有者权益内部结转																						
1.资本公积转增资本（或股本）																						
2.盈余公积转增资本（或股本）																						
3.盈余公积弥补亏损																						
4.设定受益计划变动额结转留存收益																						
5.其他综合收益结转留存收益																						
6.其他																						
四、本年年末余额																						

2."本年增减变动金额"部分的填列

"本年增减变动金额"部分包括四个方面，下面依次进行说明：

（1）"综合收益总额"栏目的填列

"综合收益总额"栏目的金额是由净利润与其他综合收益合计得到的。馨怡公司没有其他综合收益，所以只需要考虑净利润就可以了。净利润的金额来自利润表，馨怡公司的净利润是273 874.71元，因而"综合收益总额"所在行的"未分配利润"栏应填列273 874.71元，这一行没有其他数据，所以该行的"所有者权益合计"栏也应填列273 874.71元。

（2）"所有者投入和减少资本"栏目的填列

"所有者投入和减少资本"栏目依次包括以下具体项目：

首先是"所有者投入的普通股"项目。从试算平衡表可以看到，"实收资本"科目的贷方发生额是500 000元，代表着股东在2020年度投入的资金，将其填入"所有者投入的普通股"所在行的"实收资本（或股本）"栏，该行只有这个数据，所以该行的"所有者权益合计"栏也应填入这一金额，即500 000元。

然后是"其他权益工具持有者投入资本""股份支付计入所有者权益的金额""其他"项目。这三项均没有业务发生，因而不需填列。

将上述四项相加就得到了"所有者投入和减少资本"各栏的金额，这里只有"所有者投入的普通股"所在行的"实收资本（或股本）"栏有数据，为500 000元。这样，"所有者投入和减少资本"这一行只需在"实收资本（或股本）"栏填列500 000元，并在该行的"所有者权益合计"栏也填列500 000元即可。

（3）"利润分配"栏目的填列

"利润分配"栏目包括"提取盈余公积""对所有者（或股东）的分配""其他"三项。

①"提取盈余公积"所在行的填列。从图3-17中的试算平衡表可以看到，"利润分配——提取法定盈余公积"科目的借方发生额是27 387.47元，使得未分配利润减少，应以负数即-27 387.47元填入"提取盈余公积"所在行的"未分配利润"栏。另外，试算平衡表中"盈余公积"科目的贷方发生额是27 387.47元，应在该行的"盈余公积"栏填列27 387.47元。这样，这一行有两个数，即27 387.47元和-27 387.47元，其相加为零，所以该行的"所有者权益合计"栏应填入0。

②"对所有者（或股东）的分配"所在行各栏的填列。试算平衡表中"利润分配——应付现金股利"科目的借方发生额是27 387.48元，代表着未分配利润的减少，因此，应在这一行的"未分配利润"栏填列-27 387.48元，"所有者权益合计"栏也填入-27 387.48元。

③"其他"栏没有业务发生，因此不需填列。

在填列了"提取盈余公积""对所有者（或股东）的分配""其他"三项的数据之后，即可根据这三项各栏的数据计算填列"利润分配"所在行的数据。"实收资本（或股本）"栏没有数据，不需填列；"盈余公积"栏只有一个数，即27 387.47元，所以这里的合计数是27 387.47元；"未分配利润"栏下面的项目有两个数，即-27 387.47元和-27 387.48元，其相加就是-54 774.95元；最后，这一行的"所有者权益合计"所在栏，只有-27 387.48元和0两个数，加起来仍然是-27 387.48元，所以应在"所有者权益合计”栏填列-27 387.48元。这一填列过程展示在图3-17中。

（4）“所有者权益内部结转”栏目的填列

“所有者权益内部结转”栏目没有数据，因此无需填列。

这样，就可以计算第三部分“本年增减变动金额”各个栏目总的合计数了，是将“综合收益总额”“所有者投入和减少资本”“利润分配”“所有者权益内部结转”四个栏目的金额进行合计得到的。“实收资本（或股本）”这一栏是500 000元；“盈余公积”栏只有“利润分配”所在行有数据，为27 387.47元，因此，应在该行的“盈余公积”栏填列27 387.47元；“未分配利润”栏有两个数，分别是273 874.71元和-54 774.95元，其相加是219 099.76元；“所有者权益合计”这一栏，首先对其进行纵向合计，计算出来的结果是746 487.23元，然后将该行左边的数据进行横向合计，该行有三个数，分别是500 000元、27 387.47元和219 099.76元，其相加也是746 487.23元，与纵向合计数相等，说明计算是正确的。

3.“本年年末余额”部分的填列

微课

编制所有者权益变动表

“本年年末余额”的填列，是用“本年年初余额”加上“本年增减变动金额”得到的。这里的“本年年初余额”没有数据，所以“本年年末余额”的各栏直接照抄“本年增减变动金额”的数据即可，“实收资本”、“盈余公积”和“未分配利润”各栏的数据分别是500 000元、27 387.47元和219 099.76元，最后，“所有者权益合计”栏是746 487.23元。至此，所有者权益变动表就编制完成了。

三、资产负债表

资产负债表用于反映会计主体特定时日（如2020年12月31日）的资产、负债和所有者权益的数据。

（一）资产负债表的格式

资产负债表的格式见表3-146。

表3-146　资产负债表

编制单位：　　　　年　月　日　　　　单位：元

资　产	期末余额	上年年末余额	负债和所有者权益（或股东权益）	期末余额	上年年末余额
流动资产：			流动负债：		
货币资金			短期借款		
交易性金融资产			交易性金融负债		
衍生金融资产			衍生金融负债		
应收票据			应付票据		
应收账款			应付账款		
应收款项融资			预收款项		
预付款项			合同负债		
其他应收款			应付职工薪酬		

续表

资　产	期末余额	上年年末余额	负债和所有者权益（或股东权益）	期末余额	上年年末余额
存货			应交税费		
合同资产			其他应付款		
持有待售资产			持有待售负债		
一年内到期的非流动资产			一年内到期的非流动负债		
其他流动资产			其他流动负债		
流动资产合计			流动负债合计		
非流动资产：			非流动负债：		
债权投资			长期借款		
其他债权投资			应付债券		
长期应收款			其中：优先股		
长期股权投资			永续债		
其他权益工具投资			租赁负债		
其他非流动金融资产			长期应付款		
投资性房地产			预计负债		
固定资产			递延收益		
在建工程			递延所得税负债		
生产性生物资产			其他非流动负债		
油气资产			非流动负债合计		
使用权资产			负债合计		
无形资产			所有者权益（或股东权益）：		
开发支出			实收资本（或股本）		
商誉			其他权益工具		
长期待摊费用			其中：优先股		
递延所得税资产			永续债		
其他非流动资产			资本公积		
非流动资产合计			减：库存股		
			其他综合收益		
			专项储备		
			盈余公积		
			未分配利润		
			所有者权益（或股东权益）合计		
资产总计			负债和所有者权益（或股东权益）总计		

表3-146所示的资产负债表分为左右两边，左边是资产，右边是负债和所有者权益。这种结构和丁字账户相似，称为账户式资产负债表。这种格式非常清楚地体现了“资产=负债+所有者权益”这一会计等式。另外一种结构是垂直依次列示资产、负债和所有者权益，称为报告式资产负债表。上市公司对外披露的报告多采用报告式资产负债表的格式。

表3-146中列示的资产按流动性分为流动资产和非流动资产。资产的流动性是指资产变现或者耗用的速度，流动资产就是可以在一年或者超过一年的一个营运周期内变现或者耗用的资产。“流动资产”和“非流动资产”分别对各类资产进行列示，并分别合计计算出“流动资产合计”和“非流动资产合计”，最后将“流动资产合计”与“非流动资产合计”相加计算出“资产总计”。

表3-146中列示的负债按流动性分为流动负债和非流动负债。负债的流动性是指偿还期限的长短，偿还期短于一年或者一个营业周期的称为流动负债，否则就属于非流动负债。将“流动负债”和“非流动负债”分别列示后进行合计，二者相加得到“负债合计”。“所有者权益（或股东权益）”列示完毕后，要计算出“所有者权益（或股东权益）合计”，并与“负债合计”相加得到“负债和所有者权益（或股东权益）总计”。

（二）资产负债表项目与资产负债表科目的对应关系

资产负债表项目与资产类、负债类和所有者权益类科目（合称资产负债表科目）之间存在着明显的对应关系。有些是直接的对应关系，如资产负债表中的“交易性金融资产”“短期借款”“应付职工薪酬”项目直接与这些会计科目相对应。有些则是一个资产负债表项目对应多个会计科目，如“货币资金”项目是由“库存现金”“银行存款”“其他货币资金”三个会计科目相加得到的。表3-147中列示了部分资产负债表项目与资产负债表科目的对应关系。

表3-147　资产负债表项目与资产负债表科目的对应关系

资产负债表项目	资产负债表科目
货币资金	库存现金
	加：银行存款
	其他货币资金
交易性金融资产	交易性金融资产
应收票据	应收票据
应收账款	应收账款
	减：应收账款的坏账准备
预付款项	预付账款
	加：“应付账款”所属各明细科目的期末借方余额

续表

资产负债表项目	资产负债表科目
其他应收款	应收利息
	加：应收股利
	其他应收款
	减：坏账准备相关部分
存货	在途物资
	加：原材料
	低值易耗品
	生产成本
	制造费用
	库存商品
固定资产	固定资产
	减：累计折旧
	固定资产减值准备
	固定资产清理
短期借款	短期借款
	一年内到期的长期借款
其他应付款	应付利息
	加：应付股利
	其他应付款
未分配利润	利润分配——未分配利润

（三）资产负债表的编制

编制资产负债表时，仍然可以利用结账后总账试算平衡表。下面以馨怡公司2020年12月31日资产负债表的编制为例进行说明，具体如图3-18所示。资产负债表是根据资产负债表科目的期末余额来编制的，因此，图3-18中只将资产负债表科目的名称及其期末余额标示为红色，对于未使用的借方发生额和贷方发生额则标示为黑色。图3-18说明，资产负债表中的资产项目和负债项目都可以按照资产负债表项目与资产类科目和负债类科目之间的对应关系，根据调整后试算平衡表中的科目余额进行填列。资产负债表中所有者权益项目的数据直接取自所有者权益变动表中的“本年年末余额”。从中可以看出，这些数据也可以根据结账后试算平衡表中所有者权益类科目的余额进行填列。需要说明的是，为了列示方便，图3-18中删减了一些没有数据的项目。

微课

编制资产负债表

广东馨怡香精有限公司2020年12月31日结账后总账试算平衡表

一级科目	二级科目	借方发生额	贷方发生额	借方余额	贷方余额
库存现金		55 000.00	53 436.10	1 563.90	
银行存款		1 167 466.00	733 115.68	434 350.32	
应收账款		1 990 269.00	167 466.00	1 822 803.00	
预付账款		42 000.00	11 000.00	31 000.00	
其他应收款		2 000.00	2 000.00		
在途物资		129 000.00	129 000.00		
库存商品		1 319 400.00	1 315 147.13		
固定资产		14 400.00		14 400.00	
累计折旧			300.00		300.00
短期借款			500 000.00		500 000.00
应付账款			962 520.00		962 520.00
应付职工薪酬		48 678.00	97 190.00		48 512.00
应交税费		229 054.85	249 718.23		20 663.38
应付利息			2 500.00		2 500.00
应付股利			27 387.48		27 387.48
实收资本			500 000.00		500 000.00
盈余公积			27 387.47		27 387.47
本年利润		1 761 300.00	1 761 300.00		
利润分配		109 549.90	328 649.66		219 099.76
	提取法定盈余公积	27 387.47	27 387.47		
	应付现金股利	27 387.48	27 387.48		
	未分配利润	54 774.95	273 874.71		219 099.76
主营业务收入		1 761 300.00	1 761 300.00		
主营业务成本		1 315 147.13	1 315 147.13		
税金及附加		6 334.77	6 334.77		
销售费用		53 533.33	53 533.33		
管理费用		95 445.60	95 445.60		
	工资	78 095.00	78 095.00		
	办公费	14 752.96	14 752.96		
	差旅费	2 397.64	2 397.64		
	折旧	200.00	200.00		
财务费用		2 550.00	2 550.00		
	手续费	50.00	50.00		
	利息费用	2 500.00	2 500.00		
所得税费用		14 414.46	14 414.46		
合　计		10 063 309.71	10 063 309.71	2 304 117.22	2 308 370.09

资产负债表

编制单位：广东馨怡香精有限公司　　2020年12月31日　　单位：元

资　产	期末余额	上年年末余额	负债和所有者权益（或股东权益）	期末余额	上年年末余额
流动资产：			流动负债：		
货币资金	435 914.22		短期借款	500 000.00	
应收账款	1 822 803.00		应付账款	962 520.00	
应收款项融资			预收款项		
预付款项	31 000.00		合同负债		
其他应收款			应付职工薪酬	48 512.00	
存货	4 252.87		应交税费	20 663.38	
合同资产			其他应付款	29 887.48	
其他流动资产			其他流动负债		
流动资产合计	2 293 970.09		流动负债合计	1 561 582.86	
非流动资产：			非流动负债：		
固定资产	14 100.00		递延收益		
生产性生物资产			其他非流动负债		
油气资产			非流动负债合计	—	
使用权资产			负债合计	1 561 582.86	
无形资产			所有者权益（或股东权益）：		
开发支出			实收资本（或股本）	500 000.00	
其他非流动资产			资本公积		
非流动资产合计	14 100.00		减：库存股		
			盈余公积	27 387.47	
			未分配利润	219 099.76	
			所有者权益（或股东权益）合计	746 487.23	
资产总计	2 308 070.09		负债和所有者权益（或股东权益）总计	2 308 070.09	

法定代表人：张得飞　　会计主管：李繁琳

来自所有者权益变动表

图3-18　根据结账后总账试算平衡表编制资产负债表

【思政园地】提前确认收入为何被处罚？

2013年11月21日，上海神开石油化工装备股份有限公司（以下简称“神开公司”）发布临时公告，证实因违规提前确认收入，导致利润表不真实，被中国证券监督管理委员会上海监管局（以下简称“证监会上海监管局”）下达行政监管措施决定书。据该临时公告披露，2012年，神开公司与某境外客户签订了供货合同，同年12月21日，公司确认了相关外销收入63.19万美元（折合人民币397.43万元），但截至2012年底该笔销售收入对应的货物未装船，公司也未办妥出口手续。证监会上海监管局认定该笔外销收入的确认时点不恰当。在货物未实际发出时，按照收入确认标准，不能确认收入，也不应该确认相应的销售成本。

该公司通过提前确认收入，导致收入和利润被多记，使得利润表不准确。而且，经由利润对所有者权益的影响，导致资产负债表也不准确。这样的账务处理违背了会计准则的要求，也违背了《中华人民共和国证券法》明确要求的“信息披露义务人披露的信息，应当真实、准确、完整”。对于神开公司的违规行为，证监会上海监管局要求该公司及时整改。

资料来源：中国经济金融研究数据库（CSMAR）.

四、现金流量表

现金流量表是反映会计主体特定期间（如2020年度，即2020年1月1日至2020年12月31日共365天）现金和现金等价物流入和流出状况的报表。

（一）现金流量表的格式

现金流量表的格式见表3-148。

表3-148　现金流量表

编制单位：　年　月　单位：元

项　目	本期金额	上期金额
一、经营活动产生的现金流量：		
销售商品、提供劳务收到的现金		
收到的税费返还		
收到其他与经营活动有关的现金		
经营活动现金流入小计		
购买商品、接受劳务支付的现金		
支付给职工以及为职工支付的现金		
支付的各项税费		
支付其他与经营活动有关的现金		
经营活动现金流出小计		
经营活动产生的现金流量净额		
二、投资活动产生的现金流量：		
收回投资收到的现金		
取得投资收益收到的现金		

续表

项　目	本期金额	上期金额
处置固定资产、无形资产和其他长期资产收回的现金净额		
处置子公司及其他营业单位收到的现金净额		
收到其他与投资活动有关的现金		
投资活动现金流入小计		
购建固定资产、无形资产和其他长期资产支付的现金		
投资支付的现金		
取得子公司及其他营业单位支付的现金净额		
支付其他与投资活动有关的现金		
投资活动现金流出小计		
投资活动产生的现金流量净额		
三、筹资活动产生的现金流量：		
吸收投资收到的现金		
取得借款收到的现金		
收到其他与筹资活动有关的现金		
筹资活动现金流入小计		
偿还债务支付的现金		
分配股利、利润或偿付利息支付的现金		
支付其他与筹资活动有关的现金		
筹资活动现金流出小计		
筹资活动产生的现金流量净额		
四、汇率变动对现金及现金等价物的影响		
五、现金及现金等价物净增加额		
加：期初现金及现金等价物余额		
六、期末现金及现金等价物余额		

从表3-148可以看出，现金流量表分为三个部分：（1）经营活动产生的现金流量；（2）投资活动产生的现金流量；（3）筹资活动产生的现金流量。每个部分又进一步分为现金流入和现金流出两个部分。

根据财政部颁布的《企业会计准则第31号——现金流量表》，现金流量表中的现金包括现金和现金等价物两个部分。按照《企业会计准则讲解（2010）》第三十二章现金流量表的规定，现金包括库存现金、银行存款和其他货币资金，即资产负债表中的“货币资金”项目。现金等价物，是指企业持有的期限短、流动性强、易于转换为已知金额现金、价值变动风险很小的投资。所谓期限短，一般是指从购买日起3个月内到期，如可在证券市场上流通的3个月内到期的短期债券等。现金等价物虽然不是现金，但其支付能力与现金的差别不大，可视为现金。现金等价物通常包括3个月内到期的短期债券投资。股票这种权益性投资的市场价格通常波动很大，其变现的金额通常不确定，因而不属于现金等价物。

（二）现金流量表的编制

如何编制现金流量表呢？首先根据收款业务和付款业务（以及现金等价物）的记账凭证顺序登记现金流量表台账，再根据现金流量表台账来填制现金流量表。

以馨怡公司2020年11月份记字第1号凭证为例，其登记现金流量表台账的过程，如图3-19所示。

记 账 凭 证

2020年11月1日　　　　记字第 1 号

摘要	会计科目		借方金额											√	贷方金额											√
	总账科目	明细科目	亿	千	百	十	万	千	佰	拾	元	角	分		亿	千	百	十	万	千	佰	拾	元	角	分	
收到股东投资款	银行存款	工商银行				5	0	0	0	0	0	0	0	√												
收到股东投资款	实收资本	张得飞																2	5	0	0	0	0	0	0	√
收到股东投资款	实收资本	李长宇																2	5	0	0	0	0	0	0	√
附件4张	合计				¥	5	0	0	0	0	0	0	0				¥	5	0	0	0	0	0	0	0	

会计主管：李繁琳　记账：李繁琳　出纳：陈凤飞　审核：李繁琳　制单：陈凤飞

现金流量表台账

账页名称：筹资活动现金流入

2020年		凭证		摘要	金额	明细项目		
月	日	字	号			吸收投资	借款	其他
11	1	记	1	收到股东投资款	500 000.00	500 000.00		

图3-19　11月份记字第1号凭证登记现金流量表台账

图3-19所示的11月份记字第1号凭证是股东对馨怡公司进行的投资业务，站在馨怡公司这一会计主体的立场，就是筹资行为，因而需要将其登记到“筹资活动现金流入”所在的现金流量表台账中。这是吸收投资带来的现金流入，因此需要具体登记到“吸收投资”栏中。此外，根据11月份记字第1号凭证还登记了日期、凭证字号和摘要等栏目。

与前面介绍的日记账、明细账及总账账簿的登记方式不同，这里的现金流量表台账只登记影响现金流量表的现金及现金等价物的业务。从图3-19可以看出，馨怡公司11月份记字第1号凭证只需将“银行存款——工商银行”这一科目登记到现金流量表台账中，而“实收资本”涉及的两个明细科目不是现金及现金等价物科目，因此不需要登记到现金流量表台账中。

需要注意的是，馨怡公司11月份记字第2号凭证（见表3-149）是库存现金和银行存款两个广义现金科目之间的转换，并没有导致现金的增减变动，因此没有将其登记到现金流量表台账中。

表3-149 **记 账 凭 证**

2020年11月3日　　记字第 2 号

摘要	会计科目		借方金额											√	贷方金额											√
	总账科目	明细科目	亿	千	百	十	万	千	佰	拾	元	角	分		亿	千	百	十	万	千	佰	拾	元	角	分	
提取现金	库存现金						5	5	0	0	0	0	0	√												
提取现金	银行存款	工商银行																	5	5	0	0	0	0	0	√
附件1张	合计					¥	5	5	0	0	0	0	0					¥	5	5	0	0	0	0	0	

会计主管：李繁琳　记账：李繁琳　出纳：陈凤飞　审核：李繁琳　制单：陈凤飞

将馨怡公司11月份和12月份涉及的现金和现金等价物的记账凭证顺序登记到现金流量表台账中（见表3-150至表3-155）。

表3-150 **现金流量表台账**

账页名称：经营活动现金流入

2020年		凭证		摘要	金额	明细项目		
月	日	字	号			销售商品、提供劳务	税费返还	其他
12	3	记	4	收到洁柔公司前欠货款	167 466.00	167 466.00		
	合计				167 466.00	167 466.00		

表3-151 **现金流量表台账**

账页名称：经营活动现金流出

2020年		凭证		摘要	金额	明细项目			
月	日	字	号			购买商品、接受劳务	职工支出	税费	其他
11	5	记	3	购入香精 支付货款	145 650.00	145 650.00			
	20	记	7	李大忠报销差旅费	948.00				948.00
	30	记	10	缴纳本月增值税	715.46			715.46	
12	1	记	2	预付半年房租	18 900.00				18 900.00
	2	记	3	预付三个月轿车租金	24 000.00				24 000.00
	4	记	5	行政部报销办公用品费用	896.10				896.10
	7	记	6	购入香精并支付货款	382 232.00	382 232.00			
	7	记	7	缴纳上月附加税费	85.85			85.85	
	7	记	8	支付广告费	35 000.00				35 000.00
	7	记	9	柯语云借支差旅费	2 000.00				2 000.00
	10	记	11	发放11月工资	48 678.00		48 678.00		
	13	记	12	支付电话费	900.00				900.00
	15	记	13	支付银行手续费	50.00				50.00
	17	记	14	柯语云报销差旅费	514.00				514.00
	19	记	15	李大忠报销招待费	400.00				400.00
	23	记	17	支付自来水费用	891.40				891.40
	30	记	19	支付电费	1 344.70				1 344.70
	31	记	21	缴纳本月增值税	52 074.27			52 074.27	
	合计				715 279.78	527 882.00	48 678.00	52 875.58	85 844.20

表 3-152　现金流量表台账

账页名称：投资活动现金流入

2020年		凭证		摘要	金额	明细项目			
月	日	字	号			收回投资	投资收益	处置固定资产、无形资产和其他长期资产	其他
	合计								

表 3-153　现金流量表台账

账页名称：投资活动现金流出

2020年		凭证		摘要	金额	明细项目		
月	日	字	号			购建固定资产、无形资产和其他长期资产	投资	其他
11	10	记	5	购买电脑三台	16 272.00	16 272.00		
	合计				**16 272.00**	**16 272.00**		

表 3-154　现金流量表台账

账页名称：筹资活动现金流入

2020年		凭证		摘要	金额	明细项目		
月	日	字	号			吸收投资	借款	其他
11	1	记	1	收到股东投资款	500 000.00	500 000.00		
12	1	记	1	从工行取得半年期贷款	500 000.00		500 000.00	
	合计				**1 000 000.00**	**500 000.00**	**500 000.00**	

表 3-155　现金流量表台账

账页名称：筹资活动现金流出

2020年		凭证		摘要	金额	明细项目		
月	日	字	号			偿还债务	分配股利、利润或偿付利息	其他
	合计							

馨怡公司没有投资活动产生的现金流入和筹资活动产生的现金流出，但为了完整展示现金流量表台账，这里仅展示空白台账账页。

现金流量表台账是根据现金流量表项目设置的，分为经营活动现金流入、经营活动现金流出、投资活动现金流入、投资活动现金流出、筹资活动现金流入和筹资活动现金流出六个账页，每个账页中的明细项目就是该账页在现金流量表中的明细项目。

根据现金流量表台账的数据，可以编制馨怡公司2020年度的现金流量表（见表3-156）。

表3-156 现金流量表

编制单位：广东馨怡香精有限公司　　2020年度　　单位：元

项　目	本期金额	上期金额
一、经营活动产生的现金流量：		
销售商品、提供劳务收到的现金	167 466.00	
收到的税费返还		
收到其他与经营活动有关的现金		
经营活动现金流入小计	167 466.00	
购买商品、接受劳务支付的现金	527 882.00	
支付给职工以及为职工支付的现金	48 678.00	
支付的各项税费	52 875.58	
支付其他与经营活动有关的现金	85 844.20	
经营活动现金流出小计	715 279.78	
经营活动产生的现金流量净额	-547 813.78	
二、投资活动产生的现金流量：		
收回投资收到的现金		
取得投资收益收到的现金		
处置固定资产、无形资产和其他长期资产收回的现金净额		
处置子公司及其他营业单位收到的现金净额		
收到其他与投资活动有关的现金		
投资活动现金流入小计		
购建固定资产、无形资产和其他长期资产支付的现金	16 272.00	
投资支付的现金		
取得子公司及其他营业单位支付的现金净额		
支付其他与投资活动有关的现金		
投资活动现金流出小计	16 272.00	
投资活动产生的现金流量净额	-16 272.00	
三、筹资活动产生的现金流量：		
吸收投资收到的现金	500 000.00	
取得借款收到的现金	500 000.00	
收到其他与筹资活动有关的现金		
筹资活动现金流入小计	1 000 000.00	
偿还债务支付的现金		
分配股利、利润或偿付利息支付的现金		
支付其他与筹资活动有关的现金		
筹资活动现金流出小计		
筹资活动产生的现金流量净额	1 000 000.00	
四、汇率变动对现金及现金等价物的影响		
五、现金及现金等价物净增加额	435 914.22	
加：期初现金及现金等价物余额		
六、期末现金及现金等价物余额	435 914.22	

与资产负债表中“货币资金”的金额相等

法定代表人：张得飞　　会计主管：李繁琳

从表3-156可以看到，馨怡公司2020年度现金流量表中的“期末现金及现金等价物余额”与其2020年12月31日资产负债表中“货币资金”的期末余额相等。应当指出，馨怡公司没有现金等价物，所以其现金流量表中的“期末现金及现金等价物余额”与资产负债表中“货币资金”的金额相等；否则，应与“货币资金”和现金等价物的金额之和相等。

【实务世界】报表的上年数是如何来的?

我国采用的利润表、所有者权益变动表、资产负债表和现金流量表都有本期数与上期数两栏，这种报表称为比较会计报表。报表中的“上期数”是怎么来的呢？其是根据上年相应报表中的“本期数”得来的。以资产负债表为例，当前资产负债表中的“上年年末余额”就是上年资产负债表中的“期末余额”。

五、会计报表之间的联系

本任务示例中的会计报表编制顺序依次为利润表、所有者权益变动表、资产负债表和现金流量表，这是因为它们之间具有内在的联系（见表3-157）。

表3-157　会计报表之间的联系

涉及报表	联　系	馨怡公司
利润表和所有者权益变动表	利润表中的“净利润”是所有者权益变动表中的数据来源	馨怡公司2020年度的净利润273 874.71元照抄到所有者权益变动表中的“综合收益”栏
所有者权益变动表与资产负债表	资产负债表中的所有者权益项目来自所有者权益变动表	所有者权益期末数746 487.23元是资产负债表中的所有者权益合计数。盈余公积、未分配利润等也照抄所有者权益变动表中的相应数据
资产负债表与现金流量表	资产负债表中的“货币资金”和现金等价物之和与现金流量表中的“期末现金及现金等价物余额”相等	资产负债表中的“货币资金”435 914.22元与现金流量表中的“期末现金及现金等价物余额”相等

课后练习

一、单项选择题

1.下列人员可以不在会计报表上签字的是（　　）。

A.单位负责人　　B.总会计师

C.会计机构负责人　　D.制表人

2.下列报表可以给所有者权益变动表提供一项数据的是（　　）。

A.资产负债表　　B.利润表

C.现金流量表　　D.以上都不是

二、多项选择题

1. 下列各项与特定会计期间相关的有（　　）。

A. 利润表　　B. 所有者权益变动表

C. 资产负债表　　D. 现金流量表

2. 一套完整的财务报表包括（　　）。

A. 利润表　　B. 所有者权益变动表

C. 资产负债表　　D. 现金流量表

E. 会计报表附注

3. 下列事项会引起所有者权益变化的有（　　）。

A. 股东增加投资　　B. 股东减少投资

C. 盈利或亏损　　D. 利润分配

4. 构成“货币资金”项目组成部分的会计科目包括（　　）。

A. 库存现金　　B. 银行存款

C. 应收账款　　D. 其他货币资金

5. 构成“存货”项目组成部分的会计科目包括（　　）。

A. 在途物资　　B. 低值易耗品

C. 原材料　　D. 固定资产

6. 构成“营业收入”项目组成部分的会计科目包括（　　）。

A. 营业外收入　　B. 其他业务收入

C. 主营业务成本　　D. 主营业务收入

7. 构成“营业成本”项目组成部分的会计科目包括（　　）。

A. 营业外支出　　B. 其他业务成本

C. 主营业务成本　　D. 主营业务收入

三、判断题

1. 损益类科目与利润表项目之间存在着明确的对应关系。（　　）

2. 损益类科目也称为利润表科目。（　　）

3. 利润表体现了配比原则。（　　）

4. 资产负债表中的“货币资金”和现金等价物之和应与现金流量表中的“期末现金及现金等价物余额”相等。（　　）

5. 资产负债表中的所有者权益项目可以直接从所有者权益变动表中获取。（　　）

参考文献

[1] KIESO D E, WEYGANDT J, WARFIELD T D. Intermediate Accounting [M]. 15th ed. Hoboken: John Wiley & Sons, 2013.

[2] WARREN C S, REEVE J M, DUCHAC J E. Accounting [M]. 27th ed. Boston: Cengage Learning, 2018.

[3] 财政部. 财政部关于修改《代理记账管理办法》等2部部门规章的决定[A/OL]. [2019-03-14]. http://www.gov.cn/zhengce/zhengceku/2019-10/17/content_5440989.htm.

[4] 马秀丽，李洁. 会计核算基础实务 [M]. 北京：中国轻工业出版社，2018.

[5] 企业会计准则编审委员会. 企业会计准则应用指南 [M]. 上海：立信会计出版社，2020.

[6] 厦门网中网软件有限公司，中华会计网校. 精编出纳岗位实务 [M]. 北京：高等教育出版社，2018.

微课索引

为了便于读者查找本书中以二维码形式添加的20个重点、难点的微课，特在括号内标注每个微课的具体页码，翻到对应位置，用手机扫一扫即可直接观看。